教育部人文社会科学重点研究基地重大项目成果

教育部人文社会科学重点研究基地重大项目成果

"方–普"语法现象与句法机制的管控

Grammatical Phenomena of Dialect-Putonghua and the Governing of Syntactic Devices

张邱林 \ 著

中国社会科学出版社

序

《"方—普"语法现象与句法机制的管控》一书，用工笔画的手法，从不同侧面描摹刻绘了语言现象，反映了作者问题探究的努力轨辙。翻阅了这部书，我想说说以下三点突出感觉。

第一，在发掘语言事实上狠下功夫。

作者讲求务实，对语言事实的观察，可以"透视"二字来形容。比如，第七章关于动词"以为"的讨论，很能说明这一点。该章第一节，从语义上辨析"以为$_1$"和"以为$_2$"，指出："以为$_1$"语义关系很单纯，直接陈述说话的意思，表示确定的判断。"以为$_2$"语义关系多样：有时表示判断 P，预设的判断是"事实上非 P"；有时表示彼时的判断 P，预设的判断是"此时非 P"；有时表示他人的判断 P，预设"说话人的判断非 P"。第二节，从形式差异考察"以为"与人称、"以为"与谦辞、"以为"与主语、"以为"与宾语、"以为"与修饰语、"以为"与感叹格式等问题。第三节，研究"以为"的语用价值，指出："以为$_1$"可以突出郑重、严谨的口气；"以为$_1$"还可以表达委婉、谦和的语气；"以为$_2$"则适应中性语体和书面语体的需要。第四节，讨论"以为"的方言表现，涉及了河南陕县方言、河南南阳方言和湖北武汉方言。作者对"以为"的分析，给予"细致入微"的评语，绝不过分。对于语法研究的深化来说，双脚牢牢地站在事实上面，讲实据，求实证，至关重要。任何人，自己个人脑海中存放的语言信息总是有局限的，讨论某一问题时，不可能方方面面都能想到，林林总总全能顾及，因此，尽可能穷尽地勘查客观语言运用的实际情况，以便准确地揭示规律，这是需要特别突出地关注的话题。

第二，在理论方法的运用上有明确的追求。

一方面，作者重视方法论。全书共十四章，除了开头一章和末尾一章分别为导论和理论思考，十二章的标题分别为：陕县方言面指背指语法现象与句法机制的管控；陕县方言形容词语法现象与句法机制的管控；陕县方言语气助词语法现象与句法机制的管控；陕县方言选择问句语法现象与句法机制的管控；汉语方言副词语法现象与句法机制的管控；普通话动词"以为"与句法机制的管控；普通话形容词"重""沉"与句法机制的管控；普通话名词"说法"与句法机制的管控；普通话时间词"刚刚"与句法机制的管控；普通话状位 NA 主谓短语与句法机制的管控；普通话"尚且"句与句法机制的管控；汉语教学语法现象与句法机制的管控。句法机制的管控，是作者研究问题总纲。由于讨论的现象有所不同，在阐明句法机制的管控时，作者又灵活地使用了"两个三角"的研究思路与方法。或者是"表里值"小三角，或者是"普方古"大三角，或者是同时兼顾大小三角，因题施用，随机应变。除了就汉语本身而言的"两个三角"，有的时候，作者还将视线射向民族语言。比如，关于面指背指，作者专节讨论了陕县方言面指背指的来源以及阿尔泰语、藏缅语里的相关现象。另一方面，作者重视研究心得的理论总结。第一章中，作者用一个部分介绍了"本书的理论背景和基本方法"。第十四章，即最后一章，题为"理论思考"，分两节总结理论感悟。第一节为"'方—普'语法现象研究的理论启示"，提出了格式对语义的反规约具有普遍意义、要用系统的眼光看待语法现象、参照点对于说明语言使用现象有重要价值、语言使用受认知影响等重要论断；第二节为"推进汉语方言语法研究的理论思考"，提出了单点研究与类型比较相辅相成、紧紧抓住句法机制这个纲等重要论断。理论开拓和事实发掘，对于研究工作来说，就像人的双脚，一只脚站稳了，另一只脚才能自如地迈出去。二者能否良性配合，决定了研究工作能否取得理想的成果，决定了研究成果是否具有厚度。

第三，在问题的探究上肯花时间长期追踪。

作者形成了一个习惯：咬住了一个问题之后，尽可能地细细咀嚼，细细品评，不会浅尝即止，不会半途而废，也不会知难而退。有的问题，比如关于"刚刚$_1$"和"刚刚$_2$"，1986 年开始钻研，一直延展到今天，时间跨越了20 年。有的问题，比如关于"儿化形容词"，2003 年在《语言研究》第 3期发表《陕县方言的儿化形容词》，从形式、意义和语值三个角度描写了河南陕县方言的儿化形容词现象；2007 年 4 月出席在杭州举行的"全国汉语方言学会第十四届年会暨汉语方言国际学术研讨会"，宣读论文《儿化形容词的类型学考察》，从"度量形容词"和"儿化"两个角度进一步从语言类型学角度讨论了有关事实。所花时间，5 年有余。作者关于"面指"和"背指"的探索，更需要特别提到。1985 年，他发现问题并开始研究，后来，连续写出了《陕县方言的面指代词和背指代词》（1988）、《陕县方言远指代词的面指和背指》（1989）、《陕县方言远指代词的面指和背指》（1992）、《陕县方言的"统"与普通话的"很"》（1999）、《与面指背指有关的句法语义语用问题》（2003）等文章，并且还写出了由面指背指引发的关于指示参照点的文章，每篇文章都在他的时间表上留下了一个醒目的句号。本书第二章，包括第一节"面指背指的指代词使用"和第二节"背指程度副词'统'的使用"，比较集中地反映了他 20 余年研究之所得。今后，他打算围绕面指背指，对相关现象继续研究下去。像这样重视问题的长期追踪，由此及彼，进行连串性研究，表现了韧性与磨劲，很值得赞许。

一个学者，应该通过研究工作的实践，不断地认识自己，塑造自己。邱林 1986 年考取我的硕士研究生，1989 年获得硕士学位以后留校任教；2002年，又考取我的博士研究生，2005 年 6 月获得博士学位。算起来，我们已经相处了二十三个年头了。任何人，都有各自的长处与短处、优点与缺点，不同的条件决定了各自生存与发展的走向。然而，有所成就的人必定具有一个共同点，这就是：脚踏实地，勤奋多思，懂得怎样扬长避短，以优补缺。唐人刘禹锡："山积而高，泽积而长。"这是至理名言。读了邱林这部书，我深为高兴。因为，我感到，邱林一直在一步一个脚印地往前跨越，他以自己的研究轨辙，证明着自己在努力形成自己的学术风貌。

2009 年 4 月 23 日

第一章 导论

第一节 关于"方—普"语法现象

本书的研究对象既包括现代汉语方言语法现象，也包括现代汉语普通话语法现象，合在一起统称"方—普"语法现象。其中方言语法现象主要是指本书作者的母方言河南陕县方言，也涉及其他方言。普通话与方言相对。方言语法现象是局部地区使用的说法，普通话语法现象是全民族乃至全国东西南北中都接受的说法。"方—普"语法现象既可以相对分开研究，可以立足于方言语法现象，也可以立足于普通话语法现象；也可以合起来研究，就是把方言和普通话看作一个整体来研究。

方言和普通话一样，具有完整的语法系统。方言是语言的地域变体，因而各种方言之间、方言与普通话之间就既有共同的部分，也有各自的特色。汉语方言语法研究是汉语语法研究的重要组成部分，是普通话语法研究的重要补充。作为汉语语法共时的本体研究，方言语法研究重在反映方言特色，揭示特色现象的语言规律。所谓的方言特色是同普通话相比而言的，是不同于普通话的语言特色。因此，方言语法研究的现象要以普通话为参照点通过比较来选择。本书研究的方言语法现象主要是河南陕县方言里的语法现象，是陕县方言相对于普通话的特色语法现象。

陕县位于河南省西部河南、山西、陕西三省交界地带，隶属于三门峡市。西边与灵宝市为邻，过了灵宝就到了陕西省，西北隔黄河与山西平陆相望。河南西部的灵宝、陕县和三门峡方言，按照1987年出版的中国社会科学院和澳大利亚人文科学院合作编制的《中国语言地图集》，属于中原官话汾河片解州小片。本书作者的家乡在陕县县西的原店镇，本文研究的陕县方言语料取自原店镇话。下面简要介绍陕县（原店镇）方言的语音系统。

陕县方言有24个辅音声母，另外有零声母，它们是：

p	p‘	m		f	v
t	t‘	n	l		
ts	ts‘			ș	
tʂ	tʂ‘			ʂ	ʐ
tɕ	tɕ‘	ȵ		ɕ	
k	k‘	ŋ		x	
∅					

陕县方言 tʂ tʂ‘ ʂ ʐ 的实际发音舌位比北京话靠前一些。

　　陕县方言有 41 个基本韵母和 23 个儿化韵母。41 个基本韵母是：

ɿ	ʅ	ɯ	ər	a	ɛ	o	ɣ	ai	ei	au	əu	an	en	aŋ	əŋ
i				ia	iɛ			iai		iau	iəu	ian	in	iaŋ	iŋ
u				ua	uo			uai	uei			uan	uen	uaŋ	uŋ
y	ɥ					yo						yan	yn		yŋ

　　下面以 23 个儿化韵母为纲，列出它们与基本韵母之间的来源关系表，在每个基本韵母后面举一个字例。

儿化韵母　　基本韵母和举例

ər	ər 耳	ɿ 子儿	ʅ 汁儿	ɯ 黑儿	ei 背儿
	en 根儿				
iər	i 鸡儿	in 劲儿			
uər	u 股儿	uei 岁儿	uen 纹儿		
yər	y 鱼儿	yn 群儿			
ɥər	ɥ 珠儿				
ar	a 把儿				
iar	ia 芽儿				
uar	ua 瓦儿				
ɐr	o 坡儿	ɣ 车儿	an 胆儿	ai 拍儿	
iɐr	iɛ 叶儿	ian 尖儿			
uɐr	uo 伙儿	uan 碗儿	uai（乖）乖儿		
yɐr	yo 角儿	yan 圈儿			
aur	au 包儿				
iaur	iau 腰儿				
əur	əu 篓儿				
iəur	iəu 球儿				

ãr	aŋ	帮儿
iãr	iaŋ	样儿
uãr	uaŋ	框儿
ɤ̃r	əŋ	棱儿
ĩr	iŋ	兵儿
ũr	uŋ	空儿
ỹr	yŋ	蛹儿

陕县方言有 4 个基本声调，另有轻声。它们是：

阴平 51　　　阳平 312　　　上声 55　　　去声 24　　　轻声

四个基本声调与中古音之间的来源关系是：

阴平来源于（1）清平。如：飞知开刚边。

（2）清入。如：压七出积。

（3）次浊入。如：月麦玉物。

阳平来源于（1）浊平。如：才陈寒文人。

（2）清入。如：急拐。

（3）全浊入。如：夺白服杂。

上声来源于（1）清上。如：古走纸好粉。

（2）次浊上。如：五女染老有。

（3）清入。如：设决。

去声来源于（1）去。如：靠汉共害岸。

（2）全浊上。如：近厚是社坐。

（3）清入。如：匹必。

与北京话情况不同的是：一、次浊入声归阴平，而北京话里归去声；二、清入多数归阴平，而北京话里多数归去声。

陕县方言两字组连读变调规律有三条。它们是：

两个阴平相连，前一个阴平变阳平。例如：

开关 $k\cdot ai^{51-312}kuan^{51}$　　　东风 $tuŋ^{51-312}fəŋ^{51}$　　　春耕 $tʂ\cdot uen^{51-312}kəŋ^{51}$

两个阳平相连，前一个阳平变去声。例如：

学习 $\textct<GBK>yo^{312-24}\textctc i^{312}$　　　平原 $p\cdot iŋ^{312-24}yan^{312}$　　　头疼 $t\cdot əu^{312-24}t\cdot əŋ^{312}$

两个上声相连，前一个上声变阴平。例如：

演讲 $ian^{55-51}t\textctc iaŋ^{55}$　　　米酒 $mi^{55-51}t\textctc iəu^{55}$　　　走火 $tsəu^{55-51}xuo^{55}$

下面举三篇陕县方言标音语料。本书一般标语流中的实际调值，除非是在讨论声调问题和做了文字说明的地方才标明字的原调和变调。

səu⁵¹　tɕiəu⁵⁵　kuɐr⁵¹

数　九　歌儿

t'əu³¹²　tɕiəu⁵⁵　ər²⁴　tɕiəu⁵⁵　pei²⁴　men³¹²　sʅ⁵¹　ʂəu⁵⁵，
头　　九　　二　九　　闭　门　　死　守，

san⁵¹　tɕiəu⁵⁵　sʅ²⁴　tɕiəu⁵⁵　tuŋ²⁴　p'o²⁴　ʂʅ³¹²　·t'əu，
三　　九　　四　九　　冻　破　石　头，

u⁵¹　tɕiəu⁵⁵　liəu⁵¹　tɕiəu⁵⁵　iaŋ³¹²　·p'ɐr　ts'a⁵¹　liəu⁵⁵，
五　九　　六　　九　　阳　坡儿　插　柳，

tɕ'i⁵¹　tɕiəu⁵⁵　pa⁵¹　tɕiəu⁵⁵　t'i²⁴　·lei　t'au²⁴　ŋəu³¹²，
七　　九　　八　九　　地　里　套　牛，

tɕiəu⁵¹　tɕiəu⁵⁵　pa⁵¹　sʅ²⁴　i³¹²，
九　　九　　八　十　一，

xɯ³¹²　·ma　kuŋ⁵⁵　tʂ'ʅ⁵¹　n̥i³¹²。
蛤　蟆　拱　出　泥。

yn³¹²　uaŋ²⁴　nan³¹²

云　往　南

yn³¹²　uaŋ²⁴　nan³¹²，sei⁵⁵　tʂ'əŋ²⁴　t'an³¹²；
云　往　南，水　成　潭；

yn³¹²　uaŋ²⁴　pei⁵¹，ɕyo³¹²　·səŋ　ua³¹²　kan⁵¹　ian³¹²　mei⁵¹；
云　往　北，学　生　娃　干　研　墨；

yn³¹²　uaŋ²⁴　tuŋ⁵¹，kua⁵¹　tʂ'aŋ⁵⁵　fəŋ⁵¹；
云　往　东，刮　场　风；

yn³¹²　uaŋ²⁴　ɕi⁵¹，p'iɛ⁵¹　·sʅ　n̥iaː⁵¹　ta⁵¹　·sʅ　tɕi⁵¹。
云　往　西，撇　淋　死　鸭　打　死　鸡。

pei³¹²　fəŋ⁵¹　tai²⁴　ər⁵¹　·t'əu

北　风　带　日　头

iəu⁵⁵　i⁵¹　xuei³¹²，pei³¹²　fəŋ⁵¹　tai²⁴　ər⁵¹　·t'əu　ts'ai²⁴　i³¹²　tər⁵¹　tsəŋ⁵¹　sʅ²⁴
有　一　回，北　风　带　日　头　在　一　堆儿　争　谁

kuo⁵¹　pen⁵⁵　·sʅ　ta²⁴。tʂəŋ²⁴　ts'au⁵⁵　·uo，lei³¹²　·lau　iɛ³¹²　tsəu⁵⁵　ləu²⁴　·lei，ʂen⁵¹
个　本　事　大。正　吵　着，来　唠　一　个　走　路　的，身

·ʂaŋ　tʂ'uaːn⁵¹　i³¹²　tɕiɐr⁵⁵　xəu²⁴　mian²⁴　p'aːu³¹²　·t'a³¹²　liaŋ⁵¹　tɕiəu²⁴　ʂaŋ⁵¹
上　穿　唠　一　件儿　厚　棉　袍。它　两　个　就　商

liaŋ³¹²　xau⁵⁵，sei³¹²　nəŋ³¹²　ɕian⁵¹　tɕiau²⁴　tʂʅ⁵²⁴　tsəu⁵⁵　ləu²⁴　·lei　na³¹²　t'a　·lei
量　好，谁　能　先　叫　这　个　走　路　的　拿　他　的

paːu³¹² t'uo⁵¹ ·lau, tɕ·iəu²⁴ suan²⁴ ʂɿ²⁴ kuo⁵¹ pen⁵⁵ ·ʂɿ ta²⁴。pei³¹² fəŋ⁵¹

袍　脱　唠，　就　算　谁　个　本　事　大。北　风

tɕ·iəu²⁴ ku⁵⁵ tɕin²⁴ kua⁵¹；k'uo³¹² ʂɿ²⁴ t'a⁵⁵ kua⁵¹ ·lei yo⁵¹ li²⁴ ·xai, viɛ²⁴

就　鼓　劲　刮；　可　是　它　刮　得　越　厉　害，兀个

ʐen³¹² na³¹² paːu³¹² kuo⁵⁵ ·lei yo⁵¹ tɕin⁵⁵ ᵒtau²⁴ xəu²⁴ ·tʂ'aŋ, pei³¹² fəŋ⁵¹ mo³¹²

人　拿　袍　裹　得　越　紧。到　后　场，　北　风　没

far⁵¹, tsɿ³¹² tei⁵¹ suan²⁴ ·la。i³¹² xar⁵⁵, ər⁵¹ ·t'əu tʂ·ʅ⁵¹ i³¹² sai²⁴, viɛ²⁴ tsəu⁵⁵

法儿，只　得　算　啦。一　下儿，日　头　出来　一　晒，兀个　走

ləu²⁴ ·lei tɕ·iəu²⁴ na³¹² paːu³¹² t'uo⁵¹ ·la。pei³¹² fəŋ⁵¹ ts'ai³¹² pu³¹² kan⁵⁵ pu³¹²

路　的　就　拿　袍　脱　啦。北　风　才　不　敢　不

ʂuo⁵¹ tau²⁴ ti⁵⁵ xa³¹² ʂɿ²⁴ ər⁵¹ ·t'əu pi⁵¹ t'a⁵⁵ pen⁵⁵ ·ʂɿ ta²⁴。

说　到　底　还　是　日　头　比　它　本　事　大。

第二节　"方—普"语法现象与句法机制的管控

一　句法机制的管控与汉语语法研究

句法机制的管控简称句管控。本书从句法机制管控的视角，对现代汉语方言和普通话中的若干语法现象开展深入细致的考察分析与讨论。其中的现代汉语方言语法现象主要是从陕县方言与普通话的诸多语法差异中选择的特色语法现象，讨论中也联系其他方言。

张邱林（2008）指出："句子是动态的语法单位，存在于句法机制的管控系统之中。句法机制是句子里句法、语义、语用等方面因素相互依存、相互制约、互动交融的配置运作机制。"

汉语语法的特点决定了汉语句法的重要地位。在汉语语法系统中，句法机制对各种语法因素起着管束和调控作用。各级各类语法成分都以句法机制为中枢，在句法机制的管控系统中配置运作。

下面分析一个语法现象，从中可见句法机制管控的地位。

人民教育出版社小学语文室编著的九年义务教育六年制小学教科书《语文》第十二册（1998 年 4 月第 1 版）有《梅花魂》一篇课文，开头一段由这样两句构成：

故乡的梅花又开了。那朵朵冷艳，缕缕幽芳，总使我想起飘泊

他乡、葬身异国的外祖父。

其中第二句有特别之处，有学者和语文老师认为有语病，因为"朵朵冷艳"语法上不能说。①

孤立而言，"朵朵冷艳"的确不能说，因为"梅花"可以论"朵朵"，而"冷艳"不能论"朵朵"。但联系上句和本句语境可知，"朵朵冷艳"实际上是"朵朵梅花的冷艳"的减缩表达，把"梅花"的"冷艳"的特征直接与量词"朵朵"相嫁接，用"朵朵"直接衬托梅花的"冷艳"的特征。这个减缩嫁接过程中不符合语言常规，显示了艺术技巧，别具新意。"缕缕幽芳"也可以扩展成"缕缕（梅花的）幽芳"，表面上看，与"朵朵梅花的冷艳"结构相同，实际上组合层次不同，量词的语义指向不同：

（朵朵梅花）的冷艳　　　　　　　　缕缕（梅花的幽芳）

正因为"缕缕"语义上是指向"（梅花的）幽芳"而不是"梅花"，所以减去"梅花的"符合语言常规；而"朵朵"语义上是指向"梅花"而不是"冷艳"，所以减去"梅花的"超越了语言常规。艺术技巧由此而生。而这一艺术技巧的运用正是依托了语境。离开了具体语境支持，"朵朵冷艳"的组合的确不能成立。

能不能把"朵朵冷艳"中的"冷艳"理解成"梅花"的借代？这样理解不妥。因为上句"故乡的梅花又开了"已经作为总起，提出了"梅花"这一话题，而下句"缕缕幽芳"又是从芳香感一个侧面对梅花的分说，整句语境又决定了"朵朵冷艳，缕缕幽芳"是对称格局，所以这"冷艳"只能是从颜色感一个侧面对"梅花"的分说，不是对"梅花"的借代。也正因为这样，如果把"朵朵冷艳"换成"朵朵梅花"，则没有表达出梅花"冷艳"的特征，不如原句语意丰富。

那么，把"朵朵冷艳"换成"朵朵梅花的冷艳"怎么样？不好。这样打破了对称的格局，句子失去了韵律美；表达上也显得直白，失去了原句的艺术技巧，不如原句生动。

有学者建议把第二句改成"那朵朵梅花的冷艳和缕缕幽芳，总使我想起飘泊他乡、葬身异国的外祖父。"②这样打破了对称的格局，句子不仅失去了韵律美，而且由于韵律的失衡使得读起来有跌跌撞撞很不平稳的感觉。

我们注意到2005年6月第1版的人民教育出版社课程教材研究所小学语文课程教材研究开发中心编著的义务教育课程标准实验教科书《语文》五年级上册《梅花魂》课文作了修改，开头一段改成了：

故乡的梅花又开了。那朵朵冷艳、缕缕幽芳的梅花，总让我想起飘泊他乡、葬身异国的外祖父。

这倒改出毛病来了。首先，"朵朵冷艳的梅花"可以说，而"缕缕幽芳的梅花"却不成立。其次，"朵朵冷艳的梅花"语法上虽没有问题，但前面"故乡的梅花又开了"已经作为总起提出了"梅花"这一话题，这里再提一遍"梅花"则显得不简洁；再说，按修改前的原意，"让我想起……"的是"冷艳"和"幽芳"的特征，而不是"梅花"本体。

实际上，"朵朵冷艳"属于艺术组配。文学作品中，这种艺术组配经常能够遇到。例如：

（1）一株株高大的槐树、梧桐树，高扬着头颅，用力呼吸着，从不清爽的空气中吸入<u>一口清新</u>；……（陈染《离异的人》，《小说月报》2003 年第 9 期，61 页）

（2）也许，在潜意识中，他们都还想再挣扎着抓住过去记忆中美好的一点儿什么，哪怕是一丝丝留恋的回味呢，也会成为他们此刻脆弱内心的<u>一点依偎</u>。（同例 1，62 页）

"一口"是数量结构，"清新"是形容词。从语法上说，"一口"不能修饰"清新"，只能修饰名词性成分，如下例：

（3）从办事处出来，两人都深深吸<u>一口清爽的空气</u>，然后没有迟疑地相背而去。（同例 2）

"一口清爽的空气"是常态组合；"一口清新"属于艺术组配，要放进具体语境里才能成立。"一点"是数量结构，"依偎"是动词。从语法上说，"一点"不能修饰"依偎"。"一点依偎"同样属于艺术组配。

这些艺术组配现象表明，不能孤立地看待汉语语法现象，有必要和语用结合起来。自由词组是说话的时候在特定语境里临时组合起来的，是句子的有机组成部分，其组合的成立与否、表情达意，都要受到句子句法、语义、语用机制的制约，要放在句子整体里才能准确把握。看待词语的艺术组配现象，不能不立足于句子，着眼于句子全局的句法机制。孤立地看，有些搭配不成立，但联系特定语境则可以领略到其表达上的创意。

体现句法机制管控作用的事例随手可拾。不妨再列举几例：

【事例一】

马森拿出笔和本，开始做笔录。马森在本子上写了几个字，然后问："你的女朋友叫什么名字？"

"曹小阳。"

"今年多大了？"

"18 岁。"

　　"职业?"

　　"她没有工作。"

　　"她家里都有什么人?"

　　"<u>就一个奶奶</u>。"

　　"她父母呢?"

　　"在南方打工。"　（阿真《别对警察说谎》,《中篇小说选刊》2006年第5期,149页）

　　孤立地看,"一个奶奶"的组配不能说,但上例中的"就一个奶奶"在回答"她家里都有什么人?"的时候使用,不仅组合成立,而且很自然。如果换成"就奶奶一个",在上下文语境里表达效果反倒逊色。

　　【事例二】

　　喜耕田:"他告个甚?"

　　二虎:"不是告不给沼气钱,是告给嫂子打针把腿打瘸了。"

　　秀兰:"人家不给沼气钱就告人家?"

　　喜耕田:"<u>不是告钱,是告腿</u>。"（19集电视连续剧《喜耕田的故事》,2007年9月22日,安徽电视台）

　　孤立地看,无论是"告钱"还是"告腿"的组配都难成立,令人不解。但上例中的"告钱"指"告不给沼气钱","告腿"指"告给嫂子打针把腿打瘸了","不是告钱,是告腿。"不仅成立,而且说得很自然、很简洁,而且有幽默的艺术效果。这正是依赖了上下文语境里句法机制的管控。

　　【事例三】

　　他右边的牙以前掉了两颗,母亲死后,左边的牙也掉了两颗,剩下的也活动了。吃饭时,饭在嘴里来回转,得想办法找到一颗合适的牙。乐红不愿意看他吃饭的样子,在饭桌上低着头,有时候孩子看见,说:爸爸,你怎么不嚼,光含着饭。

　　林传真说:等你老了就知道了。

　　这话乐红不爱听,说:<u>一天到晚老老的</u>,生怕别人不知道你老了似的。我还没说你老呢,你就一天到晚说自己老。（阿宁《假牙》,《中篇小说选刊》2006年第5期,11页）

　　孤立地看,"一天到晚老老的"组配似难成立,但上例中的"一天到晚老老的"不仅成立,而且说得很简洁、很自然,而且富于情绪性。这也正是依赖了上下文语境里句法机制的管控。

　　【事例四】

云对雾，

雪对霜。

和风对细雨，

朝霞对夕阳。

花对草，

蝶对蜂。

蓝天对碧野，

万紫对千红。

桃对李，

柳对杨。

山清对水秀，

鸟语对花香。（人民教育出版社课程教材研究所小学语文课程教材研究开发中心编著义务教育课程标准实验教科书《语文》一年级下册，36—37页）

上例中，"万紫""千红""山清""水秀"的成立都离不开上下文语境里句法机制的管控。而且，"雪对霜"不宜颠倒为"霜对雪"，"蝶对蜂"不宜颠倒为"蜂对蝶"，"柳对杨"不宜颠倒为"杨对柳"，这无不因为上下文语境里句法机制的管控作用。

邢福义先生（2004）指出："研究汉语语法，必须注重研究汉语句法机制，着力于揭示汉语句法对各种语法因素起着制约作用的内在规律性。事实表明，词和短语的语法性质和语法作用，只有在接受了句法机制的管控之后才得以落实；词和短语的语义内容和语用价值，只有在接受了句法机制的管控之后才得以显现；前后小句之间的组合方式和相互关系，只有在接受了句法机制的管控之后才得以确定；一般规律和特殊现象并存，各自存在的条件只有在句法机制的管控之中才得以区别；普通话和方言的语法差异，只有通过句法机制的观察和分析才能够弄清楚。至于句子语气，跟句子更是具有如影随形的关系，没有各种各样的句子，便不会有各种各样的句子语气。"邢先生的这段话对于本书的研究具有指导意义。

20世纪90年代以来，汉语方言语法研究的重要性日益显现，至今已得到学界普遍重视。一方面，社会语言学在国内的兴起，引起了人们对口语研究的重视。另一方面，在普通话语法研究方面，朱德熙先生提出的把标准语法研究同方言语法研究、历史语法研究结合起来的研究方法，邢福义先生总结倡导的"两个三角"中"普—方—古"大三角的研究思路，带动和促进了汉语方言语法研究。在方言语音研究、方言词汇研究得到深入或较大发展的基础上，方言语法研究也发展起来，不断升温，发表了一系列调查研究成果，揭示出了大量特色语法现象和规律。在单点方言调查研究的基础上，近年来成片方言语法比较和方言类型比较研究开展起来，反映了方言语法研究良好的发展态势。目前存在的主要问题有三方面：其一，调查研究的方言点还不够普遍，成果多出现在非官话方言研究中，方言语法的差异多反映在非官话方言与普通话之间，而在官话方言特别是北方官话与普通话之间的差异调查描写较少。其二，方言语法单项专题研究的深度很不够，制约了成片语法比较和方言类型比较研究的深度。其三，方言语法研究中借鉴吸收先进的语言学理论和方法显得薄弱，未能很好地发挥先进理论的指导作用和先进方法的应用价值，这从多方面制约着方言语法研究的发展。

　　地处河南省西部河南、山西、陕西交界地带的陕县方言，与西北方言有不少相同相通之处，具有语言地理上的重要意义。对陕县方言语法现象的调查研究将表明，官话方言跟普通话之间也存在一系列重要的语法差异，从而从广度上推进成片方言语法比较和方言类型比较研究。笔者以为，运用汉语语法学中的"小句中枢"理论，从"句管控"的视角观察分析方言语法现象，必将进一步打开方言语法的研究思路，推动方言语法单项专题研究向深度发展，进而从深度上推进成片方言语法比较和方言类型比较研究，这同时也有益于方言语法学科的理论方法建设。

　　本书讨论的对象既包括方言语法现象，也包括普通话语法现象，形成"方—普"对比。前半部分，以方言语法现象为主要讨论对象，或暗或明包含着与普通话的比较；后半部分，以普通话语法现象为主要讨论对象，也常常联系相关方言来说明问题。本书研究对象的确定表明我们的这样三个认识：第一，汉语是一个整体，现代汉语方言和普通话都是"整体汉语"的组成部分。对汉语语法的研究，既要重视普通话语法的研究，也要重视方言语法的研究，可以而且常常也有必要把它们作为一个整体来研究。第二，汉语语法研究应重视"方—普"比较，研究方言的时候重视与普通话的比较，研究普通话的时候重视与方言的比较。只有这样，我们才能对所研究的对象获得深刻的认识；只有这样，我们才能对汉语语法获得全面的认识。第三，句法机制的管控既体现在汉语方言中，也体现在汉语普通话中，它是认识整体汉语语法的纲领。

二　本书的理论背景和研究方法

本书的理论背景是"小句中枢说"。邢福义先生（2000）指出："'小句中枢说'的核心思想，在于强调：研究汉语语法，必须以小句为中轴，以句法机制为重点，注重观察句法规则对各种语法因素的管控作用。"小句中枢理论，特别是其中的"句管控"理论是本书研究问题的指导性理论。

本书基本的研究思路和方法是"两个三角"，即"形式—意义—语值"小三角和"普通话—方言—古汉语"大三角。在具体语法事实的研究中，我们重视"小三角"方法的使用，注重形式和意义相互验证，并在此基础上辨察语用价值，求得对语法现象的深入描写。我们也重视"大三角"方法的使用，当以方言语法现象为研究对象的时候立足于作为研究对象的"方"角，开展"方—普"比较、"方—方"比较、"方—古"比较；当以普通话语法现象为研究对象的时候立足于"普"角，开展"普—方"比较、"普—古"比较。必要时还与民族语言、外国语言联系起来，扩大研究视野，深化规律揭示。"两个三角"的灵魂是动态的多角比较。在"两个三角"思想方法的基础上，本书对"方—普"语法现象的研究还重视语言类型学、认知语言学等思想方法，还将使用变换分析法、语义特征分析法、语义指向分析法等具体的语法分析方法。

三　本书的结构系统和内容组织

本书以句法机制的管控为中轴，按语法现象来组织结构系统。不以理论系统为纲，而以语法现象为纲，是为了便于比较集中地观察描写一个语法事实。诚然，一个语法事实需要从多角度、多侧面来观察描写才能得到完整的认识。本书的目的不在于形成完整的理论系统，而主要是立足于句管控，在不同层面上揭示语法事实，发掘语法规律，在此基础上提升出一些理论认识，探索研究方法。本书讨论的"方—普"语法现象，包括五个方面的方言语法现象和六个方面的普通话语法现象。此外，还特意安排了汉语教学语法现象一个方面。

先说五个方面的方言语法现象。这五个方面是：陕县方言面指背指语法现象，陕县方言形容词语法现象，陕县方言语气助词语法现象，陕县方言选择问句语法现象，汉语方言副词语法现象。

　　五个方面共包括十项语法现象，分别是：陕县方言面指背指的指代词使用，陕县方言背指程度副词"统"的使用；陕县方言的儿化形容词现象，陕县方言单音形容词重叠式的使用；陕县方言语气助词"嚷""哩"的使用，陕县方言将然貌语气助词"呀"的使用，陕县方言语气助词"丐"的使用问题；陕县方言选择问句的使用及相关问题；陕县方言副词"坷"和"再"的使用，澳门中文副词"更"的使用。

　　一个方面的现象安排为一章。下面简要介绍这五个方面现象的具体安排。

（一）陕县方言面指背指语法现象

　　指代词的差异是汉语方言语法特点的一个突出体现。汉语方言指代词系统格局多样，在陕县方言里，我们发掘出了面指背指这一对指示范畴。面指背指的区分不仅体现在指代词使用方面，也体现在程度副词使用方面。本书第二章从句法机制管控的视角讨论陕县方言有关面指背指使用的两项特色语法现象。第一节讨论面指背指的指代词使用问题。陕县方言的指代词不仅分远指近指，而且远指还以听话人为参照点区分面指背指。本节主要讨论陕县方言里与面指背指有关的指代词使用方面的若干现象，最后把陕县方言的面指背指现象同周边方言以及阿尔泰语、藏缅语相关现象联系起来，对陕县方言面指背指现象作出来源和类型学的思考。第二节讨论背指程度副词"统"的使用问题。"统"虽是程度副词，但在使用上与面指背指有关，是面指背指区分在程度副词方面的体现。本节通过跟普通话"很"的比较，分析说明陕县方言"统"的语义涵盖、组合能力和句法功能。第一节讨论的面指背指的指代词使用问题侧重动态语境的句管控，第二节讨论的背指程度副词"统"的使用问题侧重句法格局的句管控。对于特定语法现象来说，有的可能多体现在句法格局的管控方面，有的可能多体现在动态语境的管控方面。

（二）陕县方言形容词语法现象

　　形容词是汉语方言语法在实词方面与普通话差异最大的词类之一。本书第三章从句法机制管控的视角讨论陕县方言有关形容词的两项特色语法现象。第一节讨论儿化形容词现象。陕县方言里的十个表示积极意义的度量形容词可以儿化构成儿化形容词。本节主要从形式、意义、语值三个角度，讨论可儿化的形容词的范围和儿化形容词的形式、儿化形容词的语义、儿化形容词的入句功能和入句条件、儿化形容词在特定句法框架中的适应能力、儿化形容词入句所显示出来的语用价值等方面，最后把儿化形容词同度量形容词、儿化联系起来，分别从这两个角度作出类型学思考，加深对陕县方言儿化形容词现象的认识。第二节讨论单音形容词重叠式的使用问题。陕县方言

的单音节形容词有四种重叠格式：AA 式，AA 儿式，AA 儿 AA 儿式，Aa
式，与普通话比较很有特点。本节描写陕县方言单音节形容词这四种重叠格
式的形式、意义和句法功能，讨论格式对语义的反规约问题和 AA 重叠式语
义角色与句法配置的制约机制问题，并对二百多个常用的单音节形容词的重
叠能力、可重叠类型进行列表考察。

（三）陕县方言语气助词语法现象

语气助词是显示汉语方言语法特点的又一个亮点。在虚词方面，汉语方
言语法与普通话差别最大的词类是助词，尤其是语气助词。本书第四章从句
法机制管控的视角讨论陕县方言语气助词方面的三项特色语法现象。第一节
讨论语气助词"嚷"、"哩"的使用问题。陕县方言的语气助词"嚷"、
"哩"与普通话的语气助词"呢"相对应，又有显著的方言特色。本节讨论
"嚷"、"哩"的语气意义、入句功能和相关的使用问题，同时与普通话的语
气助词"呢"相比较，揭示方言规律。对陕县方言语气助词"嚷"、"哩"
的研究对于认识普通话的"呢"的语气意义相当有启示。第二节讨论表示
将然体貌的语气助词"呀"的使用问题。陕县方言可以用语气助词"呀"
表示将然，富于方言特色。本节讨论语气助词"呀"的语法意义、句法配
置；讨论由"呀"构成的"VP 呀！"祈使句的配置机制、句式语义、语用
价值以及语气助词"呀"的性质；在此基础上，还对陕县方言的"VP 呀"
同普通话里的三个不同侧面的对应形式进行方普比较，进一步揭示陕县方言
语气助词"呀"的语法规律和方言特色；并把陕县方言的语气助词"呀"
同西北方言、晋语里的有关形式联系起来，进行类型学比较，强化对陕县方
言语气助词"呀"的认识，提出对西北方言、晋语里有关形式的看法。第
三节考察表"当然"语气的语气助词"丐"的使用问题，从四个方面展开：
语法意义，句法配置，"丐"与"曼"的比较，方言间的比较。正如邢福义
先生（2004）所指出的："至于句子语气，跟句子更是具有如影随形的关
系，没有各种各样的句子，便不会有各种各样的句子语气。"语气助词的任
何问题要说清楚，都离不开句子，都要立足于句子。

（四）陕县方言选择问句语法现象

疑问句也是汉语方言语法与普通话差别较大的方面。本书第五章从句法
机制管控的视角讨论陕县方言选择问句及相关语法现象。陕县方言的选择问
句特色鲜明，其方言特色突出地表现在两个方面：其一，语气助词"哩"、
"呀"、"啦"的配置；其二，语气助词"曼"的配置。第一节比较系统地
描写陕县方言选择问句式，考察语气助词"哩"、"呀"、"啦"和语气助词

"曼"的配置机制。第二节讨论选择问句里语气助词"哩"的性质和作用问题。第三节讨论选择问句里语气助词"曼"的意义和作用问题。

（五）汉语方言副词语法现象

副词也是显示方言语法特点的一个突出的方面。本书第六章从句法机制管控的视角讨论汉语方言副词方面的两项特色语法现象。第一节讨论陕县方言副词"坷"和"再"的使用。普通话的"再VP"在陕县方言里说成"坷VP"和"再VP"，"坷"表示"重复"，"再"表示"追加"和"推延"。本节首先考察"坷"和"再"的语法意义和形式差异，然后回过头来再看普通话的"再"，认为应该把普通话里"再"的"重复"用法和"追加"用法区别开来。第二节把讨论的对象过渡到"澳门中文"，多角度讨论澳门中文里副词"更"的使用。第一部分通过与普通话的比较，分析讨论澳门中文副词"更"的语法意义和形式特点，第二部分从现代汉语方言角度认识澳门中文副词"更"的使用规律及其在包括普通话和方言在内的整体汉语中的地位，第三部分从汉语史角度认识澳门中文副词"更"的使用规律及其在汉语史上的地位。

以上五个方面方言语法现象的选择着眼于不同类型、不同层面的代表性。五个方面合起来能够反映句法机制在不同类型、不同层面方言语法事实中的管控作用。词法问题与句法问题相依存，实词问题与虚词问题相联系。从五个方面语法现象的选择中可以看出，汉语方言语法与普通话语法之间的差异以虚词、句法为主要方面。

第六章是过渡章节。其中第二节把讨论的对象从以陕县方言语法现象为主扩展到汉语方言语法现象，在全书讨论的"方—普"语法现象中起承上启下作用。接下来将以普通话语法现象为主要讨论对象。

再说六个方面的普通话语法现象。它们是：普通话动词"以为"语法现象；普通话形容词"重""沉"语法现象；普通话名词"说法"语法现象；普通话时间词"刚刚"语法现象；普通话状位 NA 主谓短语语法现象；普通话"尚且"句语法现象。

下面简要介绍这六个方面现象的具体安排。

（一）普通话动词"以为"语法现象

本书第七章立足句法机制管控的视角，分别从语义、形式、语值、方言表现几个角度讨论动词"以为"的使用问题。一般认为现代汉语动词"以为"相当于"认为"。实际上可以分化成两个："以为₁"表示确定的判断，相当于"认为"；"以为₂"在表示一个判断的同时总预设另一个相反的判断。"以为₁"和"以为₂"在意义、形式方面都存在一系列对立和差异的特征，也各具不同的语用价值。从方言来看，也表现出对立。

（二）普通话形容词"重""沉"语法现象

本书第八章立足句法机制管控的视角，分别从语义差异、形式差异、方言表现几个角度对现代汉语表"重量大"的"重"和"沉"作比较。语义上，"沉"着眼于人对事物重量的主观感觉，"重"则是客观地说明事物的重量。形式上，二者在与数量短语搭配方面，在句法功能方面，在反义对举方面，都存在差异。方言上，"重"的方言分布比较普遍，"沉"主要用于北方，具有北方话口语色彩。现代汉语里表示"重量大"的"重"和"沉"是处于不同叠置层次的语法成分。本章最后倡导开展现代汉语语法系统里叠置层次的研究。

（三）普通话名词"说法"语法现象

本书第九章立足句法机制管控的视角，分别从语义功能、形式特点、语用价值、方言表现几个角度讨论普通话名词"说法"在 20 世纪 90 年代以来的新发展。新的"说法"具有新的语义功能、新的形式特点，也具有新的语用价值。

（四）普通话时间词"刚刚"语法现象

本书第十章立足句法机制管控的视角，讨论普通话时间词"刚刚"及相关问题。一般认为，时间词"刚刚"相当于"刚"。实际上，可以分化为"刚刚₁"和"刚刚₂"，前者相当于"刚"，是时间副词，后者相当于"刚才"，是时间名词。本章分为五节。第一节讨论"刚刚"的意义，考察"刚刚₁"和"刚刚₂"的语义特点，比较它们的差异。第二节讨论"刚刚"的形式，从造句功用、相对位次、对 VP 的要求三个方面揭示"刚刚₁"和"刚刚₂"在形式上的差异。第三节讨论"刚刚"的语值，从表意上的价值、节律上的价值、语体上的价值三个方面阐述"刚刚"的语用价值。第四节从"刚刚"的使用讨论现代汉语语用的节奏规律问题，提出我们的认识。第五节从"刚刚"的使用，并联系动词"以为"的使用，提出词的语法个性问题，发表我们的认识。

（五）普通话状位 NA 主谓短语语法现象

本书第十一章从入句规约的角度对普通话状位 NA 主谓短语开展句法、语义、语用的多侧面讨论。分为四节。第一节讨论状位对 NA 主谓短语在结构与语义上的选择和规约，第二节讨论状位 NA 主谓短语的语义指向与 NA 主谓状语句的句法语义格局，第三节讨论 N 的隐现机制与 A 的语义自足度，

第四节讨论状位 NA 主谓短语的语用价值。

（六）普通话"尚且"句语法现象

本书第十二章从入句规约的角度讨论普通话"尚且 p，何况 q"句式。分为三节。第一节讨论句法标志，考察预逼标"尚且"和承逼标"何况"的标形式和标作用。第二节讨论前项后项，分析前项 p 和后项 q 的结构特征以及 p q 的排列配置特点。第三节讨论句式语义，探讨"以深证浅"的反逼性，并通过"尚且"句的扩展形式、可转化形式的分析，从不同侧面进一步揭示"以深证浅"的语义关系。本章末尾顺带论及"尚且"句的句式地位、语用价值和篇章语境特点。

以上六个方面的普通话语法现象从词的现象到短语、单句现象，再到复句现象。其中词从动词现象到形容词现象，再到名词现象、副词现象。不同层级、不同类型的普通话语法现象的考察分析中都贯穿着一条线，那就是句法机制的管控。

本书第十三章是特意安排的汉语教学语法现象，讨论汉语教学语法现象与句法机制的管控问题。包括两节。第一节是关于语文教学中老师们常常争论的缩句与抓主干问题，第二节是关于小学语文课文中老师们争论的一个具体问题，就是关于"一行人"的处理，是"一行（háng）人"还是"一行（xíng）人"？本章内容的安排意在表明，"小句中枢说"，包括其中的句法机制管控理论不仅适用于汉语语法本体研究，同样适用于汉语语法教学，在汉语语法教学中具有指导思想的理论价值。运用"小句中枢说"，运用"句管控"理论有助于解决语法教学中的疑难问题。

需要特别说明的是，本书第八章以《"重"和"沉"——兼论语法成分的叠置层次研究》为基础，该文是与我的研究生孙庆波合作的，曾在"第四届官话方言国际学术研讨会"（2007 年 10 月，陕西安康）上宣读。本书第十章的前三节基本上是根据《时间词"刚刚"的多角度考察》一文改编的。感谢导师邢福义先生与丁力、汪国胜两位师兄教授同意收入我们的合作成果，这部分内容为本书增光添彩。该文在《中国语文》1990 年第 1 期发表时为了节约篇幅，删去了例句出处的页码等信息，现在已难以补全与本书体例保持一致。

附 注

①② 令怡、吴未然《这一句语法上有没有问题》，《小学语文教师》2003 年第 3期，95—96 页。

第二章 陕县方言面指背指语法现象与句法机制的管控

第一节 面指背指的指代词使用

一 面背指与远近指

自从日本学者小川环树在《方言》杂志 1981 年第 4 期发表《苏州方言的指示代词》以来，陆续不断有短文发表报道汉语方言里存在多种不同的指示代词系统，其中有二分的，也有三分的，三分里又有不同的格局：近指—中指—远指，近指—较远指—更远指，近指—远指—混指等。不论是二分的，还是三分的，这些系统有两个共同的特点：第一，都是距离远近的差别；第二，指示参照点是说话人。张邱林《陕县方言远指代词的面指和背指》在《华中师范大学研究生学报》（鄂刊字准印第 280 号）1989 年第 3、4 期发表，后又在《华中师范大学学报》1992 年第 5 期公开发表，该文报告河南陕县方言的指示代词不仅分远指近指，而且远指还以听话人为参照点区分面指背指。"第一次揭示汉语方言中存在指示代词面指背指的对立。"（李行健、刘丹青，1994）

面指是说话的时候所指对象是听话人看得见的，或虽看不见但已了然于心的。背指是说话的时候所指对象是听话人看不见的，或看不见且未了然于心的。当说话的时候所指对象是听话人看不见但心里已经知道的，面指与背指的选择就取决于说话人的着眼点。所谓的"了然于心"、"未了然于心"往往是说话人的心理假设。

面背指与远近指比较有三个特点：其一，远近指的参照点是说话人，面背指的参照点是听话人。其二，远近指的区别是距离的区别，面背指的区别是看得见、看不见、已知、未知的区别。其三，面背指与说话人的着眼点有关。

二　面背指的使用选择与代词形式的配置

（一）指代词的形式

陕县方言的指示代词系统分近指和远指，远指还分成面指和背指，各有一套指示代词，其基本形式如下表：

近指		这$_1$〔tʂʅ^{24}〕/〔tʂei^{24}〕　　这$_2$〔tʂuo^{55}〕	
远指	面指	兀$_1$〔u^{24}〕/〔vei^{24}〕　　兀$_2$〔uo^{55}〕	
	背指	奈〔nai^{24}〕	

指代词在不同语境里常常有一些音变，特别是声调。陕县方言近指代词的基本形式有 tʂʅ^{24}、tʂei^{24} 和 tʂuo^{55}；tʂʅ^{24} 和 tʂei^{24} 用作修饰语，不能充当主宾语，本书记作"这$_1$"，tʂuo^{55} 主要作主宾语，有时也充当定语，本书记作"这$_2$"。远指的面指代词的基本形式有 u^{24}、vei^{24} 和 uo^{55}；u^{24} 和 vei^{24} 用作修饰语，不能充当主宾语，本书记作"兀$_1$"，uo^{55} 主要作主宾语，有时也充当定语，本书记作"兀$_2$"，"兀"字在陕县方言里的实际读音是 u^{312}。远指的背指代词的基本形式是 nai^{24}，本书记作同音字"奈"。从来源上说，tʂei^{24} 是 tʂʅ^{24}（这$_1$）和 i^{312}（一）的合音，vei^{24} 是 u^{24}（兀$_1$）和 i^{312}（一）的合音，就像普通话的"这"在口语里有 tʂɤ^{51} 和 tʂei^{51} 两个读音，tʂei^{51} 是"这一"合音而来的一样。从使用上说，tʂʅ^{24} 与 tʂei^{24} 之间、u^{24} 与 vei^{24} 之间略有区别，但一般都可通用。在相通的情况下，tʂei^{24} 和 vei^{24} 是优势说法。这种语音形式上的区别与本节讨论的面指背指主题关系不大。在下文的讨论中，"这$_1$"、"兀$_1$"后边一般不标注语音形式，表明两种语音形式可以通用。有必要区别语音形式的时候，我们特别注出。在上下文能够清楚地表明语音形式时，我们省去注音以求行文简洁。鉴于上面作了说明，下文里同音字"奈"下面也不再加注浪线。文中还有几个同音字，借助上下文的帮助，我们也只在首次出现的时候才加注浪线。

比较下面两句：

这$_1$两棵是梨树，兀$_1$两棵是杏树。

这$_1$两棵是梨树，奈两棵是杏树。

两句的基本意思都是：距离说话人近的两棵是梨树，远的两棵是杏树。不同的是，前一句远指代词用"兀$_1$"，是面指，表示所指的两棵杏树是听话人看得见的，或者虽然看不见但已经知道的；后一句远指代词用"奈"，是背指，表示所指的两棵杏树是听话人看不见的，或者看不见而且还不知道的。

（二）面指背指的使用选择

面指和背指的使用选择有三种情况。

第一种情况，说话时所指对象听者看得见，用面指。例如：

（1）前头兀₁个人我认得，当中兀₁个有点儿面熟，末后儿兀₁个不认得。

（2）你瞅兀₁几棵松树，长得多粗实。

（3）兀₁个打电话的人是谁？

（4）你搁底下吧，兀₁顶头都是灰。

以上所举的例子中，"兀₁"所指的对象都是说话时听者看得见的，所以用面指代词"兀₁"。如果说话人改用背指代词"奈"，那么听话人就会感到莫名其妙。

第二种情况，说话时所指对象听者看不见且尚未了然于心，用背指。例如：

（5）你兀₁个地方要说还算是好的，你只要到我奈个地方去看看，比一下就知道了。

（6）我的奈个意思你还是没听清。

（7）你先坐一下，还有几个人，等奈几个来了，厮跟上走。

（8）奈个高兴劲呀，就没法给你说！

以上所举的例子中，"奈"所指的对象都是说话时听者看不见且尚未了然于心的，所以用背指代词"奈"。如果说话人改用面指代词"兀₁"，那么听话人便会感到不知所云。

第三种情况，说话时所指对象听者看不见但已了然于心。这时，说话人如果着眼于看得见看不见，用背指；着眼于是否了然于心，用面指。看例子：

（9）老黄奈/兀₁个人真是个精明人。

（10）你还是三年前奈/兀₁个样。

（11）我说的正是奈/兀₁个人。

（12）奈/兀₁二百块钱你可装好！

以上所举的例子中，"奈/兀₁"所指的对象都是说话时听者看不见但已了然于心的，用背指或面指都能表达基本意思；不过，说话人在说话时总是根据自己的着眼点选择相应的指代词形式。

上述三种情况可以归结成下表。都是远指里的区分，"看得见"、"看不见"、"已知"、"未知"都以听话人为参照：

看得见	看不见	
	已知	未知
面指	背指／面指	背指

需要补充说明的是，在第三种情况下，如果谈话时出现始发句和后续句，而前后两句都用远指代词，那么，始发句多用背指形式，后续句多用面指形式。例如：

（13）甲：我觉着小余奈个人实在、可靠。

　　　　乙：就是。兀₁个娃走到哪，人都说好。

（14）甲：将才~~刚才~~奈两个人瞅着怪面熟。

　　　　乙：你忘啦？年是~~去年~~给你推车的不就是兀₁两个人？

当然，始发句用了背指形式"奈"，后续句也可以承上用"奈"，如例（13）（14）的后续句里"兀₁"换成"奈"也不影响表达意思，只是用面指形式"兀₁"更自然些。不过，始发句如果用了"兀₁"，后续句却一般要用"兀₁"，不用"奈"。下面两个后续句里"奈"都用得不恰当，都该换成"兀₁"：

（15）甲：兀₁两样菜你恐怕不喜欢吃。

　　　　乙：*不，我喜欢吃奈两样菜。

（16）甲：兀₁个人你认得？

　　　　乙：*奈个人我认得。

（三）指代词的句法功能

从句法功能上看，"奈"不仅能充当修饰语，也能充当主宾语；"兀₁"总是充当修饰语，不能充当主宾语。例如：

（17）奈几本语法书　　　　　　　　奈是几本语法书

（18）他最喜欢吃奈几样菜　　　　　他最喜欢吃奈

（19）他最喜欢吃兀₁几样菜　　　　　*他最喜欢吃兀₁

在主宾语位置上，近指形式用 tʂuo⁵⁵，远指的面指形式用 uo⁵⁵，都是上声，分别记作"这₂"和"兀₂"。"这₂"和"兀₂"通常是作主语、宾语。例如：

（20）这₂是几只比利时兔　　　　　　兀₂是几只公羊兔

（21）猪最喜欢吃这$_2$　　　　　　　　猪不喜欢吃兀$_2$

"这$_2$"、"兀$_2$"有时也作修饰语。例如：

（22）这$_2$娃做事靠不住。

（23）兀$_2$木头做床架能中。

（24）我在武汉停了六七年了，这$_2$米还是吃不惯。

（25）他兀$_2$东西好借。

（26）这$_2$事只有他才干得出。

（27）兀$_2$药味儿苦，可是能治病。

"这$_2$"、"兀$_2$"作修饰语有三个特点：

第一，"这$_2$""兀$_2$"总是直接加在名词语前头，当中不容插入数量结构或量词。如"这$_2$事"能说，"这$_2$两件事、这$_2$件事"都不能说；"兀$_2$木头"能说，而"兀$_2$几样木头、兀$_2$样木头"都不能说。相反，"这$_1$"、"兀$_1$"作定语，其后必须带数量结构或量词。如"这$_1$娃"、"兀$_1$木头"、"这$_1$米"、"兀$_1$东西"、"这$_1$事"、"兀$_1$药"都不能说。

第二，"这$_2$"、"兀$_2$"作修饰语有两种情形：

第一种情形："这$_2$/兀$_2$＋N"结构，其中"这$_2$"、"兀$_2$"读得较轻，而N读得较重。这时，"这$_2$"、"兀$_2$"直指N，"这$_2$/兀$_2$＋N"一般可以换说成"N这$_2$/兀$_2$东西"。例如：

（28）这$_2$米我还是吃不惯。

　　　→米这$_2$东西我还是吃不惯。

（29）兀$_2$钱还有个多少？

　　　→钱兀$_2$东西还有个多少？

第二种情形："这$_2$/兀$_2$＋N"结构，其中"这$_2$"、"兀$_2$"读得较重，而N读得较轻。这时，"这$_2$"、"兀$_2$"从种类上限定N，"这$_2$/兀$_2$＋N"结构可以换说成"这$_1$/兀$_1$号种N"，不能换说成"N这$_2$/兀$_2$东西"。例如：

（30）这$_2$米我还是吃不惯。（兀$_2$米我吃惯了。）

　　　→这$_1$号米我还是吃不惯。（兀$_1$号米我吃惯了。）

　　　→*米这$_2$东西我还是吃不惯。

（31）兀$_2$木头做床架能中。

　　　→兀$_1$号木头做床架能中。

　　　→*木头兀$_2$东西做床架能中。

在"这$_2$/兀$_2$＋N"结构里，不管是第一种情形还是第二种情形，N一般指物，可以用"东西"来统括；有时，N也可以指事、指人等，不能用

"东西"来统括，这时，第二种情形仍然可以换说成"这$_1$/兀$_1$号 N"，如：

（32）这$_2$天晒粮食不中。

　　　→这$_1$号天晒粮食不中。

（33）兀$_2$人一般都吃过不少苦。

　　　→兀$_1$号人一般都吃过不少苦。

第一种情形则不能换说成"N 这$_2$/兀$_2$东西"。如：

（34）这$_2$事情总是要人做的。

　　　→*事情这$_2$东西总是要人做的。

（35）兀$_2$当干部的就应当吃苦在前，享受在后。

　　　→*当干部的兀$_2$东西就应当吃苦在前，享受在后。

此外，还有一种"M ＋ 这$_2$/兀$_2$ ＋ N"结构，其中 M 代表领属性修饰语。这时，"这$_2$"、"兀$_2$"读得较轻，而且指代的意味儿比较弱，往往可以换成结构助词"的"。如：

（36）他兀$_2$东西好借。

　　　→他的东西好借。

（37）缸里这$_2$水能吃。

　　　→缸里的水能吃。

第三，在一定条件下，"这$_2$"、"兀$_2$"可以省去中心语，而成为主宾语。如：

（38）这$_2$（娃）做事靠不住。

（39）兀$_2$（木头）做床架能中。

（40）我在武汉停了六七年了，这$_2$（米）还是吃不惯。

（41）他兀$_2$（东西）好借。

（42）这$_2$（事）只有他才干的出。

（43）兀$_2$（药）味儿苦，可是能治病。

而"这$_1$"、"兀$_1$"作定语时不能这么办。

陕县方言指代词形式随句法功能不同而不同的现象反映了汉语史上的情况。吕叔湘（1985a：223—224）指出：指物的"这"、"那"用作主语……早期多带"个"，现代不带"个"字的较多。指事的"这"、"那"带"个"不带"个"的情形和指物的一样。梅祖麟（1987）指出："这"、"那"两个指代词在唐代产生以后，一直只能用作定语，不能用作主语；要用指代词作主语的时候，晚唐五代用"这个"、"那个"；明初以后，北方官话和南方官话"这"、"那"都可以用作主语。

在现代汉语方言里，广州话、梅县话（北京大学中文系语言学教研室，1964：410）、海口话（陈鸿迈，1991）、长汀话（饶长溶，1989）、汕头方言（施其生，1995）、平遥方言（侯精一，1999：23）作定语与作主宾语都是两套指代词形式。

（四）指代词的构造

"这₁"、"兀₁"、"奈"除单用外，还可以作为词根，构造一系列的近指代词和远指的面指代词、背指代词，指代方式、程度、数量等。方式、程度、数量等属性总是附属于一定的事物的。方式、程度、数量等属性的面指和背指往往与附属着这些属性的具体事物的面背相联系。

1．方式：这₁巴；兀₁巴；奈巴

"这₁"、"兀₁"、"奈"后面加上"巴〔·pa〕"构成方式指代词"这₁巴〔tʂei⁵¹·pa〕"、"兀₁巴〔vei⁵¹·pa〕"、"奈巴〔nai⁵¹·pa〕"。这时，"这₁"、"兀₁"、"奈"不读去声而读成阴平。"这₁巴"用于近指；"兀₁巴"、"奈巴"用于远指；其中"兀₁巴"用于面指，"奈巴"用于背指。例如：

（44）这₁巴做不对，兀₁巴做也不对，奈巴做才对。

上例中，"兀₁巴"指代说话人看得见或了然于心的动作方式，"奈巴"指代说话人看不见或看不见且未了然于心的动作方式。再比较：

（45）就兀₁巴干吧！

　　　*就奈巴干吧！

（46）兀₁巴走，多会儿才能走到？

　　　*奈巴走，多会儿才能走到？

用"兀₁巴"的两例能说，因为具体的干法、走法说话时听者都是看得见或已知的；用"奈巴"的两例不能说，因为具体的干法、走法说话时听者还是未知的。

"这₁巴"、"兀₁巴"、"奈巴"一般用来修饰动词语，作状语。有时，它们也可以作主语或者介词"像"的宾语，"这₁巴"、"兀₁巴"还可以作介词"比"的宾语。例如：

【A 组】作主语

（47）唉，这₁巴就对了。

（48）他兀₁巴中不中？

（49）奈巴要快得多。

【B 组】作"像"的宾语

（50）地是像这$_1$巴犁的。

（51）地哪能像兀$_1$巴犁！

（52）在县东，墙是像奈巴做的。

例（50）（51）（52）又都可以转换成：

（53）犁地是像这$_1$巴。

（54）犁地哪能像兀$_1$巴！

（55）在县东，做墙是像奈巴。

【C组】作"比"的宾语

（56）这$_1$巴（抬）比兀$_1$巴省力。

（57）兀$_1$巴（抬）比这$_1$巴费力。

2. 程度：这$_1$每；兀$_1$每

"这$_1$"、"兀$_1$"后面都可以加上"每［·mei］"构成程度指代词"这$_1$每［$tʂei^{24}$·mei］"、"兀$_1$每［vei^{24}·mei］"。"这$_1$每"用于近指，"兀$_1$每"用于远指的面指。"这$_1$每"、"兀$_1$每"趋于简化，常丢掉"每"，直接用"这$_1$"、"兀$_1$"指代程度，而且这种简式的使用频率已占了上风。看几个例子：

（58）哪有你说兀$_1$每高，半年原来才这$_1$每高一点儿！

（59）我能考你兀$_1$高的分儿就好了。

（60）我不相信他能有兀$_1$大能耐。

普通话里指代方式和指代程度的代词形式基本相同，都用"这么"、"那么"和"这样"、"那样"；陕县方言不同，指代方式用"这$_1$巴"、"兀$_1$巴"、"奈巴"，指代程度用"这$_1$（每）"、"兀$_1$（每）"。普通话里"这"、"那"不能直接指代程度和充当状语，陕县方言不同，"这$_1$"、"兀$_1$"也可以直接指代程度和充当状语。

3. 数量：这$_1$些；兀$_1$些；奈些

"这$_1$"、"兀$_1$"、"奈"后面加上"些［$ɕiɛ^{51}$］"构成数量指代词"这$_1$些［$tʂei^{24}ɕiɛ^{51}$］"、"兀$_1$些［$vei^{24}ɕiɛ^{51}$］"、"奈些［$nai^{24}ɕiɛ^{51}$］"。"这$_1$些"用于近指，"兀$_1$些"和"奈些"用于远指，其中"兀$_1$些"用于面指，"奈些"用于背指。"这$_1$些"、"兀$_1$些"和"奈些"指代数量时常含有言多或言少的色彩，这种色彩通过上下文或一定的情景确定下来。如：

（61）这$_1$些地你一个人能种了？（言多）

（62）只给这$_1$些？（言少）

（63）给你兀$_1$些还不够？（言多）

（64）只给兀$_1$些？（言少）

"这₁些"、"兀₁些"有时言多，有时言少。"奈些"总是言多。如：

（65）奈些人哩，不是我一个。

（66）人家给了奈些哩！

"这₁些"、"兀₁些"和"奈些"都可以重叠"些"成为三音节词"这₁些些〔tʂei²⁴ ɕiɛ⁵¹·ɕiɛ〕"、"兀₁些些〔vei²⁴ ɕiɛ⁵¹·ɕiɛ〕"、"奈些些〔nai²⁴ ɕiɛ⁵¹·ɕiɛ〕"，后一个"些"为轻声。"这₁些"、"兀₁些"还可以说成"这₁每些〔tʂei²⁴·mei ɕiɛ⁵¹〕"、"兀₁每些〔vei²⁴·mei ɕiɛ⁵¹〕"，加进中间的"每"为轻声。使用这些扩展形式时，"这₁些"、"兀₁些"、"奈些"言多言少的色彩特别强烈。例如：

（67）这₁些些地你一个人能种了？

（68）只给这₁每些？

（69）兀₁每些人哩，不是我一个。

（70）就给兀₁些些！

（71）人家给了奈些些哩！

"这₁些"、"兀₁些"、"奈些"也是指代人或事物的代词。不过，指代人或事物与指代数量在读音形式上不同。指代人或事物的"这₁些"、"兀₁些"、"奈些"里的"些"读轻声，它们没有扩展形式，不能重叠"些"，也不能加"每"，句法功能上与"这₁"、"兀₁"、"奈"有所不同。不仅可以作定语，如：

（72）这₁些机器山区也能用上。

（73）兀₁些人在做什么哩？

（74）拿把门口奈些东西搬走了没有？

也可以做主语、宾语。例如：

（75）这₁些都是新入学的学生。

（76）不说这₁些了。

（77）兀₁些都是给你的。

（78）我不要这₁些，要兀₁些。

（79）奈些吃完了？

（80）事情早过去了，还提奈些做什么？

三　由面指背指代词构成的句法格式

【句法格式一】奈（＋NP）＋嚷？

　　这是由背指代词"奈"（＋NP）＋疑问语气词"曩［·naŋ］呢"造成的特指问句。普通话有"帽子呢?""后来呢?""万一下雨呢?"这样的特殊形式疑问句，陕县方言也有这样的问句形式，而且比普通话丰富得多。由背指代词"奈"构造的特指问句就是其中的一种。例如:

（81）奈书曩? 书呢?

（82）奈他买奈票曩? 他买的票呢?

　　在一定的语境中，NP常不出现，成为更简略的问句形式"奈曩?"意思是问"NP在哪?"。例如:

（83）甲：书拿来了。

　　　　乙：奈曩?

（84）甲：拿打火机给他。

　　　　乙：奈曩?

（85）甲：人来了。

　　　　乙：奈曩?

　　背指代词"奈"一般读去声 nai^{24}，但在这种句式中读成上声 nai^{55}，为什么，还需要研究。

　　【句法格式二】这$_1$、兀$_1$、统 ＋ 形／动 ＋ 这$_2$、兀$_2$、奈 ＋ 名

　　普通话句法结构"很 ＋ 形／动 ＋ 的 ＋ 名"，在陕县方言里一般用以下三种格式表达:

　　　　这$_1$［tʂei^{24}］＋ 形／动 ＋ 这$_2$／这$_1$个 ＋ 名

　　　　兀$_1$［vei^{24}］＋ 形／动 ＋ 兀$_2$／兀$_1$个 ＋ 名

　　　　统 ＋ 形／动 ＋ 奈 ＋ 名

其中的"这$_1$［tʂei^{24}］"也可以说成繁式"这$_1$每这么"，"这$_1$每"有两种语音形式:tʂei^{24}mei 和 tʂʅ^{24}mei"，前者是优势语音形式;"兀$_1$［vei^{24}］"也可以说成繁式"兀$_1$每那么"，"兀$_1$每"一般说成 vei^{24}mei，不大说成 u^{24}mei。看例子:

（86）［普］很辣的辣椒

　　　　［陕］a. 这$_1$辣这$_2$秦椒

　　　　　　　b. 兀$_1$辣兀$_2$秦椒

　　　　　　　c. 统辣奈秦椒

（87）［普］很冷的天

　　　　［陕］a. 这$_1$每冷这$_1$个天

　　　　　　　b. 兀$_1$每冷兀$_1$［vei^{24}］个天

　　　　　　c. 统冷奈天

（88）［普］很难解决的问题

　　　　［陕］a. 这$_1$难解决这$_2$问题

　　　　　　b. 兀$_1$难解决兀$_2$问题

　　　　　　c. 统难解决奈问题

　　普通话的"很"在陕县方言里要分化成"这$_1$（这$_1$每）"、"兀$_1$（兀$_1$每）"、"统"三种形式来表达。"的"一般分化成指代词形式"这$_2$/这$_1$个〔tʂʅ^{24}ke〕/〔tʂʅe^{24}〕"、"兀$_2$/兀$_1$个〔vei^{24}ke〕/〔vie^{24}〕/〔u^{24}ke〕"、"奈"来表达。tʂʅe^{24}是tʂʅ^{24}ke的合音，vie^{24}是vei^{24}ke的合音。

　　"这$_1$（每）"同"这$_2$、这$_1$个"相配套，"兀$_1$〔vei^{24}〕（每）"同"兀$_2$、兀$_1$个"相配套，"统"同"奈"相配套。这种配套是严格的，不能交叉替换。下面的配置格式都不成立：

　　　　*这$_1$……兀$_2$……（这$_1$辣兀$_2$秦椒）

　　　　*这$_1$……奈……（这$_1$辣奈秦椒）

　　　　*兀$_1$……这$_2$……（兀$_1$辣这$_2$秦椒）

　　　　*兀$_1$……奈……（兀$_1$辣奈秦椒）

　　　　*统……这$_2$……（统辣这$_2$秦椒）

　　　　*统……兀$_2$……（统辣兀$_2$秦椒）

【句法格式三】S ‖ 这$_1$、兀$_1$、统 + 形 + 这$_1$个、兀$_1$个、着哩

　　普通话主谓结构"S ‖ 很+形"，用陕县方言表达时一般要分化成三种格式：

　　　　S ‖ 这$_1$〔tʂei^{24}〕+ 形 + 这$_1$个〔tʂʅ^{24}ke〕/〔tʂʅe^{24}〕/这$_2$

　　　　S ‖ 兀$_1$〔vei^{24}〕+ 形 + 未个〔vei^{24}ke〕/〔vie^{24}〕/兀$_2$

　　　　S ‖ 统（是）+ 形 + 着哩

其中的"这$_1$〔tʂei^{24}〕"也可以说成"这$_1$每"，"兀$_1$〔vei^{24}〕"也可以说成"兀$_1$每"。看例子：

（89）［普］雨很大。（很……）

　　　　［陕］区分远近指和面背指，用三种形式来具体表达：

（a$_1$）雨这$_1$大这$_1$个。（这$_1$……这$_1$个）

　　　　今个今天你这撘〔tʂʅ^{24}ta / tʂa^{55}ta〕这儿雨就这$_1$大这$_1$个。今天你这儿雨就这么大。

（b$_1$）雨这$_1$大这$_2$。（这$_1$……这$_2$）

　　　　　今个你这₁搭雨就这₁大这₂。

（a₂）　雨兀₁大兀₁个。（兀₁……兀₁个）

　　　　　夜个_{昨天}你兀₁搭［u²⁴ta / ua⁵⁵ta］那儿雨就兀₁大兀₁个。_{昨天你那儿雨就那么大。}

（b₂）　雨兀₁大兀₂。（兀₁……兀₂）

　　　　　夜个_{昨天}你兀₁搭雨就兀₁大兀₂。

（ab₃）雨统大着哩。（统……着哩）

　　　　　夜个_{昨天}我兀₁搭雨也统大着哩。_{昨天我那儿雨也很大。}

句 a 和句 b 是等义说法。句末的"这₁个/这₂""兀₁个/兀₂"是指代词的虚化用法，没有实在的指代意义，与"着哩"相类似，相当于语气词。"这₁个/这₂""兀₁个/兀₂""着哩"分别与前边的"这₁（这₁每）""兀₁（兀₁每）""统（统是）"相呼应配套。再如：

（90）［普］西瓜很甜。

　　　　［陕］a. 西瓜这₁甜这₁个。

　　　　　　　b. 西瓜兀₁甜兀₁个。

　　　　　　　c. 西瓜统甜着哩。

（91）［普］天很冷。

　　　　［陕］a. 天这₁冷这₂。

　　　　　　　b. 天兀₁冷兀₂。

　　　　　　　c. 天统是冷着哩。

　　　这种配套也是严格的，不能交叉替换。如下面的配置格式都不成立：

　　　*这₁……兀₁个（西瓜这₁甜兀₁个。）

　　　*这₁……着哩（西瓜这₁甜着哩。）

　　　*兀₁……这₁个（西瓜兀₁甜这₁个。）

　　　*兀₁……着哩（西瓜兀₁甜着哩。）

　　　*统……这₁个（西瓜统甜这₁个。）

　　　*统……兀₁个（西瓜统甜兀₁个。）

【句法格式四】领属结构

　　　普通话领属结构"x 的 y"，用陕县方言表达，中间的结构助词"的"常常根据具体语境换成指代词"这₂、兀₂、奈"，"这₂、兀₂、奈"在这里发轻音，说成："x 这₂［tʂuo］y"、"x 兀₂［uo］y"和"x 奈［nai］y"。例如：

（92）［普］我的牛喜欢吃麦秸。

　　　　［陕］a. 我这₂［tʂuo］牛喜欢吃麦秸。

　　　　　　b．我兀₂［uo］牛喜欢吃麦秸。

　　　　　　c．我奈［nai］牛喜欢吃麦秸。

（93）［普］他的作业要做到什么时候？

　　　［陕］a．他这₂作业要做到多会儿？

　　　　　　b．他兀₂作业要做到多会儿？

　　　　　　c．他奈作业要做到多会儿？

（94）［普］我吃昨天的馒头，不吃今天的馒头。

　　　［陕］a．我吃夜个兀₂馍，不吃今个这₂馍。

　　　　　　b．我吃夜个奈馍，不吃今个这₂馍。

（95）［普］你来看看我栽的果树。

　　　［陕］a．你来看看我栽这₂果树。

　　　　　　b．你来看看我栽兀₂果树。

　　　　　　c．你来看看我栽奈果树。

　　虽说是指代词，但在这里指示的意味儿很弱，近乎领属助词"的"的作用。

　　同类情况也见于山西襄垣话（陈润兰、李唯实，1984），例如：

（96）卫会儿兀人是，有做的没那吃的；这会儿这人是，有做的也有吃的。以前的人是，有做的没有吃的；现在的人是，有做的也有吃的。

（97）旁人很走我兀书啦，我很走你这书瞧瞧。别人拿走我的书了，我拿你的书看看。

　　其中"卫会儿兀人"和"这会儿这人"相对，"我兀书"和"你这书"相对，相对的"兀"、"这"实际上也是指示意味儿很弱、近乎领属助词的远指代词和近指代词。张惠英（1997）认为这是指示代词用作领属助词。应该说它们多少还有些指示意味儿，这从"卫……兀……；这……这……"、"我兀……，你这……"的组配选择中就可以看出。

　　指代词跟表领属的结构助词"的"有关系。李荣（1993）曾举《西游记》里"我那金刚琢"跟"我的芭蕉扇儿"对举和《醒世因缘传》里"我那里面"跟"我的里头"对举的两对例子说明指示代词跟领格后缀"的"之间的关系。现代北京话（张伯江、方梅，1996；石毓智，2002）里仍可见到这种用法相通的例子。安徽绩溪方言（赵日新，2001）作定中结构标记的"的"通常写作"仂"，读［nɤ］，也是一个指代词。山东沂源话（宋作艳，2000）的指代词"那"也有相当于结构助词的用法。（石毓智，2002）南方方言广州话、江浙吴方言（如上海话）中使用频率很高的

"个"、海南闽语（如海口话）使用广泛的［mɔ₂］都兼有指代词和领属助词的用法。（张惠英，1997）陕县方言再次反映了指代词与领属助词"的"的关系，而且由于分面指背指而格外富有特色。

四　陕县方言面指背指的来源以及阿尔泰语、藏缅语里的相关现象

陕县方言的面指背指现象在古代汉语里找不到源头。张维佳（2005）认为"山西晋语指示代词主要由'这/那'二分系统构成，跟其境外晋语保持一致，在与中原官话地缘接触地带也存在'这/兀'二分系统，跟毗邻的中原官话关中片方言保持一致。由此推论，晋中三分系统来自'这/那'系统和'这/兀'系统的叠加，是两种二分系统在地理上竞争的结果。"我们赞同这种叠加的解释，认为陕县方言远指代词的面指和背指源于两种二分指示代词系统的叠加。

两种系统叠加在一起，就必然要进行系统的分工和整合，其结果在不同地区情况有同有异是很正常的。孙立新（2002）报告"关中方言区远指代词分两个层次，第一层次是相对不远或看得见的，一般作'兀搭'，第二层次是相对很远或看不见的，一般作'奈（'那一'的合音）搭''那搭'。"少如（1990）报告中原官话山西万荣方言，指出：一般来说，只表示近指和远指时，与"这"相对的是"兀"而不是"奈"；如果用"奈"则表示实际距离或心理距离相对远一些，或者表示不定指的事物；"奈"的作用是当需要表示近指、中指和远指时与"这"、"兀"对举。雒鹏年（1997）报告甘肃方言指示代词一般是三分的，其中"兀"指远处的事物，"耐"指更远或视线之外、手不可指但为说话双方共知的事物。从报道来看，陕县方言与陕西关中方言、山西万荣方言、甘肃方言的情况有同有异。

同时我们也在阿尔泰语系、汉藏语系藏缅语研究成果里找到了一些与面指背指相关的有趣的现象。下面略作介绍。

（一）锡伯语动词陈述式的亲知口气与非亲知口气

锡伯语属于阿尔泰语系满—通古斯语族。锡伯语句子的陈述语气是由动词的陈述式表达的。锡伯语动词陈述式表达说话人对动作、状态、判断的陈述时还带有亲知口气和非亲知口气。亲知口气主要表现为说话人对动作是亲自目睹、亲身经历、直接得知的；非亲知口气主要表现为说话人对动作不是或不强调是亲自目睹、亲身经历、直接得知的。亲知口气和非亲知口气是由

动词词干、助动词词干粘合不同附加成分来表示的。表达亲知口气粘合的附加成分是-xəŋ 或-xə，表达非亲知口气粘合的附加成分是-xəi。例如：

（98） tʂəksə dœvir jonχun gioχəi.　　昨天夜里狗叫了。
　　　　 昨天　夜　狗　 叫

（99） tʂəksə dœvir jonχun gioχəŋ.　　昨天夜里狗叫过。
　　　　 昨天　夜　狗　 叫

gioχəi 和 gioχəŋ 都是陈述"（狗）叫了"这个事实，但动词后边附加成分的形式不一样。前一例，gio-后边粘合附加成分-χəi，是说话人对事实的一般性叙述，说话人可能没听到"狗叫"，也可能听到了"狗叫"，但不强调是亲自听到的。后一例，gio-后边粘合附加成分-χəŋ，表明说话人强调"狗叫"是他亲自听到的。

（100） miɲi（od nan dʑixə, bi botçi javəm.
　　　　 我　家 人　来　我 家　 走
　　　　 有人到我家来了，我要回家去。

（101） miɲi bod nan dʑixəi.　　有人到我家来了。
　　　　 我　家 人　来

前一例，nan dʑixə "人来了"是说话人自己亲自看见的。后一例，nan dʑixəi "人来了"是说话人听人家告诉的，或是不强调是本人看到的。（李树兰、胡增益，1988）

锡伯语动词陈述式的亲知口气和非亲知口气在满—通古斯语族中不是孤立现象。锡伯语属于满洲语支。李树兰、胡增益（1988）还注意到属于同一语族通古斯语支的鄂伦春语、鄂温克语也有相关现象，并在此基础上把这些现象贯穿起来，概括为"确定/非确定"语法意义，指出"确定/非确定的意义不是局部现象而是成系统的现象，不只是出现在一个语言中而是出现在几个语言中"。

（二）哈萨克语的知情语气助词

哈萨克语属于阿尔泰语系突厥语族。哈萨克语有 16 个知情语气助词表达知情语气，表示说话人是在以了解情况、知根底的口气说话。例如：

（102） pæle degen ajaq astənan eken.　　天有不测风云，人有旦夕祸福。

（103） olar degen oŋaj adam emes.　　他们这些人可是有来头儿的。

句中的 degen 是知情语气助词，用在陈述句主语后，表达得意式知情语气意义，即说话时明显表露出（只有）他自己掌握有关人或事物的实情或评价标准，很有优越感，像是为对方指点迷津。

（104）onəŋ sawəjasə tømen emes <u>eken</u>.　　他的水平不低呢。

（105）im, dæmi dʒaman emes <u>eken</u>.　　嗯，味道不错。

句中的 eken 是知情语气助词，用在陈述句末，表达后知语气意义，即句中情况说话人原先不清楚，是后来或新近才弄清的，有一种由不知跨入已知境界的感觉。（张定京，2001）

（三）藏缅语的亲见情态与非亲见情态

民族语言研究表明汉藏语系藏缅语族的嘉戎语、道孚语、羌语、扎坝语、普米语等语言中存在亲见与非亲见的情态范畴，尽管这些情态在不同语言里具体存在形态各具特点。例如：

嘉戎语梭磨话：

（106）wu³³jo⁵⁵ nə³³-mnɛm¹³.　　他病了。
　　　　他　（前缀）病了

（107）wu³³jo⁵⁵ na³³-mnam¹³.　　他病了。
　　　　他　（前缀）病了

前一句是亲见情态，表示说话人叙述的他人的动作行为是亲眼目睹或新近发现的；后一句是非亲见情态，表示说话人叙述的他人的动作行为是非亲见的或是听说的。用动词前缀和动词词根中的元音屈折手段来区分。

道孚语格什扎话：

（108）ma　　ɡa-ʐe.　　下雨了。
　　　　雨　（前缀）下

（109）ma　　ɡa-ʐe　　-si.　　下雨了。
　　　　雨　（前缀）下（后缀）

前一句是亲见情态，表示说话人看见了动作的起首，动词用的是零形式；后一句是非亲见情态，表示说话人没有看见动作的起首，用动词加后缀-si 表示。（黄布凡，1991）

以上罗列的现象涉及阿尔泰语系满—通古斯语族、突厥语族和汉藏语系藏缅语族。这些现象跟陕县方言的面指背指现象有相通之处。陕县方言的面指背指现象同这些阿尔泰语言、藏缅语言之间究竟有着怎样的关系，还有待进一步的研究。实际上，"情态范畴是藏缅语原始母语的特点还是后起的，是一个尚未认识清楚的问题"，（戴庆厦，1998：45）但是，把陕县方言的面指背指现象同阿尔泰语系和汉藏语系藏缅语的这些相关现象联系起来，起码能够活跃思维，为我们认识陕县方言在两种二分指示代词系统叠加以后产生面指背指分工的现象开阔思路。

陕县地处河南省西部的河南、山西、陕西交界地带，陕县方言虽属中原官话，但根据我们对陕县方言语法现象的研究和已经发表的反映西北汉语方言的成果，陕县方言有许多语法现象跟西北的汉语方言有相同相似之处。这就更加表明把陕县方言的面指背指现象同阿尔泰语言、藏缅语言联系起来考虑的必要性。这不仅对于认识语言关系，而且对于揭示人文历史都是相当有意义的。

第二节　背指程度副词"统"的使用

陕县方言的面指背指不仅体现在指示代词的使用，也体现在程度副词的使用。本节考察陕县方言里的这样一个相当有特色的程度副词 t'uŋ⁵⁵，记作同音字"统"。"统"的语义涵盖与面指背指有关。县西与灵宝交界的几个村子不是用"统"，而是说成 ɕiaŋ²⁴。

陕县方言的程度副词"统"大致相当于普通话的"很"，但在组合能力、句法功能特别是语义涵盖方面与普通话的"很"有着重要差别。本节通过跟普通话"很"的比较，分析描写陕县方言"统"的语义涵盖、组合能力和句法功能。

一　"统"的语义涵盖

"统"和"很"都表示程度高。例如：

统高	统低	统容易	统小气	统喜欢
统害怕	统不情愿	统恨他	统喜欢打球	统不爱学习

这些例子里的"统"表示的程度与普通话的"很"基本相当。

跟普通话的"很"相比较，"统"在语义涵盖方面有以下两个特点：

（一）"统"包含背指语义成分

所谓的包含背指语义成分，具体说来有下边两种情况：

1. 以 X 代表"统"修饰的中心语形容词性词语、动词性词语，如果"统 X"所说的情况在说话人看来听话人是尚未了然于心的，程度的表达用背指表达形式"统"。例如：

（1）这支笔是我伯奖的，统好使着哩。

（2）事情统复杂着哩，一下给你说不清。

（3）外前外边统黑着哩，拿电灯拿上。

（4）考试完啦，题统容易着哩。

（5）他个个子不大，可是统有劲着哩。

以上五例都是说话人告诉听话人的话。句（1）笔好使的情况、句（2）事情复杂的情况、句（3）外边天黑的情况、句（4）考试题容易的情况、句（5）有劲的情况在说话人看来都是听话人还不知道的，所以程度副词都用"统"，分别说"统好使"、"统复杂"、"统黑"、"统容易"、"统有劲"。

2. 如果"统 X"所说的情况在说话人看来听话人已经了然于心但情况是过去的而非当前的，或是背后的而非面对的，此时程度表达形式取决于说话人的着眼点。

如果着眼于情况是否是当前的、面对的，用背指表达形式"统"，例如：

（6）a. 年是去年我见你还统胖着哩曼［·man］①，怎么这会儿［tʂʅ²⁴ xuər］现在这［tʂei²⁴］这么瘦啦？

（7）a. 夜个昨天雨统大着哩曼，怎么你水窖都没进满？

（8）a. 统大一块地，你一天可给锄完啦？

（9）a. 路不是统远着哩曼，怎么你一下儿一会儿可拐回啦？

句（6a）里的"年是我见你还统胖着哩"，"胖"的情况听话人自己当然知道，但情况是"年是"的，而不是当前的，说话人着眼于情况是否是当前的，所以用背指表达形式"统"，说"统胖"。句（7a）里的"夜个雨统大着哩"，雨大的情况听话人也知道，但情况是"夜个"的，不是当前的，说话人着眼于情况是否是当前的，所以说"统大"。句（8a）里的"统大一块地"，地大的情况是听话人知道的，但说话时听话人看不见那块地，地大的情况对于听话人是背后的，不是面对的，说话人着眼于情况是否是面对的，所以用背指表达形式"统"，说"统大"。句（9a）里的"路不是统远着哩曼"，路远的情况听话人是知道的，但说话时情况对于听话人是背后的，而不是面对的，说话人着眼于情况是否是面对的，所以说"统远"。

如果着眼于情况听话人是否已经知道，则用面指表达形式。像上面这四个例子，也可以分别说成：

（6）b. 年是去年我见你还兀₁［vei²⁴］那么胖曼，怎么这₁会儿这₁瘦啦？

（7）b. 夜个雨兀₁大曼，怎么你水窖都没进满？

（8）b. 兀₁大一块地，你一天可给锄完啦？

（9）b. 路不是兀₁远曼，怎么你一下儿可拐回啦？

这是说话人着眼于情况听话人是否已经知道。

　　相反，如果所说的情况对于听话人是当前的、面对的，当然也是已知的，程度就不能用"统"来表达，否则，听话人便会感到莫名其妙。例如：

（10）＊［说话人和听话人都在灯跟前，说话人指着灯］哎呀，你怎么拿（灯）挂统高？

（11）＊［说话人和听话人在一起，听话人拿着一本厚小说，说话人指着小说］这本小说统厚，你一夜能看完？

（12）＊你走统快，我都跟不上。

（13）＊你说得统好听，你怎么不去做？

（14）＊两个月没见，你变统胖啦。

句（10）里，"拿（灯）挂统高"，高的情况是听话人面对的；句（11）里，"这本小说统厚"，厚的情况是听话人面对的；句（12）里，"你走统快"，"快"的情况是听话人当前自己的；句（13）里，"你说得统好听"，好听的情况是听话人当前自己知道的；句（14）里，"你变统胖啦"，胖的情况听话人当前自己的。因此，这些地方的程度表达都不该用"统"。

　　在这种语境里，一般用表示程度的近指代词或远指的面指代词来表达。陕县方言表达听话人已知的或者是当前的、面对的情况的高的程度，不是用程度副词，而是用程度指代词"这［tʂei²⁴］这么、这每［tʂei²⁴·mei］这么、兀［vei²⁴］、兀每［vei²⁴·mei］"。"这"、"这每"是近指代词，指代距说话人、说话时间相对近的事物的程度；"兀"、"兀每"是远指代词，指代距说话人、说话时间相对远的而且听话人已知的、当前的、面对的事物的程度。说话人总是根据具体情景，选用相应的指代词。例（10）—（14）可以分别说成：

（15）［说话人和听话人都在灯跟前，说话人指着灯］哎呀，你怎么拿（灯）挂这₁［tʂei²⁴］高？

（16）［说话人和听话人在一起，听话人拿着一本厚小说，说话人指着小说］这本小说这₁厚，你一夜能看完？

（17）你走兀₁［vei²⁴］快，我都跟不上。

（18）你说得兀₁好听，你怎么不去做？

（19）两个月没见，你变这₁胖啦。

下面两个句子既能说，又不能说：

（20）夜个昨天雨下统大着哩，你还是去了？

（21）［小说不在面前］统厚一本小说，你一夜可看完了？

这两个句子里"统大"、"统厚"所指的情况都是听话人已知的，但又都不是当前的、面对的。当说话人着眼于"情况不是当前的、面对的"的时候，就能说，该说成"统大"、"统厚"；当说话人着眼于"情况是听话人已知的"的时候，就不能说，该分别改说成"兀大"、"兀厚"。

陕县方言里也有一个程度副词"很"，不过，在地道的陕县方言里，这个"很"只作补语，不作状语，没有面指背指的区别和限制。普通话的"很"既能作状语，也能作补语，在使用上也没有面指背指的区别和限制。陕县方言的"统"、"很"与普通话的"很"的语义和句法功能可以比较着表达为下表：

［陕］　统［　＋程度高　＋背指　；＋作状语　－作补语　］
［陕］　很［　＋程度高　±背指　；－作状语　＋作补语　］
［普］　很［　＋程度高　±背指　；＋作状语　＋作补语　］

"统"和"很"句法功能的不平衡是历史的体现。聂志平（2005）指出今天很多方言里"很"都只有补语功能，没有状语功能，如四川话、西北话、山西话。北京话和东北话中只有少数性质形容词可以进入"得很"前构成"X得很"，而"很X"多用于书面语，口语一般用"挺X"或"可X"。聂文通过文献检索认为："很X"产生于元代，"X得很"产生于16世纪中晚期，前者早后者二百多年；除明末，明代作品中一般有"X得很"而无"很X"，"很X"在明代相当长的时期极少使用；明末"很X"、"X得很"开始在北方话作品中同时使用，18世纪中叶以后北京话作品中"很X"增多；普通话"很"在"得"后的语义和用法与"很"在谓词前作状语的语义和用法并不同源。

（二）"统"带有夸张口气

"统"在表达程度时带有夸张口气。这从下面两个事实就可以看出来。

事实一："统X"结构作谓语、补语时，或者单说时，总要后附有夸张意味儿的语气词"着哩"煞尾。作谓语的例子前面举得比较多了，这里再举两个：

（22）这个时候，咱这儿猫也统值钱着哩。

（23）奈个时候，生活统苦着哩，哪能像这会儿顿顿儿白馍，三天两头儿吃肉？

作补语和单说的例子又如：

（24）拿帽戴好，外前风刮得统大着哩。

（25）新房布置得统美着哩。

（26）今个_{今天}天热，会上_{集上}西瓜卖得统快着哩。

（27）字写得统好看着哩。

（28）娃到底是大了，变得统顶事着哩。

（29）统冷着哩，你不穿大衣？

（30）统不好卖着哩，苹果太多了，今个。

　　"着哩"在普通话里的对应形式是"着呢"。吕叔湘主编《现代汉语八百词》"着呢"条说："用在形容词或类似形容词的短语后，表示肯定某种性质或状态，略有夸张意味。多用于口语。"上面的例子如果去掉语气词"着哩"，句子都煞不住尾，不成句。

　　事实二："统 X"结构作定语的句子总带有感叹语气。"统"一般都说得比较重。例如：

（31）统大两个西瓜哩，大人搬上都沉，小娃哪能搬动？

（32）统好奈电视剧，赶紧去看！

（33）统凉奈水，去洗洗脸，看你热得！

（34）统粗奈几棵树哩，一架车怕拉不了。

（35）统热奈天，他连个电扇也没有！

二　"统"的组合能力

（一）修饰形容词成分

　　"统"在修饰形容词方面，与普通话的"很"情况基本相同。能修饰普通形容词，如：

统大	统小	统亮	统暗	统稀	统稠
统空	统满	统稀罕	统贵重	统方便	统害羞
统伤心	统好听	统急人	统了不得	统过意不去	

不能修饰下面两类形容词：

A 类	喷香	稀软	精湿	雪白	厚墩墩		汗津津
	干酥酥	稠糊糊	酸不拉叽	疙里疙瘩	老实巴交		
B 类	真	错	真正	唯一	全能	小型	良性　下等

A 类形容词本身已包含程度成分，B 类形容词纯表性质，没有程度高低之分。所以这两类形容词都不能受程度副词"统"修饰。

　　"统"也可以修饰形容词的否定形式"不 + 形"。例如：

统不顺　　　统不快锋利　　　统不听话　　　统不结实　　　统不爽快

统不高兴　　　统不好听　　　　统不容易　　　统不凑巧

据马真（1991）研究，能进入普通话"很 + 不 + 形"格式的形容词有两类：一类是表示积极意义的形容词，如"虚心"、"干净"等；另一类是往小里说的量度形容词，如"少"、"小"等。陕县方言里能进入"统 + 不 + 形"格式的形容词的情形也是这样。上面举的这一组例子里的形容词都是表示积极意义的，下面再举几个往小里说的：

少　→　统不少

小　→　统不小

轻　→　统不轻

短　→　统不短

（二）修饰动词成分

"统"可以修饰动词。这些动词限于心理动词，以及一些表示态度、评价意义的动词。例如：

统喜欢　　　统害怕　　　统注意　　　统小心　　　统讨厌　　　统支持

统了解　　　统负责　　　统月功　　　统着急　　　统关心　　　统成功

统讲究　　　统顶事　　　统爱　　　　统恨　　　　统怕　　　　统想

普通话的"很"还可以修饰一部分能愿动词，如"很应当"、"很可能"、"很必须"等；陕县方言的"统"不能修饰单个儿的能愿动词，只能修饰能愿短语，例如：

能　　＊统能　　统能吃　　　　　肯　　＊统肯　　统肯说笑话

会　　＊统会　　统会讲故事　　　愿　　＊统愿　　统愿跟上走

"统"也可以进入"（　　）+ 不 + 动（+宾）"框架，修饰动词短语。例如：

统不用功　·　　　　　统不顶事

统不喜欢　　　　　　统不喜欢这巴这样做

统不支持　　　　　　统不支持这个事

统不关心　　　　　　统不关心屋里

统不讲究　　　　　　统不讲究外表

统不爱去地　　　　　统不愿意烧火

（三）普通话里，"很"可以进入下面两个框架：

A. （　　）+ 动 + 数量（名）

B. 不 + （　　）+ 形/动

陕县方言里"统"不能。例如：

| 普通话 | 陕县方言 |

　　　普通话　　　　　　　　**陕县方言**

A. 很看了一会儿　　　　　　*统看了一会儿

　很喝了几杯酒　　　　　　*统喝了几杯酒

　很花了点儿钱　　　　　　*统花了点儿钱

　很盖了几座楼　　　　　　*统盖了几座楼

B. 不很大　　　　　　　　　*不统大

　不很方便　　　　　　　　*不统方便

　不很爱说话　　　　　　　*不统爱说话

　不很占地方　　　　　　　*不统占地方

三　"统"的句法功能

　　（一）"统"在小句里充当状语。普通话里"很"既能作状语，又能借助于结构助词"得"作补语。陕县方言的"统"只能作状语，不能作补语。例如：

　　统冷　　　　　　　　　　*冷得统

　　统稀罕　　　　　　　　　*稀罕得统

　　统急人　　　　　　　　　*急人得统

　　统喜欢　　　　　　　　　*喜欢得统

　　统爱看书　　　　　　　　*爱看书得统

　　统不听话　　　　　　　　*不听话得统

　　统不做人活不做好事　　　　*不做人活得统

　　（二）为了进一步认识"统"的句法功能特点，有必要从整体上考察"统 X"的句法功能。"统 X"的句法功能是充当谓语、补语和定语。

　　【作谓语】

　　（36）天统热着哩。

　　（37）说话统快着哩。

　　（38）考试题统容易着哩。

　　（39）他统不做人活着哩。

　　（40）事情统不好办着哩。

　　【作补语】

（41）字写得统秀气着哩。

（42）话说得统委婉着哩。

（43）手术做得统成功着哩。

（44）今年红薯长得统大着哩。

（45）花开得统白着哩。

"统 X"作谓语和补语时，"统"可以说成"统是"，如：

（46）天统是热着哩。

（47）事情统是不好办着哩。

（48）话说得统是委婉着哩。

"统是"是"统"的同义形式。把"统"换成"统是"后，有加强程度的意味儿，也增强了描述性。

【作定语】

统大奈猛雨

统白奈一地花

统好看奈电影

统难做奈题

统喜欢吃奈菜

"统 X"作谓语时才能后附语气词"着哩"，作定语时不能后附语气词"着哩"。如果定语中心语是数量名结构或数量结构，"统 X"可以与中心语直接组合；如果定语中心语不是数量名结构或数量结构，"统 X"不能与中心语直接组合，但不是用结构助词"的"连接，而是用表示远指的背指代词"奈"连接。"奈"多少有些指代意味，与后面的名词语构成"指·名"短语。

（三）同普通话的"很 X"相比较，陕县方言的"统 X"在功能上还具有以下三个值得说明的特点：

第一，"很 X"是自由的，可以单独成句，回答问题；"统 X"是黏着的，要带上语气词"着哩"才能成句，回答问题。例如：

普通话	陕县方言	
（49）很好。	*统好。	统好着哩。
（50）很关心。	*统关心。	统关心着哩。
（51）很满意。	*统满意。	统满意着哩。
（52）很想家。	*统想家。	统想家着哩。
（53）很爱笑。	*统爱笑。	统爱笑着哩。

第二，"很 X"能作状语，"统 X"不能作状语。例如：

普通话	陕县方言
（54）很圆满地完成任务了。	*统圆满地完成任务了。
（55）很关心地问了问。	*统关心地问了问。
（56）很满意地点点头。	*统满意地点点头。
（57）很不高兴地走了。	*统不高兴地走了。
（58）很公正地处理了问题。	*统公正地处理了问题。

第三，普通话可以说"形/动＋着呢!"，陕县方言也可以说"形/动＋着哩!"，如：

普通话	陕县方言
（59）好着呢!	好着哩!
（60）急人着呢!	急人着哩!
（61）宽敞着呢!	宽敞着哩!
（62）吸引人着呢!	吸引人着哩!
（63）有钱着呢!	有钱着哩!

但是，普通话不能说"很＋形/动＋着呢!"，陕县方言能说"统＋形/动＋着哩!"。如：

普通话	陕县方言
（64）*很好着呢!	统好着哩!
（65）*很急人着呢!	统急人着哩!
（66）*很宽敞着呢。	统宽敞着哩。
（67）*很吸引人着呢。	统吸引人着哩。
（68）*很有钱着呢!	统有钱着哩!

本章小结

指代词具体反映了语言符号的使用者与所指代事物的语境关系。客观世界中这种关系的存在是多角度多侧面的。因此，从理论上说，自然语言中就有可能存在多种指代词系统。从人类语言实际看，也的确是这样的。

陕县方言以外，除了甘肃方言（雒鹏年，1997）、陕西关中方言（孙立新，2002）远指有"看得见""看不见"的区分，洪波（1991）也提到江西都昌县方言（属赣方言）的指示代词是近指［li³⁵³］、看得见的远指［ŋ¹³］和看不见的远指［tɕi¹³］这样的三分。虽说根据报道，这些方言“看得见”“看不见”的参照点仍是说话人，从本质上说仍是距离远近的延伸，但都有助于我们认识陕县方言的面指背指现象。就甘肃方言和关中方言来说，第一节已经说过，陕县方言与西北的汉语方言有地缘联系，都昌方言的报道更使我们拓宽视野。

　　不仅汉语方言是这样，外民族语言里也有丰富的表现。布龙菲尔德（1985：325）指出："许多语言区分较多的指示替代类型；比如，有些英语方言在 this 和 that 的区别以外，加上 yon 表示最远的事物。拉丁语用 hic 指示最靠近说者的事物，用 iste 指示最靠近听者的事物；ille 则表示最远的事物。克瓦基屋特尔（Kwakiutl）语也作同样的区别，但是还分出'看得见'和'看不见'的来，这就使数目增加了一倍。克利语有［awa］ '这'，［ana］'那'，和［oːja］'刚才还在可是现在看不见了的那（个）'。爱斯基摩语有一整套：［manna］（这一个），［anna］（北面的那一个），［qanna］（南面的那一个），［panna］（东面的那一个），［kanna］（下面的那一个），［sanna］（海里的那一个），［iŋŋa］（那一个），等等。"S. C. Levinson、沈家煊（1987）也提到指示系统一般来说是以说话人自身为中心的，但也有些语言的指示词一部分是以说话人以外的参加者所处的位置为中心的。在这个意义上，陕县方言提供了一份汉语方言的材料。

　　从理论上说，自然语言里，不光是指示代词具有指示功能，人称代词、一些动词、一些副词，甚至语气助词等也都与指示有关，可以承载一定的指示信息。陕县方言的面指背指不仅体现在指示代词的使用，也体现在程度副词的使用。这些现象启示我们对人类语言使用里的指示手段做全面系统的发掘和研究。

附　注

①"曼"标记陕县方言的语气词［·man］，"曼"字在陕县方言里的本调是去声。

第三章　陕县方言形容词语法现象与句法机制的管控

第一节　儿化形容词现象

普通话和官话方言里形容词儿化后一般构成名词，陕县方言也大多如此。值得注意的是，陕县方言还有一种很有特色的形容词儿化现象，与儿化后构成名词的不同，儿化后仍是形容词。二者最简单的一条区别标准就是能否受副词"多"修饰，如"尖儿、错儿、巧儿"是名词，不能说"多尖儿、多错儿、多巧儿"，"大儿、高儿、深儿"是形容词，可以说"多大儿、多高儿、多深儿"。我们把这种儿化后构成的形容词形式称为儿化形容词。儿化形容词有两个突出的语法特征：一是能受副词"多"修饰，大多数也能受副词"不"修饰；二是能受由度量衡单位量词构成的数量短语或比况度量的词语修饰。例如：

重儿　　多 + 重儿　　　　　　斤把 + 重儿
　　　　问：重不重？
　　　　答：没多重儿。／斤把重儿。

宽儿　　多 + 宽儿　　　　　　二指 + 宽儿
　　　　问：有多宽儿？
　　　　答：没多宽儿。／二指宽儿。

高儿　　这 [tʂei²⁴] 这么 + 高儿　　三尺 + 高儿
　　　　问：有多高？
　　　　答：这这么高儿一点儿。／三尺高儿。

远儿　　不 + 远儿　　　　　　几步 + 远儿
　　　　问：远吧？
　　　　答：不远儿。／几步远儿。

本节考察陕县方言的这种儿化形容词的语法、语义、语用特点以及语言类型学上的普遍意义。

一　儿化形容词的范围和形式

（一）儿化形容词的范围

不是所有的形容词都能发生这样的儿化。可以这样儿化的形容词限于下面十个：高、大、长、宽、厚、重、深、远、粗、壮。这十个形容词都表示度量性质，可以用度量衡单位或比况度量的词语描述其度量。其中"粗"和"壮"是一对同义词，反义词是"细"；"粗"与"壮"之间是方言层次的差别。"壮"方言土味浓重；"粗"略显正式，是受普通话影响后起的说法。

与这十个形容词相对的消极意义的形容词"低、小、短、窄、薄、轻、浅、近、细"没有这样的儿化功能。也说"小儿［ɕiaur⁵⁵］"，但意思是"小的时候"，如"这［tʂuo⁵⁵］娃从小儿就不爱吃甜食"。

（二）儿化形容词的形式

陕县（原店镇）方言阴平、阳平、上声字儿化后不变调，如"墙根儿、核桃仁儿、面片儿"中的儿化音节"根儿、仁儿、片儿"都读原调；去声字儿化后变读为上声，如"窗扇儿、壶盖儿、不大儿、桌面儿、鼓劲儿、见样儿学样儿"中的儿化音节"扇儿、盖儿、大儿、面儿、劲儿、样儿"都读上声。形容词儿化同样遵循这条变调规律。下面列出这十个形容词本来的语音形式和儿化后的语音形式：

大 ta²⁴	大儿 tar⁵⁵	高 kau⁵¹	高儿 kaur⁵¹
长 tʂʻaŋ³¹²	长儿 tʂʻãr³¹²	粗 tsʻəu⁵¹	粗儿 tsʻəur⁵¹
壮 tʂuaŋ²⁴	壮儿 tʂuãr⁵⁵	远 yan⁵⁵	远儿 yɐr⁵⁵
宽 kʻuan⁵¹	宽儿 kʻuɐr⁵¹	厚 xəu²⁴	厚儿 xəur⁵⁵
深 ʂen⁵¹	深儿 ʂər⁵¹	重 tʂʻuŋ²⁴	重儿 tʂʻũr⁵⁵

在语法形式上，儿化形容词可以受由数词和度量衡量词构成的数量短语修饰，如：两米高儿，三尺厚儿，几步远儿；或是受比况度量的词语修饰，如：巴掌大儿，碗壮儿；可以受由度量衡量词和概数助词"把"构成的量助结构修饰，如：斤把重儿，丈把高儿，尺把深儿。除了"重儿"以外，都可以受程度指代词"这（每）［tʂei²⁴（·mei）］这么"（"每"字在陕县方

言里的实际声调是上声）和"兀（每）〔vei^{24}（·mei）〕那么"修饰，例如：这粗儿、这每粗儿、兀粗儿、兀每粗儿。除了"重儿、壮儿"这两个，其它的八个都可以受否定副词"不"修饰，十个全都不能受表示高程度的程度副词"统"、"怪"、"太"、"老〔lau^{51}〕"[1]修饰，如下表：

	高儿	大儿	长儿	宽儿	厚儿	重儿	深儿	远儿	粗儿	壮儿
不	+	~	+	+	+	−	+	+	+	−
统	+	~	−	−	−	−	−	−	−	−
怪	+	~	−	−	−	−	−	−	−	−
太	+	~	−	−	−	−	−	−	−	−
老	+	~	−	−	−	−	−	−	−	−

带上数量状语或程度指代词"这、这每、兀、兀每"充当的状语后，可以受语气副词"只"、"才"和重读的"就"（言少、言轻）修饰，不能受轻读的语气副词"就"（言多、言重）修饰，如下表：

	斤把重儿	二尺高儿	巴掌大儿	这深儿	兀每长儿
只	+	~	+	+	+
才	+	~	+	+	+
就重读	+	~	+	+	+
就轻读	+	~	−	−	−

儿化形容词没有普通形容词那样的 AA 重叠式，如"大儿大儿"、"远儿远儿"、"深儿深儿"都不能说。陕县方言的单音形容词有一种重叠格式是"AA 儿"，如：大大儿、远远儿、深深儿，这不是儿化形容词重叠。

二　儿化形容词的语义

（一）儿化形容词带有"程度不高"的附加意义

儿化形容词不能单说，总是在句子里与其他词语配合使用。与非儿化形式相比，度量形容词的儿化形式带有"程度不高"的附加意义。比较："二尺深。"与"二尺深儿。"前者是客观描述，后者附加上了说话人认为不深的口气色彩。再比较："有多宽?"与"有多宽儿?"前一句问话口气客观，后一句问话里还表露出说话人认为不宽的心理假设。看下面两段对话：

（1）甲：多深?

　　　乙：三尺深儿。

　　　甲：才三尺深!

　　(2) 甲：多深儿？

　　　　乙：唉［ai²⁴²］，有三尺深哩！

　　　　甲：就有三尺深！

第（1）段对话里，甲的问话"多深？"是客观的口气，没有主观评价色彩；乙的答话"三尺深儿。"这么一儿化，就包含了说话人认为深的程度不高的评价口气；因此甲接着说"才三尺深！"，一个"才"字把不深的评价用语气副词形式显示了出来。第（2）段对话里，甲的问话"多深儿？"，一个儿化形式，就流露了甲认为不深的心理假设；乙的答话"唉［ai²⁴²］，有三尺深哩！"，包含了乙对甲问话里流露的主观评价色彩的语气缓和的纠正；陕县方言"唉［ai²⁴²］"是一个表达对对方观点不同意而作出缓和否定的叹词，再如：

　　　　唉［ai²⁴²］，还能像兀个［vei²⁴·kɛ→viɛ²⁴］像那样说！

　　　　唉［ai²⁴²］，你不去怎么能中！

　　　　唉［ai²⁴²］，这就是你的不对啦。

"有 + 数量成分 + 形容词 + 哩！"是感叹程度高的句法框架，再如：

　　　　有五里远哩！

　　　　有三十多米宽哩！

因此甲接着说"就有三尺深！"，一个"就"字把对深的程度的评价用语气副词形式显示了出来。

（二）儿化格式对形容词语义的反规约

　　一定的语法格式总是与一定的语法意义相联系。特定语法格式一经形成，就会成为特定语法意义的载体。一般说来，表达什么样的语义就相应采用什么样的语法格式；但是，如果甲语义装进了乙格式，就会受到乙格式的格式义的反规约。度量形容词的儿化形式作为一种语法格式，负载着"程度不高"的语义色彩。一个度量形容词一经嵌入这种儿化格式，便会被赋予"程度不高"的语义色彩。比如，孤立地说"三尺高"，表达的可以是高，也可以是不高；但是一经套进儿化格式，说成"三尺高儿"，就被赋予了"不高"的语义色彩。"有多高？"说话人心理假设可以是很高，也可以是不高；但"有多高儿？"就带上了说话人认为不高的口气。值得指出的是，格式对语义的这种反规约要受客观事理制约的，如"雨点有核桃大儿。"就不能说，因为核桃大的雨点事实上已经很大了。

三 儿化形容词的入句功能和入句条件

（一）入句功能

儿化形容词不能单独入句。带上状语构成偏正短语以后，整个偏正短语经常单独成句，也经常在句子里充当谓语、定语，也能充当补语。例如：

【单独成句】

（3）深吧？——不深儿。

（4）多大儿？——核桃大。

（5）宽不宽？——没多宽儿。

【作谓语】

（6）这口井丈把深儿。

（7）小树儿才指头粗儿。

（8）学校离屋没多远儿。

（9）个［kuo: ²⁴］个子能有这［tʂei²⁴］这么高儿？

【作定语】

（10）巴掌大儿一片儿地，还要两个人锄？

（11）不长儿一篇短文儿，稿费还不少。

（12）不远儿一节儿路，不骑车啦。

【作补语】

（13）太硬啦，这大一会，才挖一尺来深儿。

（二）入句条件

儿化形容词进入句法结构，要受到句法、语义的制约。

有时受句法的制约。这有两种情况，第一种情况是受句法结构性质制约。如：

指头粗儿——指头粗

"指头粗儿"是状中结构，"粗"可以儿化。"指头粗"如果是状中结构，"粗"可以儿化；如果是主谓结构，"粗"不能儿化。同类的例子又如：

筷板儿宽儿——筷板儿宽

巴掌大儿——巴掌大

第二种情况是受其他组合成分制约。当受有些成分，如"只、才、不"，修饰时总可以儿化，这些成分是往小里说、往否定里说的。当受另一些成分，如"统、怪、太"，修饰时一定不能儿化，这些成分是往大里说、往肯定里说的。

有时受语义的制约。究竟能不能儿化取决于具体语义环境。比方说，"麻绳指头粗儿"和"麻绳指头粗"都可以说，但是"小树指头粗儿"可以说，而"螺丝钉指头粗儿"就不能说。

四　儿化形容词在特定句法框架中的适应能力

（一）儿化形容词经常进入的四种句法框架

【句法框架一】数词 + 度量衡量词 + A（形容词）

这是儿化形容词最常出现的一种句法环境。例如：

　　二里远儿　　　　一拃长儿　　　　　半斤重儿

儿化形容词都是表示度量的，自然结合机会最多的是数量（度量衡量词）短语。在日常生活中，人们还经常拿一些普通的熟悉的事物来比况数量，这些名词充当比况状语，用在儿化形容词前面相当于一个数量短语。例如：

　　核桃大儿　　　　针尖儿大儿　　　　碗壮儿

这些名词充当的比况状语总是表达小的数量、低的程度。

【句法框架二】有 / 没 + 多 + A

这是儿化形容词经常出现的一种问话和答话语境。问话用"有 + 多 + 儿化形容词？"包含着认为程度不高的口气。例如"有多长儿？"传达出问话人心理假设不长的口气。问话如果用"有 + 多 + 非儿化形容词？"的形式，如"有多长？"就是客观的提问口气，不含主观心理假设。答话可以用"没 + 多 + 儿化形容词。"如"没多长儿。"包含着答话人认为程度不高的口气。也可以用"没 + 多 + 非儿化形容词。"形式，如"没多长。"不同就在于不含评价口气。再看几组对话例子：

　　（14）有多大儿？——没多大儿。／没多大。

　　（15）有多宽儿？——没多宽儿。／没多宽。

　　（16）有多重儿？——没多重儿。／没多重。

【句法框架三】这（每）／兀（每） + A

这是出现在特定交际情景或对话语境里的一种句法格式。大多数儿化形容词都可以受近指程度指代词"这［tʂei²⁴］、这每［tʂei²⁴·mei］"和远指的程度指代词"兀［vei²⁴］、兀每［vei²⁴·mei］"修饰，例如：这宽儿，这每高儿，兀壮儿，兀每深儿。只有"重儿、沉儿"不能。"重、沉"的属性不是通过视觉来感受的。"这"、"兀"分别是从"这每"、"兀每"简化而来的。从当前的共时来看，简式和繁式都是常用形式，在表义上感觉不出明显区别。

【句法框架四】不 + A

这也是儿化形容词最经常出现的一种句法环境。在句子里用于对性质的否定，带有认为程度不高的口气。例如：

　　　不大儿　　　不长儿　　　不粗儿

"不 + 非儿化形容词"后面可以接补语。接不同类型的补语，结构的语法意义不同。比如接上"多少［tuo⁵¹ ʂau⁵⁵]"（其中的"少"字不说轻声，说本调上声。比较"到底高多少?"其中的"少"字说轻声），说成"不 A 多少"，意思是"只 A 一点儿"。如"不高多少"意思是"只高一点儿"，"不重多少"意思是"只重一点儿"。再比如接上"一点儿［i³¹² tiɐr⁵⁵]"（其中的"点儿"不说轻声，说本调上声。比较"再慢一点儿!"其中的"点儿"说轻声），说成"不 A 一点儿"，意思却是"一点儿都不 A"。如"不远一点儿"意思是"一点儿都不远"，"不重一点儿"意思是"一点儿都不重"。

"不 + 儿化形容词"后面不能接补语，比如"不远儿多少、不长儿多少、不重儿一点儿、不粗儿一点儿"就都不能说。"不 + 儿化形容词"后面接的数量成分是定语中心语，如"不远儿几步儿"，"不远儿"和"几步儿"是解注式的定中关系。又如"不大儿一片儿、不长儿一节儿、不宽儿一缕儿、不粗儿一把儿"，后面的数量成分与前面的"不 + 儿化形容词"结构都是中心语与定语的结构关系，语义上是互相解注。"不 + 儿化形容词"后接的数量成分往往量词儿化。

在这十个儿化形容词里，"壮儿、重儿"不能进入"不 + A"的框架，不说"不壮儿、不重儿"。

上面讨论的这四种典型的句法框架，非儿化形容词也能进入，但儿化形容词进入与非儿化形容词进入造成的句法结构有不同。

（二）儿化形容词不能进入而非儿化形容词可以进入的六种句法框架

【句法框架一】程度副词 + A

受程度副词修饰是一般形容词基本的组合能力，但儿化形容词不能进入"程度副词 + A"格式。"太、老、怪、统"是陕县方言的四个使用频率很高的程度副词，非儿化形容词可以受其修饰，而儿化形容词就不能。如"太远，老远，怪远，统远"能说，而"太远儿，老远儿，怪远儿，统远儿"都不能说。"有点儿"表示程度不高，可以说：有点儿重、有点儿长，不能说：有点儿重儿、有点儿长儿。

【句法框架二】A + 数量成分

大多数的非儿化度量衡形容词都可以进入"A + 数量成分"格式，表示一定的度量，如："长三尺，高一米，厚两公分"，或表示相比较之下超出的度量，如：宽一筷板儿，远半里，大一轮；而儿化形容词不能，如不能说：长儿三尺，厚儿两公分，宽儿一筷板儿，大儿一轮。

【句法框架三】A 不 A

非儿化形容词经常进入"A 不 A"框架造成肯否相叠，但儿化形容词不能。如可以说：长不长、沉不沉、重不重，不能说：长儿不长儿、沉儿不沉儿、重儿不重儿。

【句法框架四】X 比 Y + A

非儿化形容词可以进入"X 比 Y + A"充当比较结构的结论项，而儿化形容词不能。如可以说：大路比小路远，今个^{今天}温度比夜个^{昨天}高，我年龄比你大；不能说：大路比小路远儿，今个温度比夜个高儿，我年龄比你大儿。正因为儿化形容词不能进入比较结构，所以"不远几步"与"不远儿几步"结构不同，前者是歧义结构，有两个意思：一个是"只远几步"，一个是"不远"；后者只能表示"不远"。"不大一点儿"与"不大儿一点儿"结构不同，前者是歧义结构，可以表示"正合适"，也可以表示"不大"；后者只能表示"不大"。

【句法框架五】A + 名

非儿化形容词可以进入"A + 名"框架，充当名词的定语，表示某种性质，而儿化形容词不能。如可以说：高标准、长绳、深井，不能说：高儿标准、长儿绳、深儿井。

【句法框架六】A + 点儿！

非儿化形容词可以进入"A + 点儿！"框架，构成祈使句，而儿化形容词不能。如可以说："大点儿！""远点儿！""粗点儿！"，不能说："大儿点儿！""远儿点儿！""粗儿点儿！"。

儿化形容词和非儿化形容词对上面六种句法框架的不同反应体现了两种形容词形式不同的句法、语义特点。

五　儿化形容词的语用价值

在陕县方言系统里，儿化形容词与"形容词 +（一）点儿"是同义表达形式。"有多大儿?"和"有多大一点儿?"意思相同；"这［tʂei²⁴］高儿"和"这［tʂei²⁴］高（一）点儿"意思相同；"不远儿"和"不远一点儿"可以意思相同。两种表达形式都常用。既然这样，儿化形容词就一定有其独特的语用价值。

（一）儿化形容词可以表达说话人较弱的主观评价口气

儿化形容词与"形容词 +（一）点儿"都能表达说话人的主观评价口气，但"形容词 +（一）点儿"表达的口气较强，相对来说，儿化形容词表达的口气较弱。比较：

（17）a. 能有多大儿?

　　　b. 能有多大一点儿?

"多大儿"和"多大一点儿"都表达主观评价口气，但后者比前者语气更肯定。当问话人不是很肯定的时候，在问话里用儿化形容词比较灵活，主观色彩不显得那么重。再比较：

（18）a. 裹脚宽儿。

　　　b. 裹脚宽一点儿。

（19）a. 巴掌大儿片儿地，还要两个人锄?

　　　b. 巴掌大一点儿地，还要两个人锄?

三组例子 a 句的评价口气都比 b 句弱。

（二）儿化形容词可以适应特定句法结构的需要

在某些句法结构里，"形容词 +（一）点儿"不能进入，而儿化形容词可以进入，或者用儿化形容词比用"形容词 +（一）点儿"好。比较下面三组 a、b 句：

（20）a. 不远儿一节儿路，不骑车啦。

　　　b. 不远一点儿一节儿路，不骑车啦。（不通顺）

（21）a. 这眼井丈把深儿。

　　　b. 这眼井丈把深一点儿。（不如 a 句自然、简洁）

（22）a. 片场不大儿。

　　　b. 片场不大一点儿。（歧义：1. 片场一点儿都不大。2. 片场不大，只有一点儿。）

六　儿化形容词与度量形容词

陕县方言的儿化形容词具有语言类型学上的普遍意义。这首先从度量形容词的角度反映出来。

陕县方言的儿化形容词都是度量形容词。度量形容词指表示度量衡性质、可以用度量衡单位描述其度量的形容词。度量形容词是一类很有特点的形容词，其特殊性质在汉语的不同方言里乃至不同语言里具有普遍性，虽然具体表现形态不同。最突出的一个句法表现就是一般形容词不能受物量结构修饰，而度量形容词可以。陕县方言是这样，普通话也是这样，普通话可以说"一丈多高""八公斤重""一指厚"等（邢福义，1965）。再如英语，英语属于印欧语系，英语也是这样。请看例子（Louis Alexander，1991）：

The building is eleven hundred feet long, fronted by ten columns.

How deep is that pool? —— It's five metres deep.

Jim is six foot tall.

其中的 long，deep，tall 都是度量形容词，其修饰语 eleven hundred feet，five metres，six foot 都是由物量词和数词组成的数量结构。

儿化是陕县方言度量形容词特殊性质的又一表现形态。宁夏中宁方言也有类似的反映。中宁方言的度量形容词不论本身是积极意义的还是消极意义的，只要重叠构成"AA 子"，就都只能用在"这么"、"那么"后面表示往小里说。"这么大大子"也好，"这么小小子"也好，都成了言其小。（李倩，1998）例如：

（23）a. 苹果才长了那么大大子。

　　　b. 这么小小子的个人就会扯谎了。

（24）a. 这么长长子怕是不够。

　　　b. 这么短短子的个竿子能干个啥是？

（25）a. 三年了，树咋才长了这么胖胖子？

　　　b. 咋担了这么细细子的个桁条？

中宁方言的形容词"AA 子"格式与陕县方言的儿化形容词格式有两点不同：一是中宁方言是形容词重叠带后缀"–子"构成语法形式，陕县方言是形容词儿化构成语法形式；二是中宁方言的度量形容词不论积极意义的还是消极意义的都能进入"AA 子"格式，陕县方言的度量形容词只有积极意义的才能进入儿化格式。但在这里重要的是，二者具有共同之处，就是都只有度量形容词才能进入该格式，都"言小"。

普通话里度量形容词可以进入"这么/那么＋形容词＋点儿"格式，不论进入的是积极意义的还是消极意义的形容词，整个结构的意义都是表"小"或"少"。例如：

这么大点儿，给他算了。 ＝ 这么小点儿，给他算了。

那么大点儿，给他算了。 ＝ 那么小点儿，给他算了。

这么长点儿，给他算了。 ＝ 这么短点儿，给他算了。

那么长点儿，给他算了。 ＝ 那么短点儿，给他算了。

其中不论"这么大点儿"还是"这么小点儿"都是强调其小，不论"那么长点儿"还是"那么短点儿"都是强调其短。（萧国政，2000）诚然，普通话度量形容词的这一句法语义表现是特定句法格式规约的结果。但在这里重要的是，只有度量形容词才可以这样，它是度量形容词特殊性质的一种表现形态。

普通话"这么/那么 ＋ 形容词 ＋ 点儿"格式与中宁方言的"这么/那么 ＋ AA 子"、陕县方言的"这/兀 ＋ 儿化形容词"格式在句法语义的意义上基本相当，其中的"形容词 ＋ 点儿"与中宁方言的"AA 子"、陕县方言的儿化形容词功能基本相当。

七　儿化形容词与儿化

陕县方言的儿化形容词具有语言类型学上的普遍意义，这还从儿化的角度反映出来。

儿化是汉语方言尤其是官话方言里广泛存在的一种词法现象。据王福堂（2005），儿化韵主要分布在官话方言区，相连的吴方言、徽州方言和赣方言地区，粤方言区，其他地区也有零星分布。尽管汉语方言里儿化韵的语音形式有卷舌元音尾韵、平舌元音尾韵、鼻音尾韵和鼻化韵、边音尾韵和边音声化韵等不同类型，但在语法功能上，词根加上"儿"尾通常都是构成名词，小称则是儿化最常表达的一种语法意义。陕县方言也有很多这样的儿尾名词，动词儿化后构成名词的如：生儿、数儿、夹儿、刷儿；形容词儿化后构成名词的如：尖儿、错儿、亮儿、巧儿；名词儿化后构成名词的如：水儿、面儿、绳儿、门缝儿。大部分儿尾名词都带有"表小"的语法意义。

陕县方言有些量词在数量结构中也可以儿化。量词儿化后还是量词。如果量词表示的量有客观一定的标准，那么儿化后附加上了"小数"的评价意义，如：两句儿、几步儿、没几天儿、十来斤儿、几根儿。在这里，表达了说话人对其中的"两、几、十来"数小的主观评价。如果量词表示的是不定量，那么儿化后附加上了"小量"的评价意义，如：两把儿、几片儿、一撮儿、三包儿、一节儿。在这里，表达了说话人对其中的"把儿、片儿、撮儿、包儿、节儿"表示的量单位比相应的非儿化形式"量单位小"的主观评价。汕头方言（施其生，1997）的量词也有类似的小称语法形式，不过汕头方言量词的小称形式不是儿化而是加后缀"囝""囝呢"。

徽语绩溪方言量词在由概数词组成的数量结构中可以儿化，儿化使量词调值发生与小称音变规律相同的变化，这时儿化指数量"少"。（赵日新，1999）例如：

（三四）斤儿　　　　　　　（几）张儿

（几十）只儿　　　　　　　（十来）米儿

辽宁长海方言有的名词平常不儿化，表示少量或口气随便时可以儿化。（厉兵，1981）例如：

砖儿　求你给咱们搞点砖儿。　　力儿　咱没出多少力儿，谢什么？

煤儿　还得借车拉点煤儿。　　　糠儿　给猪喂点儿糠儿。

程度是数量的一种表现形态。陕县方言儿化形容词的"程度不高（低量）"的附加意义与儿尾名词的"小称"，量词在数量结构中儿化的"小数"、"小量"，绩溪方言量词在数量结构中儿化"指少"，长海方言名词儿化的"少量"、"口气随便"的语法意义是贯通的、一致的。

江苏赣榆话形容词可以儿化构成"儿化形容词"（蒋希文，1962），赣榆话这样的儿化形容词一般只用在否定词"不"字后面，具有这样结构的语句，一般都带有说话人认为所说的事物轻易可喜的语气。例如：

河水不深（儿），抹着腿就过去了。

这几年混的不错（儿）了。

或者说话人对所说的事牵涉到的人轻视或鄙视的语气。如：

你觉着就很不错（儿）的样。

不孬（儿）了，越来越大胆了。

赣榆话的"儿化形容词"的这种"轻易可喜"、"轻视或鄙视"的附加意义与陕县方言儿化形容词的"程度不高"附加意义是贯通的，都是往小里说。

遵义方言（胡光斌，2005）里部分 AA 式和 Acc 式形容词可以儿化，儿化后有减轻程度的作用，同时带有喜爱的感情色彩，有的还含有说话人认为合适、满意的意思。例如：

　　脸一个团团_{脸团}

脸一个团团儿_{脸略微有些团}

　　酸纠纠的_{酸的，味儿不好}

酸纠纠儿的_{略带酸味儿，味儿不好}

　　辣乎乎的_{辣，不好吃}

辣乎乎儿的_{辣辣的，好吃}

这里"减轻程度的作用"也就是附加上小称的意义。

　　洛阳方言（贺巍，1993）里，"恁大"表示那么大，"恁大儿"表示那么小；"两天"表示时间，"一两天儿"表示时间很短；"阵些"表示这么多，"阵些儿"表示这么一点点儿。都可见儿化"表小"的意义。

第二节　单音形容词重叠式

一　单音形容词的四种重叠格式

　　本节考察陕县方言的单音形容词重叠式。陕县方言的单音节形容词共有四种重叠格式：AA，AA 儿，AA 儿 AA 儿，Aa（重叠音节读轻声）。

（一）AA 式

阴平	弯弯 $uan^{51}uan^{51-312}$	高高 $kau^{51}kau^{51-312}$
	方方 $fan^{51}fan^{51-312}$	
阳平	长长 $tʂ'an^{312-24}tʂ'an^{312}$	凉凉 $lian^{312-24}lian^{312}$
	粘粘 $z̩an^{312-24}z̩an^{312}$	
上声	软软 $z̩uan^{55}z̩uan^{55-312}$	冷冷 $lən^{55}lən^{55-312}$
	扁扁 $pian^{55}pian^{55-312}$	
去声	硬硬 $n̩in^{24}n̩in^{24}$	烂烂 $lan^{24}lan^{24}$
	大大 $ta^{24}ta^{24}$	

　　去声字重叠不变形；其他三个声调的字为变调重叠，其中阴平、上声字为顺向变调，即基础音节不变调，重叠音节变为阳平；阳平字重叠为逆向变调，即重叠音节仍为阳平，基础音节变成去声。阳平的变调情况恰好与两个阳平字组成的两字组连读变调的情况相同。

（二）AA 儿式

阴平	弯弯儿 $uan^{51}uɐr^{51-312}$	高高儿 $kau^{51}kaur^{51-312}$
	方方儿 $fan^{51}fãr^{51-312}$	

阳平　　长长儿 $tʂ'aŋ^{312-24}tʂ'ãr^{312}$　　　凉凉儿 $liaŋ^{312-24}liãr^{312}$

　　　　　活活儿 $xuo^{312-24}xuɐr^{312}$

上声　　软软儿 $ʐuan^{55}ʐuɐr^{55-312}$　　　冷冷儿 $ləŋ^{55}lə̃r^{55-312}$

　　　　　扁扁儿 $pian^{55}piɐr^{55-312}$

去声　　硬硬儿 $ȵiŋ^{24}ȵĩr^{24-55}$　　　烂烂儿 $lan^{24}lɐr^{24-55}$

　　　　　大大儿 $ta^{24}tɐr^{24-55}$

去声字重叠，基础音节不变，重叠音节读儿化韵并且变上声调。阴平、阳平、上声字重叠，重叠音节都读阳平，基础音节阴平、上声不变，阳平变去声。

陕县方言阴平、阳平、上声字儿化后不变调，如"墙根儿、瓷盆儿、小碗儿"中的儿化音节都读原调。去声字儿化后变上声，如"窗扇儿、壶盖儿、不大儿、桌面儿、鼓劲儿、鞋样儿"中的儿化音节都读上声。单音形容词 AA 儿式重叠同样遵循这条变调规律。

（三）AA 儿 AA 儿式

AA 儿 AA 儿式是 AA 儿式的不变形重叠，可以不带后附成分"的"。例如：

阴平　　弯弯儿弯弯儿 $uan^{51}uɐr^{55-312}uan^{51}uɐr^{51-312}$

　　　　　高高儿高高儿 $kau^{51}kaur^{51-312}kau^{51}kaur^{51-312}$

阳平　　长长儿长长儿 $tʂ'aŋ^{312-24}tʂ'ãr^{312}tʂ'aŋ^{312-24}tʂ'ãr^{312}$

　　　　　活活儿活活儿 $xuo^{312-24}xuɐr^{312}xuo^{312-24}xuɐr^{312}$

上声　　软软儿软软儿 $ʐuan^{55}ʐuɐr^{55-312}ʐuan^{55}ʐuɐr^{55-312}$

　　　　　冷冷儿冷冷儿 $ləŋ^{55}lə̃r^{55-312}ləŋ^{55}lə̃r^{55-312}$

去声　　硬硬儿硬硬儿 $ȵiŋ^{24}ȵĩr^{24-55}ȵiŋ^{24}ȵĩr^{24-55}$

　　　　　烂烂儿烂烂儿 $lan^{24}lɐr^{24-55}lan^{24}lɐr^{24-55}$

（四）Aa 式

Aa 式在形式上，基础音节读本音，重叠音节读轻声。A 代表基础音节，a 代表重叠音节。例如：

阴平　　弯弯 $uan^{51}uan$　　　方方 $faŋ^{51}faŋ$　　　空空 $k·uŋ^{51}k·uŋ$

　　　　　生生 $səŋ^{51}səŋ$

阳平　　长长 $tʂ'aŋ^{312}tʂ'aŋ$　　　活活 $xuo^{312}xuo$　　　圆圆 $yan^{312}yan$

　　　　　聋聋 $luŋ^{312}luŋ$

上声　　软软 $ʐuan^{55}ʐuan$　　　冷冷 $ləŋ^{55}ləŋ$　　　扁扁 $pian^{55}pian$

　　　　　傻傻　ʂa⁵⁵ʂa

去声　　硬硬　n̠iŋ²⁴n̠iŋ　　　烂烂　lan²⁴lan　　　　散散　san²⁴san

　　　　　臭臭　tʂʻəu²⁴tʂʻəu

二　单音形容词重叠式的语法意义和句法功能

（一）AA 式

AA 式是不自足语法形式，单音形容词按 AA 式重叠后，都要后附上读轻声的"的［lei］"才能单说，如：弯弯的、凉凉的、软软的、硬硬的。

AA 重叠式的语法意义与基式 A 相比是赋予了 A 以"比较"级的程度量并略带强调色彩，其程度比"一般"级高一些，比"很"级低一些，界于二者之间。如"厚厚一层雪"、"雪厚厚的"、"雪下得厚厚的"中的"厚厚"的意思是"较厚"，"远远一节路"、"路远远的"、"远远的瞅见"、"送得远远的"中的"远远"是"较远"，"热热的烙馍"、"烙馍热热的"、"热热的吃啦"、"烤得热热的"中的"热热"是"较热"。朱德熙先生（1956）发现普通话形容词重叠式的语法意义与句法位置有关，指出："大致说来，在定语和谓语两种位置上表示轻微的程度，在状语和补语两种位置上则带着加重或强调的意味。"陕县方言 AA 重叠式在语法意义上不因句法位置的变化而有所不同。

AA 式，经常充当定语、谓语、补语，较少充当状语。例如：

	定语	谓语	状语	补语
厚厚	厚厚一层雪	雪厚厚的	*厚厚盖上	盖得厚厚的
高高	高高的个ㄗ子	个高高的	*高高挂起	挂得高高的
热热	热热的烙馍	烙馍热热的	热热吃啦	烤得热热的
远远	远远一节路	路远远的	远远瞅见	送得远远的
贵贵	贵贵的价钱	价钱贵贵的	*贵贵卖啦	卖得贵贵的

充当定语时，如果修饰的是一个数量（名）短语，后边一般不带"的"，如"厚厚一层雪"、"厚厚一层"。充当谓语、补语时后边要带"的"。

AA 式做补语一般只用于陈述句中。例如：

（1）煤灰倒得远远的。

（2）红薯烤得热热的。

（3）萝卜丝切得细细的。

（4）红薯片晒得干干的。

AA 不在祈使句中作补语，祈使句中作补语要用 AA 儿。比较：

（5）a. *煤灰倒远远的！

　　　b. 煤灰倒远远儿的！

（6）a. *红薯烤热热的！

　　　b. 红薯烤热热儿的！

（7）a. *萝卜丝切细细的！

　　　b. 萝卜丝切细细儿的！

（8）a. *红薯片晒干干的！

　　　b. 红薯片晒干干儿的！

AA 较少充当状语这一点与普通话情形不同。普通话里 AA 是经常充当状语的，例如：

（9）大师傅快快地炸了盘花生米。

（10）大师傅早早地炸了盘花生米。

（11）大师傅脆脆地炸了盘花生米。

（12）大师傅满满地炸了盘花生米。

其中"快快""早早""脆脆""满满"都作状语。

（二）AA 儿式

AA 儿是自足语法形式，不后附"的"就可以单说。AA 儿重叠式经常充当定语、谓语、补语，也可以充当状语。

AA 儿重叠式的语法意义与句法位置有关。这一点与普通话情形相同。处于定语、谓语位置上时，赋予 A 以"轻微"的语义色彩；处于状语、补语位置上时，有强调的意味儿。例如：

定语	谓语	状语	补语
棉棉儿的铺盖	铺盖棉棉儿的	快快儿卖唠［lau］	卖得快快儿的
清清儿的泉水	泉水清清儿的	慢慢儿走	走慢慢儿
酸酸儿的米醋	米醋酸酸儿的	快快儿调碗滚水	滚水调酸酸儿
满满儿一缸水	缸满满儿的	快快儿担一缸水	缸水担得满满儿的

充当定语、谓语时，AA 儿式还表现出"合适"或"喜爱"的感情色彩。例如：

（13）大大儿的桌不使，要扒椅上做作业！

（14）个高高儿的，层层眼儿双眼皮。

前一例的"大大儿"作定语，带有"合适"的感情色彩，后一例的"高高儿"作谓语，带有说话人喜爱的感情色彩。形容词如果不儿化，采用 AA式，就失去了"合适"、"喜爱"的感情色彩。

正因为 AA 儿式充当定语、谓语时带有"合适"或"喜爱"的感情色彩，因此由贬义形容词构成的 AA 儿重叠式不能进入定位、谓位，如："脏脏儿、臭臭儿、浑浑儿"；而这些词的反义词构成的 AA 儿重叠式都可以进入："净净儿、香香儿、清清儿"。

"苦"可以是希望的，也可以是不希望的，因此"苦瓜苦苦儿的"能说，"中药苦苦儿的"不说；"酸"有时是希望的，有时是不希望的，因此"米醋酸酸儿的"能说，"腿酸酸儿的"不说。又如：

热热儿　　被窝里的热水袋热热儿的　　　＊夏天的天热热儿的
冷冷儿　　冰箱里冷冷儿的　　　　　　　＊服务态度冷冷儿的

充当状语、补语时，只有强调的意味儿，无褒贬色彩。例如：

（15）稀稀儿舀一碗儿面。
（16）稠稠儿舀一碗儿面。
（17）面切细细儿的！
（18）面切宽宽儿的！

例中的"稀稀儿"、"稠稠儿"充当状语，"细细儿"、"宽宽儿"充当补语，与基式比较，语义上都有强调的意味儿，无褒贬色彩。再如：

（19）这一下拿被窝暖热热儿啦。
（20）瞄准准儿的！
（21）刮光光儿的！
（22）衣裳湿透透儿啦，赶紧脱下。
（23）裤懂弄，含贬义脏脏儿啦，美啦！
（24）我忘唠炉上烧的水啦，壶都熬干干儿啦。

其中的"热热儿、准准儿、光光儿、透透儿、脏脏儿、干干儿"都充当补语，都只有强调的意味儿，无褒贬色彩。

比较 AA 儿式与 AA 式，正因为 AA 儿式处于定语、谓语位置上时有"合适"、"喜爱"的感情色彩，而 AA 式没有褒贬色彩，所以下面左栏的说法能说，右栏的不能说：

（25）吃好，路远远的。　　　　　＊吃好，路远远儿的。
（26）药苦苦的，难喝。　　　　　＊药苦苦儿的，难喝。
（27）衣裳脏脏的。　　　　　　　＊衣裳脏脏儿的。

因为在例子中，"远远儿、苦苦儿、脏脏儿"都处于谓语位置上，而"路远、药苦、衣裳脏"都不是合适的、人们喜爱的。

正因为 AA 儿式处于状语、补语位置上时同 AA 式一样，都没有褒贬色彩，所以下面左右两栏的说法都能说：

（28）雪下厚厚的，麦不旱啦。　　　　雪下厚厚儿的，麦不旱啦。

（29）家具卖得贵贵的。　　　　　　　家具卖得贵贵儿的。

（30）面擀薄薄的。　　　　　　　　　面擀薄薄儿的。

在例子中，AA 式、AA 儿式形容词重叠式都是作补语。

AA 儿充当定语时，如果修饰的是一个数量（名）短语，后边一般不带"的"，如"满满儿一碗面"。充当谓语，倾向于后附"的"。充当状语，一般不后附"的"。充当补语，如果中心语后边带结构助词"得"，则一般后附"的"，如："卖得快快儿的"；如果中心语后边不带结构助词"得"，则倾向于不后附"的"，如："走慢慢儿"。这大概是节奏的制约。

（三）AA 儿 AA 儿式

AA 儿 AA 儿式在 AA 儿式的基础上进一步强调程度之深，可以说是表示"极度"级的程度量，强调色彩特浓。AA 儿 AA 儿式是自足语法形式，可以单说。

这种重叠式最常作补语，如果中心语后边带结构助词"得"，则倾向于后附"的"；如果中心语后边不带结构助词"得"，则倾向于不后附"的"。例如：

（31）木头刨得平平儿平平儿的。

（32）木头推平平儿平平儿！

（33）肉煮得烂烂儿烂烂儿的。

（34）肉煮烂烂儿烂烂儿！

（35）面片儿擀得薄薄儿薄薄儿的。

（36）水晒热热儿热热儿啦。

也经常作谓语，这时可以后附"的"，也可以不后附"的"。如：

（37）缸里水满满儿满满儿的。

（38）铅笔尖尖儿尖尖儿的。

（39）天晴晴儿晴晴儿啦。

（40）日头红红儿红红儿啦。

也可以作状语，这时一般不带后附成分"的"。如：

（41）慢慢儿慢慢儿拿把门开开。

（42）早早儿早早儿来到这儿。

（43）轻轻儿轻轻儿走过来。

有时也作定语，修饰一个数量（名）短语，不带后附成分"的"。例如：

（44）夜黑地_{昨晚的}猛雨存唠满满儿满满儿一窨水。

（45）寻唠薄薄儿薄薄儿几张。

（四）　Aa 式

Aa 式的语法意义和句法功能富有方言特色，下文提出来专节讨论。

三　关于 Aa 重叠式的语法意义

Aa 重叠式的语法意义有三种情况。

（一）　Aa_1 = A 的

Aa_1 重叠式相当于"的"字结构"A 的"。如："弯弯"意思是"弯的"，"粘粘"意思是"粘的"，"浓浓"意思是"浓的"。

在语言运用中，Aa 常与"A 的"对举使用，也可以替换成"A 的"。例如：

（46）我要<u>方方</u>，不要<u>圆的</u>。

（47）拿红薯分开，<u>好的</u>搁一岸儿_{一边}，<u>烂烂</u>搁一岸儿。

（48）<u>硬硬</u>还不熟，熟唠就软啦。

（49）抽屉是<u>空空</u>，搁抽屉里。

（50）他上当啦，买唠个<u>假假</u>。

（51）还是<u>生生</u>，得蒸熟才能吃。

在收集到的 Aa 形容词中，属于 Aa_1 的有 59 个。下面全部罗列出来，配上用例，义项不同的分别配上不同的用例。

长长	tʂʼaŋ³¹² tʂʼaŋ	长长红薯	
空空	kʼuŋ⁵¹ kʼuŋ	空空抽屉	
硬硬	ȵiŋ²⁴ ȵiŋ	硬硬桃	
软软	ʐuan⁵⁵ ʐuan	软软桃	
粘粘	ʐan³¹² ʐan	粘粘面	
光光	kuaŋ⁵¹ kuaŋ _{光滑}	光光板儿	光光头
生生	səŋ⁵¹ səŋ	生生红薯	

冷冷 ləŋ⁵⁵ləŋ	冷冷馍
温温 uen⁵¹uen	温温水
瞎瞎 xa⁵¹xa 坏	瞎瞎面
老老 lau⁵⁵lau 老嫩	老老芹菜
嫩嫩 luen⁵⁵luen	嫩嫩草
花花 xua⁵¹xua	花花牛
酸酸 suan⁵¹suan 味	酸酸汤
臭臭 tʂʼəu²⁴tʂʼəu	臭臭蛋儿樟脑球
碎碎 suei²⁴suei	碎碎粉条
方方 faŋ⁵¹faŋ	方方脸
圆圆 yan³¹²yan	圆圆脸
扁扁 pian⁵⁵pian	扁扁鼻疙瘩
平平 pʼiŋ³¹²pʼiŋ	平平睡
反反 fan⁵¹fan	反反铺上
偏偏 pʼian⁵¹pʼian	偏偏脸
歪歪 uai⁵¹uai	歪歪嘴
脏脏 tsaŋ⁵¹tsaŋ	脏脏衣裳
斜斜 ɕiɛ³¹²ɕiɛ	斜斜划
弯弯 uan⁵¹uan	弯弯树枝
横横 xəŋ²⁴xəŋ	横横写
竖竖 ʂʅ⁵⁵ʂʅ	竖竖写
直直 tʂʅ³¹²tʂʅ	直直量
立立 li⁵¹li	立立靠
墁墁 mo⁵⁵mo 平缓的坡度	墁墁埝边
浓浓 nəŋ²⁴nəŋ	浓浓面
尖尖 tɕian⁵¹tɕian	尖尖顶
假假 tɕia⁵⁵tɕia	假假农药
错错 tsʼuo⁵¹tsʼuo	错错题
灰灰 xuei⁵¹xuei	灰灰裤
黄黄 xuaŋ³¹²xuaŋ	黄黄（儿）馍
虚虚 ɕy⁵¹ɕy	虚虚土堆

实实　ʂʅ³¹²ʂʅ　　　　　　　　实实窝口

麻麻　ma³¹²ma　　　　　　　　麻麻儿鸡

噱噱　ɕyo²⁴ɕyo 不正、不顺方向　噱噱睡

顺顺　ʂuen²⁴ʂuen　　　　　　顺顺睡

秕秕　pi⁵⁵pi　　　　　　　　秕秕麦穗

瓷瓷　tsʻʅ³¹²tsʻʅ　　　　　　瓷瓷埝边

豁豁　xuo⁵¹xuo　　　　　　　豁豁牙

湿湿　ʂʅ⁵¹ʂʅ　　　　　　　　湿湿手巾

握握　uo⁵¹uo 折皱　　　　　　握握书皮

岔岔　tsʻa²⁴tsʻa 沙哑　　　　　岔岔喉咙

皱皱　tsəu²⁴tsəu　　　　　　皱皱床单

整整　tʂəŋ⁵⁵tʂəŋ　　　　　　整整韭菜

脆脆　tsʻuei²⁴tsʻuei　　　　　脆脆黄瓜

浑浑　xuen³¹²xuen 整个　　　浑浑咬

散散　san²⁴san　　　　　　　散散麦秸

绵绵　mian³¹²mian　　　　　绵绵核桃

死死　sʅ⁵⁵sʅ　　　　　　　　绳头绑死死

活活　xuo³¹²xuo　　　　　　绳头绑活活

齐齐　tɕʻi³¹²tɕʻi　　　　　　头发剪成齐齐

面面　mian²⁴mian　　　　　面面苹果　　　　面面（儿）土

烂烂　lan²⁴lan 不好的、不值钱的　烂烂玉谷秆

（二）Aa₂ = A 子

Aa₂重叠式一般指称具有 A 特征的人，其中有的在普通话里有"A 子"的对当说法。

收集到的能构成 Aa₂ 的形容词有 12 个，下面全部列出，并分别举出例句。分为两组：

【甲组】

聋聋　luŋ³¹²luŋ　　　　　　他是个聋聋。

疯疯　fəŋ⁵¹fəŋ　　　　　　兀个人是个疯疯。

瘫瘫　tɕʻyo³¹²tɕʻyo　　　　他是个瘫瘫。

憨憨　xan⁵¹xan　　　　　　你是个憨憨？

傻傻	ʂa⁵⁵ʂa	傻傻才信哩!

甲组的五个在普通话里有"A子"的对当说法,分别相当于"聋子"、"疯子"、"瘸子"、"憨子"、"傻子"。表示人的生理缺陷特征的形容词,按 Aa 式重叠后可以指称人。可以说"聋聋来了""瘸瘸来了"。不过这样用时对人不尊重。

【乙组】

豁豁儿	xuo⁵¹xuɐ̃r	他是个豁豁儿。
能能儿	nəŋ³¹²nɚr	你真是个能能儿_{指聪明能干的小孩}。
瘪瘪	piɛ⁵¹piɛ 差	我是瘪瘪蔓!
痴痴	tsʐ⁵¹tsʐ	你是痴痴?
抠抠	kʻəu⁵¹kʻəu 吝啬、不大方	这个人是个抠抠。
懒懒	lan⁵⁵lan	[逗小儿]你是个小懒懒。
勤勤	tɕʻin³¹²tɕʻin	这可是个勤勤。

乙组的七个在普通话里没有对应的"A子"词汇形式。形容词"豁""能"构成 Aa₂ 的时候要儿化,构成的 Aa₂ 形式为"豁豁儿""能能儿"。

陕县方言没有普通话那样的子尾。Aa₂ 是相当于普通话"A子"的一种构词手段。相当于普通话"A子"的另一种构词手段是子变韵。陕县方言的子变韵构成形式是"子"尾音节的声韵调都消失,只保留下时长,融入前一音节,生成一个长音节的子变韵,基本上属于"长音型"(王福堂,2005:186)。例如:

狮	sʐ⁵¹	狮ᶻ	sʐː⁵¹
椅	i⁵⁵	椅ᶻ	iː⁵⁵
瓶	pʻiŋ³¹²	瓶ᶻ	pʻiːŋ³¹²
扇	ʂan²⁴	扇ᶻ	ʂaːn²⁴
儿	ər³¹²	儿ᶻ	əːr³¹²
李	li⁵⁵	李ᶻ	liː⁵⁵

子变韵与 Aa₂ 两种构词形式互补。表示人的生理缺陷特征的形容词,有些不能构成 Aa₂,但可以通过子变韵手段构成词,记作 Aᶻ,指称具有 A 特征的人,相当于普通话的"A子"。例如:

瞎ᶻ xaː⁵¹ 瞎子	*瞎瞎
秃ᶻ tʻuː⁵¹ 秃子	*秃秃

能构成 Aa₂ 的形容词,有的也能构成 Aᶻ。如上面给 Aa₂ 举出的形容词

"聋、疯、瘸、傻、憨"也可以构成"聋ᶻ［luːŋ³¹²］、疯ᶻ［fəːŋ⁵¹］、瘸ᶻ［tɕ'yoː³¹²］、傻ᶻ［ʂaː⁵⁵］、憨ᶻ［xaːn⁵¹］"。

（三）Aa₃ = N［＋物，＋A］

Aa₃重叠式指称具有A性质的名词，指物，记作N［＋物，＋A］。

构成Aa₃的形容词，收集到的只有"甜［t'ian³¹²］"和"香［xiaŋ⁵¹］"两个。"甜甜［t'ian³¹²t'ian］"指甘蔗、甜高粱秆。如"砍根甜甜吃。"有的玉米秆有甜味，能当甘蔗吃，也可以称作"甜甜"，如"我在玉谷地寻了两根甜甜。""甜甜"又称"甜甜秆"。"香香［xiaŋ⁵¹xiaŋ］"是童语，指搽脸护肤品。如对儿童说："脸洗啦，再抹点儿香香。""拿兀一盒香香给妈拿过来"。

四 关于Aa重叠式的句法功能

Aa式不后附"的［lei］"就自足。"Aa的"是由形容词加结构助词构成的"的"字结构。如：

（52）软的我不要，我要硬硬的。

（53）生生的不拿来，拿熟的。

其中的"硬硬的"、"生生的"分别是由Aa式重叠式形容词"硬硬"、"生生"加上结构助词"的"构成的"的"字结构。

Aa式的句法功能因重叠式类型的不同而有别。总体说来，有定语、主语、宾语、状语、补语，不能单独充当谓语。

（一）定语

空空纸箱	花花儿牛
碎碎粉条	坏坏红薯
塌塌窑	假假农药
绵绵核桃	岔岔嘶哑喉咙
臭臭蛋儿	灰灰裤

Aa₁重叠式最常充当定语。三（一）节给罗列的Aa₁形容词举的例子绝大多数都是充当定语的。充当定语时，中心语简短，一般是一个词。

（二）主语

（54）长长不好，方的好。

（55）好的人吃，瞎瞎喂羊。

（56）湿湿不要，要干的。

（57）甜甜砍下啦。

（三）宾语

（58）我要长长，不要短的。

（59）水不热，还是温温。

（60）窝口是实实，小兔娃爬不出。

（61）夒拿散散，拿整的。

（62）你是个憨憨？

充当主语、宾语时，对语境依赖比较大，包括情景语境和上下文语境。

（四）状语

（63）竖竖睡，夒横横睡。

（64）小褥反反铺上。

（65）夒倒倒走，小心撞树上唠。

（五）补语

（66）塑料管冻成唠硬硬。

（67）背心穿唠个反反。

（68）布袋口绑唠个死死，解不开。

充当补语时，补语为结果补语。

总的说来，形容词 Aa 重叠式在句法功能上有以下特点：

第一，较受限制。除了上面分别说明的条件以外，还有以下特点：不论是充当定语、状语还是补语，总是直接与中心语组合，中间不用结构助词"的""地""得"。一些 Aa 重叠式入句时受到句式的限制，如"聋聋、疯疯、瘸瘸"等 12 个 Aa_2 一般就只能作宾语，或前面带上定语"个"作宾语，而且限于动词"是"的判断宾语，受语用因素的制约，很少作主语。

第二，不同形容词重叠式的入句功能有差异。即使在同一类型的 Aa 重叠式里也有个体的差异。比如，Aa_1 中的很多形容词重叠式在调查中一般作定语，就没有发现作状语的例子，如"尖尖、假假、错错、灰灰、黄黄、面面"。有少数一般是作状语，就没有发现作定语的例子，也很少有其他情况，如"反反、横横、竖竖、立立、浑浑"。正如邢福义先生（2002：86）指出："不同形容词在入句时表现出来的不同功能，要做具体分析。"邢先生论述的对象是普通话，陕县方言单音形容词 Aa 重叠式的句法功能也是这样。

五　其他方言里单音形容词重叠构成名词的现象

单音形容词重叠构成名词的现象在周边的山西、陕西方言里，偶在其他方言里，也有零星反映。如：

山西平遥（侯精一，1999）：

尖　　尖尖_{尖儿}　　　　　　红　　红红_{胭脂}

大　　大大_{排行第一的孩子}　　甜　　甜甜_{鲜玉米秸、高粱秸的有甜味的心儿}

猴_{很小}　猴猴_{排行最末的孩子}

山西太原（沈明，1994；乔全生，2002）：

红　　红红_{胭脂}　　　　　　尖　　尖尖_{尖儿}

黄　　黄黄_{蛋黄}　　　　　　甜　　甜甜_{甜的秸秆}

山西临县（乔全生，2002）：

清　　清清_{稀汤类}　　　　　方　　方方_{药方}

山西忻州（乔全生，2002）：

甜　　甜甜_{甘草}　　　　　　红　　红红_{胭脂}

山西武乡（乔全生，2002）：

甜　　甜甜_{糖块}　　　　　　尖　　尖尖_{尖儿}

山西洪洞（乔全生，2002）：

歪　　歪歪_{歪状物}　　　　　坏　　坏坏_{坏掉的物品}

好　　好好_{好样的人}

山西运城（乔全生，2002）：

憨　　憨憨_{傻子}　　　　　　拐　　拐拐_{拐杖}

巧　　巧巧_{手巧的人}

陕西户县（孙立新，2001）：

瞎瞎_{坏了的东西}　　　　　　大大_{大的东西}

瓜瓜_{傻子}　　　　　　　　　怪怪_{怪人}

陕西西安（孙立新，2007）：

大大_{大的东西}　　　　　　　嫩嫩

老老　　　　　　　　　　　　　瓜瓜_{傻子}

湖北宜都（李崇兴，2001）发现一例：

□［ˈtʰiaŋ］　形容说话做事不懂得分寸

□□［ˈtʰiaŋ tʰiaŋ］　指说话做事不懂得分寸、被人取笑的人

六　格式对语义的反规约

一般说来，语法意义决定语法形式；但特定句法格式一经形成，就会成为特定语法意义的载体，从而对语义反规约。比方说，一个人说话速度太快有时不是人们喜爱的事。"兀个女儿［ȵyər⁵⁵］姑娘说话快快儿的"本来不能说，要说成"兀个女儿说话快快的"，可是由于充当谓语的 AA 儿式都带有希望或喜爱的感情色彩，格式对语义反规约，所以人们借助这种反规约作用，说成"兀个女儿说话快快儿的"从而临时赋予了"说话快"以褒义的感情色彩。又如把"新媳妇儿脸胖胖的"说成"新媳妇儿脸儿胖胖儿的"，就凭借 AA 儿格式对语义的反规约，临时赋予了脸胖以褒义的感情色彩。

值得指出的是，这种反规约也是有限度的，如"脏"总不是人们希望、喜爱的事，因此就不能进入 AA 儿式说成"脏脏儿的"而获得褒义的感情色彩。再如"服务态度冷"、"冬天屋里冷"是谁也不希望、不喜爱的事，因此"服务态度冷冷的"、"冬天屋里冷冷的"也同样不能说成"服务态度冷冷儿的"、"冬天屋里冷冷儿的"而获得褒义感情色彩。

七　语义角色与句法配置的制约机制

单音形容词重叠式充当的语义角色不同，在小句里的句法配置就不同。以单音形容词的 AA 重叠式为例，当 AA 在小句中充当"结果"语义角色时，配置成动补结构而不配置成状动结构；当 AA 在小句中充当"条件"语义角色时，配置成状动结构而不配置成动补结构。由 AA 充当条件状语或结果补语的状动结构与动补结构在表达功能上处于互补分布。

普通话里，"热热的吃了"、"远远的瞅见"能说，"厚厚的盖上"、"高高的挂起"也能说；其中的"热热"、"远远"充当的语义角色是"条件"，"厚厚"、"高高"充当的语义角色是"结果"。而在陕县方言里，"热热的吃啦"、"远远的瞅见"能说，"厚厚的盖上"、"高高的挂起"却不能说。比较：

	状动	动补
A 组	*厚厚的盖上（结果——动作）	盖得厚厚的（动作——结果）
	*高高的挂起（结果——动作）	挂得高高的（动作——结果）
B 组	热热的吃啦（条件——动作）	*吃得热热的（动作——条件）

远远的瞅见（条件——动作）　　　*瞅得远远的（动作——条件）
A 组，状动小句不能说，动补小句能说；B 组，状动小句能说，动补小句不能说。

AA 在小句中充当的语义角色是由 AA 和动词相互制约形成的。同一个 AA，由于动词不同，充当的语义角色可能不同。比较：

B 组　热热的吃啦　　　　　　　　*吃得热热的

　　　远远的瞅见　　　　　　　　　*瞅得远远的

C 组　*热热的烤啦　　　　　　　　烤得热热的

　　　*远远的送走　　　　　　　　送得远远的

B 组的动词是"吃"、"瞅"，C 组的动词是"烤"、"送"。同是"热热"和"远远"，在 B 组小句里表示"条件"，在 C 组小句里表示"结果"。

不同的 AA，对于同一个动词，充当的语义角色也可能不同。观察下面两组例子：

A 组　热热的吃啦　　　　　　　　*吃得热热的

　　　*饱饱的吃啦　　　　　　　　吃得饱饱的

B 组　悄悄的烤啦　　　　　　　　*烤得悄悄的

　　　*热热的烤啦　　　　　　　　烤得热热的

A 组动词同是"吃"，句中的"热热"表示条件，"饱饱"表示"结果"。B 组动词同是"烤"，句中的"悄悄"表示条件，"热热"表示"结果"。

再看下面的例子：

　　　热热的吃啦　　　　　　　　吃得热热的

　　　远远的瞅见　　　　　　　　送得远远的

表面看起来，前两例里的"热热"既可以作状语，也可以作补语，其实情况不同，前一例里的"热热"表达"条件"，意思是"趁热把什么东西吃了"；后一例里的"热热"表达"结果"，意思是"吃得人热热的"。表面看起来，后两例里的"远远"既可以作状语，也可以作补语，其实情况不同，前一例里的"远远"表达"条件"，意思是"在很远的地方瞅见"；后一例里的"远远"表达"结果"，意思是"把什么送得远远的。"

吕叔湘、朱德熙（1979：20）曾指出："就意义方面说，凡是动词后面的附加语都有表示动作结果的意思，用'得'字连接的尤其明显。动词前面的附加语表示的意思是多方面的，时间、空间、状态、方式、手段、目的、关系人物，都可以用它表示"。王还（1987：121—127）进一步指出："所谓结果我的理解是不论补语或其它后附成分是说明状态的、时间的、数量的，都指的是通过动作而达到的客观实际。'得'后的补语也不例外，很多是说明既成事实的。和补语不同，状语的重点不在说明动作的结果，而在描述动作当时的状态、方式，或动作者主观上以何种态度进行动作……汉语在述语前用状语还是在述语后用补语主要是由意义来决定的。"

八　常用单音节形容词重叠能力、可重叠类型考察表

本部分以列表的形式对陕县方言里二百多个常用的单音节形容词（包括个别含状态义的动词）的重叠能力和可重叠类型逐一考察。有些形容词在不同义项上可重叠情况不同，宜分别考察，本部分也尽量这样做。

形容词	AA	AA 儿	AA 儿 AA 儿	Aa
大	+	+	+	
小大小	+	+	+	
小小时候		+		
高	+	+	+	
低	+	+	+	
长	+	+	+	+
短	+	+	+	+
粗	+	+	+	+
壮	+	+	+	
细	+	+	+	+
远	+	+	+	
近	+	+	+	
宽	+	+	+	+
窄	+	+	+	+
厚	+	+	+	+
薄	+	+	+	+
深	+	+	+	
浅	+	+	+	
干	+	+	+	+
湿	+	+	+	+

满	+	+	+	
空	+	+	+	+
亮	+	+	+	
黑暗	+	+	+	
强				
弱				
能				+（儿化,指聪明的小孩）
重	+	+		
飘轻	+	+	+	
轻	+	+	+	
稠	+	+	+	
稀	+	+	+	
硬	+	+	+	+
软	+	+	+	+
粘	+	+	+	+
滑	+			
光光滑	+	+	+	+
紧	+	+	+	
松	+	+	+	
净		+	+	
脏		+	+	+
早	+	+	+	
迟	+	+	+	
快快慢	+	+	+	
快锋利	+	+	+	
生	+			+
熟	+面熟	+	+	
贵价高	+	+	+	
热	+	+	+	
冷	+			+
温	+	+	+	+
凉	+	+	+	
胖	+	+	+	

肥	+	+	+	
瘦	+	+		
美好		+	+	
晰(长相)漂亮		+		
新		+	+	
旧		+		
老老嫩、年老	+			+
老新老				
陈陈旧				
嫩	+	+	+	+
好好好干	+	+		
坏				+
瞎坏				+
瘪[piɛ^{51}]弱,不好				+
巧	+			
笨	+			
乖		+		
痴[tsʻʅ^{51}]	+			+
憨				+
傻	+			+
疯				+
怪	+			
乱	+			
碎	+	+	+	+
稳		+	+	
准		+	+	
闲		+	+	
紧		+	+	
瞎				
聋				+
瘸	+			+
tsʻa^{24}喉沙哑	+			+
饥		+	+	

饱		+	+	
渴		+	+	
乏		+	+	
疼	+			
慌	+			
急着急				
急紧急		+		
白	+	+	+	
黑	+	+	+	
红	+	+	+	
黄	+	+	+	
绿	+	+	+	
青	+			
蓝	+	+	+	
紫	+	+	+	
花	+			+
甜甜蜜	+	+	+	+ 指甘蔗、甜玉米秆
甜味淡,不咸				
苦苦味	+	+	+	
苦痛苦	+			
辣	+	+	+	+
咸	+	+	+	
酸醋味	+	+	+	+
酸腿酸	+			
香	+	+	+	+ 搽脸化妆品
臭	+	+	+	+
方	+	+	+	+
圆	+	+	+	+
扁	+	+	+	+
平	+	+	+	+
展	+	+	+	
正	+	+	+	
反				+

偏	+			+
歪	+			+
斜	+			+
弯	+	+	+	+
端不弯	+	+		
横		+		
尖	+	+	+	+
光光秃、干净	+	+	+	
真				
假				+
对		+		
错				+
中行				
难	+			
多	+			
少	+	+		
够		+	+	
完		+	+	
灰				+
破				+
透	+	+	+	+
掉				+
散	+	+	+	+
死	+	+	+	+
活	+	+	+	+
塌				+
轰灯丝断而停止发光				+
烂	+	+	+	+
断		+	+	+
倒				+
ȵiɛ⁵¹木朽	+	+	+	+
漏				+
打破碎				+

抠吝啬、不大方	+			+
精		+		
懒	+			+
勤	+	+		+
虚	+	+	+	
实	+	+	+	+
晴		+	+	
阴				
毒				
旺	+	+	+	
穷				
富				
腥挑剔				
挤				
麻	+	+	+	
扭不正				+
齐	+	+	+	
顺		+	+	
利锋利、利索	+	+	+	
着［tʂ'uo^{312}］焦煳				+
暴凸起	+	+	+	
馋				
寡	+			
匀	+	+	+	
脆	+	+	+	+
面	+	+	+	+
密	+	+	+	
浑	+			+
清	+	+	+	
明	+	+	+	
猛	+			
亲小孩长相可爱		+		
亲		+		

恶	+			
ȵiau³¹²厉害	+	+	+	
naŋ⁵⁵浓密	+			
严严格	+	+		
严完全覆盖、遮蔽	+	+	+	
牢	+	+	+	
稳	+	+	+	
反反正				+
旱	+			
光光滑	+	+	+	
男				
全		+	+	
灵	+	+	+	
单单薄	+			
烧火烧、水烫				
闷	+			
酥	+	+	+	
响	+	+	+	
秃	+			
蔫	+	+	+	+
涨	+			
皱	+			+
整	+	+	+	+
狠	+			
绵	+	+		+
秕	+			+
夹				+
瓷	+	+	+	+
豁	+			+
面	+	+	+	+
握折	+			+
透	+			+

本章小结

第一，陕县方言里"高、大、长、宽、厚、重、深、远、粗、壮"等十个积极意义的度量形容词可以儿化构成儿化形容词。

在形式上，儿化形容词可以用"多"提问，不能受表示高程度的程度副词修饰。不能单独入句；带上状语造成的偏正短语可以单独成句，经常充当句子的谓语、定语，也能充当补语。

在语义上，儿化形容词带有"程度不高"的附加意义。作为一个语法格式，可以对进入该格式的形容词在语义上反规约。

有些句法框架是儿化形容词经常进入的，有些句法框架是儿化形容词不能进入而非儿化形式才能进入的，这当中体现了儿化形容词的句法、语义特点。

在语用上，儿化形容词具有特定的语用价值。表现在表意方面，儿化形容词与"形容词＋（一）点儿"都能表达说话人的主观评价口气，但相对说来，儿化形容词表达的口气较弱。表现在结构方面，儿化形容词可以适应特定句法结构的需要。

第二，度量形容词是形容词中具有特殊地位的一个类。这种特殊性质在普通话、不同方言乃至不同语言里具有普遍性。陕县方言的儿化形容词都是度量形容词，儿化形容词现象是度量形容词特殊性质的一种表现形态。"表小"是儿化语法形式在汉语普通话、方言、不同词类里的一类最普遍的语法意义，儿化形容词"程度不高（低量）"的附加意义是其一种具体表现。

第三，陕县方言的单音节形容词有四种重叠格式：AA 式，AA 儿式，AA 儿 AA 儿式，Aa 式，与普通话比较，特色鲜明。

AA 式赋予 A 以"比较"级的程度量并略带强调色彩，经常充当定语、谓语，也可以充当状语、补语。

AA 儿式经常充当定语、谓语、状语、补语，语法意义与句法位置有关。处于定语、谓语位置上时，赋予 A 以"轻微"的语义色彩，还带有"合适"或"喜爱"的感情色彩；处于状语、补语位置上时，有强调的意味儿，无褒贬色彩。

AA 儿 AA 儿式表示"极度"级的程度量，强调色彩特浓，无褒贬色彩，经常充当补语、谓语，也可以充当状语，有时也充当定语。

　　Aa 式富有方言特色。从语法意义上看有三种情况：$Aa_1 = A$ 的，Aa_2 指称具有 A 特征的人，Aa_3 指称具有 A 性质的东西。在句法配置上较受限制，不同重叠式的入句功能有差异，即使在同一类型的重叠式里也有个体的差异，总体说来有定语、主语、宾语、状语、补语，不能单独充当谓语。

　　第四，从陕县方言的单音形容词重叠式的考察中，反映出格式对语义的反规约和语义角色与句法配置之间的制约关系。

附　注

　　① 老：程度副词，程度上相当于普通话的"很"，也常说成"老实 ［lau⁵¹·ʂ］"，只能作状语。也有程度副词"很"，但"很"只作补语，在地道的陕县方言里不作状语。

第四章　陕县方言语气助词语法现象与句法机制的管控

第一节　语气助词"嚷""哩"的使用

普通话的语气助词"呢"在陕县方言里有两个对应形式：·naŋ 和·lei。后一个应该写作"哩"，前一个本书写作"嚷"，"嚷"字在声母和韵母上与·naŋ同音。"嚷"和"哩"是陕县方言里使用频率很高的两个语气助词，与普通话的"呢"比较，又有显著的方言特色。本节借助跟普通话"呢"的比较，描写陕县方言语气助词"嚷"、"哩"的意义、功能和用法。

一　"嚷"的使用

语气助词"嚷"有两个基本的语法意义，一是表示疑问，一是表示提顿。

（一）表示疑问

"嚷"负载非是非问疑问信息，用在句末表示疑问语气。这从下面的比较中可以得到证明：

A	B
颜色不好。	颜色不好嚷？
还没走。	还没走嚷？
半年原来是他。	半年是他嚷？

A栏是陈述语气，B栏句末加上"嚷"就成了疑问语气，构成特指问。B栏疑问句问的是原因，前面都隐含着一个疑问代词"怎么"，可以加上。如：

怎么颜色不好嚷？

怎么还没走嚷？

怎么半年是他嚷？

其回答也是对原因的解释。如：

（1）颜色不好嚷？——光照不足。

（2）还没走嚷？——在等人哩。

（3）半年是他嚷？——你当是谁。

如果把 A 栏的陈述语调换成疑问语调，构成的是语调是非问，不是特指问。如：

A

颜色不好。

还没走。

半年是他。

C

颜色不好？

还没走？

半年是他？

A 栏是陈述语气，C 栏句末没有"嚷"，而是用疑问语调构成疑问语气。C 栏疑问句问的是"是不是"，是语调是非问，前面都不隐含疑问代词"怎么"，不能加上，句末都可以加上"不是"。如：

颜色不好不是？

还没走不是？

半年是他不是？

其回答也是针对"VP 不是"。如：

（4）颜色不好？——是颜色不好。／颜色好。

（5）还没走？——还没走。／走啦。

（6）半年是他？——是他。／不是他。

把 B 栏疑问句与 C 栏疑问句放在一起比较，则显而易见"嚷"负载的非是是非问疑问语气。

表疑问的"嚷"有下面一些分布形式。

【分布形式一】疑问形式＋嚷

㊀ 用在特指句末，表示疑问语气。例如：

（7）你吃什么嚷？

（8）萝卜买几斤嚷？

（9）给谁个嚷？

（10）东西搁哪嚷？

（11）怎么还没走嚷？

如果删掉"嚷"，仍然是完整的特指疑问句，有完整的语气。加上疑问语气助词"嚷"之后，句子原有的疑问语气和语气助词"嚷"表示的疑问语气相叠加，句子的疑问语气就得到了加强，形成"深究"的语气。比较：

A）你吃什么？　　＜　B）你吃什么嚷？

A）萝卜买几斤？　　＜　B）萝卜买几斤嚷？

A）怎么还没走？　　＜　B）怎么还没走嚷？

A 句是一般的疑问语气，B 句带有深究性的疑问语气。A＜B 表示：B 强于A。

　　要是在 B 组句子的基础上，再加上语气副词"到底"，那么句子的深究语气就更重了。比较：

A）这是谁的？　　＜　B）这是谁的嚷？　　＜　C）这到底是谁的嚷？

A）你要哪一个？　＜　B）你要哪一个嚷？　＜　C）你到底要哪一个嚷？

A 句是一般的询问，B 句的询问带有深究的语气，C 句的询问带的深究语气就更重了。

　　带"嚷"特指疑问句的这种深究语气与特定的语境相融合，往往会临时产生特定的派生语气。这些派生语气有时表现为明显的不耐烦语气，有时表现为催促语气。这种不耐烦或催促的语气可以从后续句反映出来：

（12）你吃什么嚷？［也不说一声。］

（13）给谁个嚷？［光叫送东西，也不说清。］

（14）东西搁哪嚷？［都拿了半天啦。］

（15）你要哪一个嚷？［来看焉①］

（16）怎么还没走嚷？［都这会儿啦。］

　　正因为这种派生语气是与特定语境融合而产生出来的，所以，就不是在任何语境里、任何句子里都会产生这种"不耐烦"或"催促"的语气，有的就只有深究语气。如：

（17）萝卜买几斤嚷？可嫑买少了。

（18）这是谁的嚷？也不来拿。

（19）他怎么没去嚷？说的好好的。

（20）怎么才吃这一点儿嚷？小伙家小伙子！

　　比起普通话的语气助词"呢"来，陕县方言的"嚷"所负载的疑问信息要强一些。这就给人造成这样一种感觉：陕县方言带"嚷"的特指疑问句经常与特定语境相融合，产生出"不耐烦"或"催促"的说话语气，而普通话不明显。

　　语气有高低层次之分。高层次的语气是较概括的。高层次的语气在一定的语境里，可以同语境意义融合产生出特定的派生语气，派生语气是较具体的、低层次的。带"嚷"特指疑问句的深究语气是较高层次的语气，在特定语境中融合而成的"明显的不耐烦语气"、"催促语气"等派生语气是较低层次的语气。高层次的语气是较稳定的，低层次的语气具有语境的临时性。

㊁ 用在含疑问代词的反问句末尾，加强反问语气。比较：

A	B
（21）给你说有什么用？	给你说有什么用嚷？
（22）你怎么这胆小？	你怎么这胆小嚷？
（23）他小娃家，懂得什么？	他小娃家，懂得什么嚷？
（24）你怎么能不知道？	你怎么能不知道嚷？
（25）这大一碗干面捞面，我怎么能吃了？	这大一碗干面，我怎么能吃了嚷？

A栏句子本身就是完整的反问句，带着反问语气；B栏句子加上"嚷"，原有的反问语气和"嚷"表示的疑问语气相叠加，句子的反问语气就得到了加强。从这个意义上说，"嚷"用在反问句末起到了强化反问语气的作用。

㊂ 用在选择问后边，主要是用在正反问后边，加强疑问语气。例如：

（26）你去不去嚷？

（27）电话今个能不能修好嚷？

（28）他来过没有嚷？

上面三例句末不带"嚷"时就是完整的选择问句，带有疑问语气；带上"嚷"就形成了追问的语气。

普通话的疑问语气助词"呢"，还经常用在由"还是"连接的两三个选择项后边，例如：

（29）是你先去呢，还是我先去呢？

（30）明天有雨呢，还是没雨？

（31）你这到底是支持他呢？还是反对他呢？

而陕县方言的"嚷"一般只用于最后一个选择项的末尾。这三句用陕县方言说出来，有两种说法，一种是：

（32）是你先去还是我先去嚷？

（33）明个有雨没雨嚷？

（34）你这到底是支持他（嚷）还是反对他嚷？

另一种是：

（35）是你先去曼，还是我先去？

（36）明个有雨曼，还是没雨？

（37）你这到底是支持他曼，还是反对他？

前一组说法带的是追问语气；后一组说法带的是缓和的选择问语气。

【分布形式二】非疑问形式＋嚷

用在非疑问形式后边，构成"W＋嚷？"非是非问简略形式。"嚷"既有成句作用，又表示疑问语气。主要构成以下五种句式。

㈣　句式一：NP＋嚷？

语气助词"嚷"用在名词性成分后边，造成"NP＋嚷？"问句。

"NP＋嚷？"有的是特指问的特殊形式，例如：

（38）帽嚷帽子呢？

（39）我奈笔嚷我的笔呢？

（40）你伯你爸嚷？

（41）他嚷？（＝a 他在哪儿？b 兀［uo⁵⁵］那么他怎么弄怎么办？／ 兀他做什么？等等，根据具体语境确定。）

（42）后来嚷？后来呢？

有的是选择问的特殊形式，例如：

（43）二班学生走，三班学生嚷？（＝二班学生走，三班学生走不走？）

（44）我明个明天还想去，你嚷？（＝我明个还想去，你去不去？）

相比之下，使用"NP＋嚷？"说法简洁利落。

特指问"NP＋嚷？"一般作始发句，单独成句。选择问"NP＋嚷？"一般在对举句中作后续句，前句是主谓结构的陈述小句，陈述一个情况，NP 是跟前句主语相对待的词语。

"NP＋嚷？"也可以在疑问小句里充当宾语，例如：

（45）你知道帽嚷？（＝你知道帽在哪？）

（46）你知道我奈笔嚷？

（47）你知道你伯嚷？

（48）你知道后来嚷？（＝你知道后来怎么说怎么样？）

宾语前面的部分通常是"你知道"，也可以是"不知道"，如：

（49）不知道帽嚷？

（50）不知道我奈笔嚷？

（51）不知道你伯嚷？

（52）不知道后来嚷？

在选择问"NP＋嚷?"里，"你知道""不知道"一般也还是用在"NP＋嚷?"之前，如：

（53）二班学生走，你知道三班学生嚷?（＝二班学生走，你知道三班学生走不走?）

（54）我明个还想去，不知道你嚷?（＝我明个还想去，不知道你去不去?）

如果作为对举的前面的陈述小句长度较短，"你知道""不知道"有时也可以用在陈述小句之前，把整个后边的"陈述小句＋NP＋嚷?"作为它的宾语：

你知道二班学生走，三班学生嚷?

不知道今个去不成，明个嚷?

下面这样的说法就不好：

*不知道我明个还想去，你嚷?

始发句在句法上有突出的特点。有些特指问"NP＋嚷?"单独作始发句与充当"你知道""不知道"的宾语表示的意思有别。前面举的例（41）"他嚷?"在具体语境里可以表示不同的意思，但一旦作了"你知道""不知道"的宾语，就只表示"他在哪?"：

你知道他嚷?（＝你知道他在哪?）

不知道他嚷?（＝不知道他在哪?）

㈤　句式二：VP＋嚷?

语气助词"嚷"用在谓词性成分后边，造成"VP＋嚷?"非是非问特殊形式。有几种情况。

其一，"VP＋嚷?"表示征询对方的看法。VP通常为"你说"、"你看"：

（55）你说嚷?

（56）你看嚷?

也说"你觉着嚷?""你感觉嚷?"，这样说的时候带有几分文气。

其二，"VP＋嚷?"问假设条件下的结果。VP通常是以"多每儿 ［tuo³¹²·mər］要是""要是"、"万一"等表示假设条件的关联词语开头，或是能够加上这类关联词语的小句。如：

（57）多每儿吃完唠嚷? 要是吃完了呢?

（58）要是他不来嚷?

（59）万一天下雨唠嚷?

（60）（要是）他去曩？

其三，"VP＋曩？"问原因。VP 通常是含反问或感叹语气的小句，句中常出现语气副词"就"或"才"。例如：

（61）庄稼就旱成这［tʂuo⁵⁵］啦曩？庄稼怎么就旱成这啦呢？

（62）说不肚饥，就给我臽一碗曩？

（63）今个西瓜就这［tʂei²⁴］这么贵曩？

（64）天黑啦才回曩？怎么才天黑了才回来呢？

（65）才给一个曩？

（66）才吃饭曩？

以上六例句首都隐含一个"怎么"，表示"怎么就……呢？"或"怎么才……呢？"。

问原因的这一类"VP＋曩？"疑问句如果删掉句末的"曩"，还成一个完整的句子，可以是疑问句：

庄稼就旱成这啦？

说不肚饥，就给我臽一碗？

今个西瓜就这贵？

天黑啦才回？

才给一个？

才吃饭？

相比之下，这是一般的疑问语气，而"VP＋曩？"则是深究性的疑问语气。

也可以是感叹句：

庄稼就旱成这啦！

说不肚饥，就给我臽一碗！

今个西瓜就这贵！

天黑啦才回！

才给一个！

才吃饭！

句末不带"曩"，可以是疑问句，也可以是感叹句，而句末有"曩"，则一定是疑问句。

这也证明"曩"负载疑问语气。

　　㈥ 句式三：X＋奈/这/兀 ＋ NP ＋ 曩？

语气助词"曩"用在以指代词"奈［nai²⁴］、这［tʂuo⁵⁵］、兀［uo⁵⁵］ ＋名词"为中心语的偏正短语后边，构成"NP ＋ 曩？"特指疑问句。"曩"

相当于"在什么地方"或"怎么办"。

其一，用在以"奈 + 名词"为中心语的偏正短语后边。"……嚷"相当于"……在什么地方"。如：

（67）你奈东西嚷? 你的东西在什么地方?

（68）我奈手套嚷?

（69）前儿个发奈毛巾嚷?

（70）夜个买奈盒软盘嚷?

其二，用在以"这 + 名词"为中心语的偏正短语后边。"……嚷"相当于"……怎么办"。如：

（71）你这东西嚷? 你的东西怎么办?

（72）我这手套嚷?

（73）前儿个发这毛巾嚷?

（74）夜个买这软盘嚷?

其三，用在以"兀 + 名词"为中心语的偏正短语后边。"……嚷"相当于"……怎么办"。

（75）你兀东西嚷? 你的东西怎么办?

（76）我兀手套嚷?

（77）前儿个发兀毛巾嚷?

（78）夜个买兀软盘嚷?

㈦ 句式四：奈 + 嚷?

第三章第一节也曾提到，语气助词"嚷"用在背指代词"奈"后边，构成简略的特指疑问句"奈嚷?"，表示"所说的物或人在什么地方?"这里的"奈"读 [nai⁵⁵]。看例子：

（79）甲：书拿来啦。

　　　乙：奈嚷?（相当于问：书在什么地方?）

（80）甲：拿打火机给他。

　　　乙：奈嚷?（相当于问：打火机在什么地方?）

（81）甲：人来啦。

　　　乙：奈嚷?（相当于问：人在什么地方?）

"奈嚷?"是最简略的问话。"奈嚷?"只能作为对话语境中的承继句使用。在一定的对话语境里，当 NP 在前边已经被对方说起过，而自己想问这个 NP 在什么地方时，可以发起一个"奈 + NP + 嚷?"始发句，开头儿的这个"奈"往往重读。例如，甲乙谈话，甲在前边的说话中曾经说起自己开了证明，说起过自己带来了一份材料，那么乙想要对方出示这个证明或材料时，就可以发起下边的始发句：

甲：奈（注：重读）你开的证明囔？

乙：奈（注：重读）你的证明囔？

乙：奈（注：重读）你的材料囔？

"奈囔？"就是这样的"奈 ＋ NP ＋ 囔?"的简略形式。"奈囔？"要紧跟在提到 NP 的句子后面发问，中间不大能隔开。如上面举的"甲：书拿来了。乙：奈囔?"是紧接的一个话轮，话轮形式是：

甲：S$_{NP}$。

乙：奈囔？

如果提到 NP 的句子后面被一些别的句子隔开，特别是隔得较远，那么就要再提一下 NP，说成"奈 ＋ NP ＋ 囔?"，语用形式是：

甲：S$_{NP}$。

……

乙：奈 ＋ NP ＋ 囔？

要是 NP 没有被说起过，而说话人想问对方 NP 在什么地方的时候，也可以发起一个"奈 ＋ NP ＋ 囔?"始发句。这时开头儿的这个"奈"一般读［nai^{24}］，不重读。这个"奈［nai^{24}］"意思是"那么"，起承上启下作用。例如，甲在给乙办手续时，提出要查看乙的证明、身份证，可以发起下边的始发句：

甲：奈（注：不重读）你开的证明囔? 那么你开的证明呢?

甲：奈（注：不重读）你的证明囔? 那么你的证明呢?

甲：奈（注：不重读）你的身份证囔? 那么你的身份证呢?

不过，NP 里定语与中心语之间多数情况下不是用结构助词"的"连接，而是用背指代词"奈"连接，虽然是指示代词，但在这里指示的意味儿很弱，近乎结构助词"的"的作用。例如：

（82）奈你奈书囔？

（83）奈奈人囔？

（84）奈你拿来奈东西囔？

（85）奈我奈眼镜囔？

（86）奈他奈作业囔？

在这种情况下，句首的"奈"仍有重读和不重读两种情况。

⑧　句式五：拿 ＋ NP ＋ 囔?

语气助词"嚷"用在介词"拿_把"和名词语组成的介宾短语后边，构成特指疑问句"拿 + NP + 嚷?"，相当于陕县方言的"拿 NP 搁哪啦?"，普通话的说法是"把 NP 放到哪儿了"。例如：

（87）你拿剪剪子嚷? 你把剪子放到哪儿了?

（88）拿我奈拐嚷? 把我的拐杖放到哪儿了?

（89）拿前儿个买奈本儿书嚷? 把前天买的那本书放到哪儿了?

（90）你来啦，拿娃嚷? 你来了，把孩子安置到哪儿了?

"拿 + NP + 嚷?"还可以说成"拿 + NP + 怎么啦?""怎么啦"还是问的"放到哪儿了"。例如：

你拿剪嚷? → 你拿剪怎么啦?

拿我奈拐嚷? → 拿我奈拐怎么啦?

拿前儿个买奈本儿书嚷? → 拿前儿个买奈本儿书怎么啦?

你来啦，拿娃嚷? → 你来啦，拿娃怎么（安置）啦?

可见，"拿 + NP + 嚷?"句末的"嚷"相当于疑问代词"……怎么啦"。"拿 + NP + 怎么啦?"是问 NP 的处所，这里的"怎么啦"指代"搁哪啦"。

20 集电视连续剧《黑白大搏斗》的事件背景是陕西方言，其中也有"把 + NP + 呢?"句式，例如：

（91）你把那个冰柜呢?（第 19 集，湖北经济电视台 2001 年 5 月 24 日播出）

意思是：你把那个冰柜放到什么地方了?

上述句式一、句式二（除问原因的"VP + 嚷?"疑问句外）是普通话也有的情形，句式三、句式四、句式五和句式二里的问原因的"VP + 嚷?"疑问句是普通话没有的。陕县方言非是非问的特殊形式比较丰富。这些丰富的非是非问特殊形式对于认识普通话的非是非问特殊形式现象和语气助词"呢"的语法作用都具有启发意义。

（二）表示提顿

用在选择复句的分句后边，引出选择项，构成"X 嚷，……；Y 嚷，……"关联格式。例如：

【A 组】

（92）去嚷，不好；不去嚷，也不好。

（93）不给嚷，你要；给嚷，没几个儿啦。

【B 组】

（94）吃嚷，吃不好；看嚷，没看头儿。

（95）王师傅嚷，还没回来；小李嚷，脚疼哩，做不成。

（96）大的嚷，不听话；小的嚷，不解［ɕiɛ²⁴］话不懂事。

如果 X、Y 是表对自主性动作行为的掂量选择（A 组）时，"X 嚷，……；Y 嚷，……"也可说成"X 着嚷，……；Y 着嚷，……"或"X 着吧，……；Y 着吧，……"，例如：

（97）去着嚷，不好；不去着嚷，也不好。

（98）不给着嚷，你要；给着嚷，没几个儿啦。

（99）去着吧，不好；不去着吧，也不好。

（100）不给着吧，你要；给着吧，没几个儿啦。

可见，这里的"嚷"表达的意义是提顿语气。

总起来说，陕县方言语气助词"嚷"表达的语气有两种：一是表示非是非问，一是表示提顿，而以表非是非问疑问语气为主要功能。

二　"哩"的使用

语气助词"哩"有三个语法意义，其一是表示状态，其二是指明事实，其三是表示提顿。

（一）表示状态

㈠ 用在动词句后边，表示进行、存在的状态。请看三对问答：

　　a　问：你（在）做什么哩？　　　答：我（在）吃饭哩。

　　b　问：吃啦没有？　　　　　　答：还没有哩。

　　c　问：信搁在哪哩？　　　　　答：搁在桌上哩。

三对问答，答句 a 的"哩"表示进行的状态，答句 b 和 c 的"哩"表示存在的状态。再比较：

　　a　下雨哩，打个伞。

　　b　下雨啦，庄稼这下不旱啦。

　　c　下雨呀，带把伞。

三个"下雨"小句带的助词不同。a 句带助词"哩"，是说正在下雨；b 句带助词"啦"，是说已经下雨；c 句带助词"呀"，是说将要下雨，"呀"用在动词性成分后边表示"将要……"。

陕县方言下面三句都对应于普通话的同一个形式："你在做什么呢？"

　　a　你（在）做什么哩？

　　b　你在做什么嚷?

　　c　你在做什么哩嚷?

三句问的侧重点不同:a((在)VP哩?)是问现在正在干什么,侧重正在进行的状态,没有深究的语气;b(在VP嚷?)是问现在在干什么,有深究的语气,不特别侧重正在进行的状态;c(在VP哩嚷?)也是问现在在干什么,既侧重正在进行的状态,也有深究的语气。可见,由于"嚷""哩"的二分存在,陕县方言可以比普通话表达得更细腻。

　　在汉语史上,"哩"来源于唐宋时的"在裏"。"裏"原为"这裏"、"那裏"的"裏",后来"裏"的本义逐渐消失,"在裏"就不再有"在这裏"的意思。作为语气助词,"在裏"也可单用"在"或"裏"。唐人多单用"在",宋人多单用"裏"。"裏"字后来简写作"里",然后又加口旁作"哩"。(吕叔湘,1941)陕县方言的"哩"是汉语史的反映。

　　(二)指明事实

　　㈠　用在形容词句、动词句后边,指明事实。例如:

　　(101)小哩,不解话。

　　(102)冷哩,进屋烤烤火。

　　(103)热哩,坐树底下歇下儿。

　　(104)问:早哩,怎么可走呀?

　　　　　　答:脚疼哩,慢慢儿走。/ 有娃哩,走得慢。

普通话的"呢"一般不在形容词独词句后边用,如:

　　? 小呢,不懂事。

　　? 冷呢,进屋烤烤火。

　　? 热呢,坐树底下歇一下儿。

　　? 问:早呢,怎么可要走了?

　　㈢　用在选择问后边表示肯定语气。例如:

　　(105)是你先去哩,还是我先去哩?

　　(106)明个有雨哩,还是没雨?

　　(107)你这到底是支持他哩还是反对他哩?

普通话的"呢"一般是与语气副词"可"、"才"、"还"配合使用。《现代汉语八百词》指出,现代汉语"呢"在下面三种情况下,是指明事实而略带夸张:

　　a)可 + 形 + 呢。

　　　这塘里的鱼可大呢　|　今天可冷呢　|　王府井可热闹呢

b）才 + 形／动 + 呢。②

老师，北京才好呢｜我倒没什么，你们才辛苦呢｜
晚场电影八点才开始呢

c）还 + 动 + 呢。

他还会做诗呢｜亏你还是个大学生呢，连这个都不懂

我们认为，格式 a）、格式 c）有夸张语气，格式 b）没有夸张的语气。"指明事实"才是"呢"的语法意义，"略带夸张"是语气副词"可"、"还"以及重音引起的。格式 a）中，重音在"呢"前的"形"上；格式 c）中，重音在"呢"前的"动"上。"这塘里的鱼可大呢"，"大"读重音，句子"略带夸张"的语气是"可"和"大"的重音造成的；"他还会做诗呢"，"做诗"读重音，句子"略带夸张"的语气是"还"和"做诗"的重音造成的。格式 b）与格式 a）、格式 c）的重音位置不同，格式 b）的重音在"才"前面的词语上，在所举例子中，"北京"、"你们"、"八点"读重音，是句子的对比焦点。

（三）表示提顿

㈣ 用在假设条件小句后边表示提顿。例如：

（108）你要是不想去唠哩，我也不强鼓勉强你。

（109）你要是肚饥唠哩，先吃块儿馍。

（110）下雨唠哩，拿衣裳收回。

（111）不得见唠哩，拿灯开开。

（112）冷唠哩，拿秋衣套上。

（113）乏唠哩，歇下儿。

上面的假设小句去掉末尾的语气助词"哩"仍然是完整的小句，仍保留着假设语气：

（114）你要是不想去唠，我也不强鼓你。

（115）你要是肚饥唠，先吃块儿馍。

（116）下雨唠，拿衣裳收回。

（117）不得见唠，拿灯开开。

（118）冷唠，拿秋衣套上。

（119）乏唠，歇下儿。

这些假设小句末尾都带语气助词"唠"，用在假设小句后边表示假设语气，相当于普通话的"的话"。带上语气助词"哩"以后，小句的假设语气更加显豁、突出。这是由于"哩"的提顿作用造成的。

再比较：

（120）a. 冷唠拿秋衣套上。

　　　　b. 冷唠，拿秋衣套上。

　　　　c. 冷唠哩拿秋衣上。

　　　　d. 冷唠哩，拿秋衣套上。

（121）a. 乏唠歇下儿。

　　　　b. 乏唠，歇下儿。

　　　　c. 乏唠哩歇下儿。

　　　　d. 乏唠哩，歇下儿。

a 句是紧缩句，前后两项直接粘合；b 句是复句，前后两项之间用逗号停顿；c 句也是紧缩句，前后两项用助词"哩"提顿；d 句是复句，前后两项之间既有逗号停顿，也有助词"哩"提顿。从 a 句到 d 句，前后项之间的停顿越来越显著，前项的假设条件意义越来越加强：a ＜ b ＜ c ＜ d。

三　连用形式

语气助词"哩"、"呀"、"啦"可以与"嚷"连用成"哩嚷"、"呀嚷"、"啦嚷"。例如：

（122）耍哩嚷？

（123）还不熟哩嚷？

（124）关门呀嚷？

（125）走呀嚷？

（126）绳断啦嚷？

（127）睡啦嚷？

"哩"在第二部分已经介绍，有三个语法作用：表示状态，指明事实，表示提顿。跟"嚷"连用的时候，或者是表示状态，或者是指明事实。"啦"是表示已然变化的语气助词，大致相当于普通话的"了₂"。"绳断啦"表示绳子断了，"睡啦"表示已经睡了。"呀"是表示将然变化的语气助词，"VP 呀"表示"将要 VP"。"关门呀"表示将要关门，"走呀"表示将要走。跟普通话比起来，"VP 呀"是陕县方言的语法特点，普通话说法是在 VP 前加"将"、"要"类副词。

不管原来末尾带"哩"、"呀"、"啦"的句子是陈述句还是是非问句，末尾带"哩嚷"、"呀嚷"、"啦嚷"的句子一定是特指问，问原因，句子都

隐含"怎么"，可以加上。如"耍哩嚷?"表示"怎么是在耍哩?""走呀
嚷?"表示"怎么就要走?""睡啦嚷?"表示"怎么睡了?"

"哩"、"呀"、"啦"前面也可以是"怎么"，形成"怎么哩"、"怎么
呀"、"怎么啦"。这时，"怎么"指代"干什么"。"怎么哩"意思是"（正
在）干什么"，"怎么呀"意思是"将要去干什么"，"怎么啦"意思是"干
什么了"。"怎么哩?"、"怎么呀?"、"怎么啦?"本身都是疑问形式，可以
充当疑问句的谓语，也可以单独构成疑问句。例如：

（128）你在怎么哩?［我在耍哩。］

（129）你怎么呀?［我去地里呀。］

（130）他怎么啦，一身泥?［他拌摔唠一跤。］

（131）怎么哩?［来吃西瓜。］

（132）怎么呀?［去地里呀。］

（133）怎么啦?［拌啦。］

这些句子本身都带有疑问语气，后边再叠加上"嚷"，就形成了深究性的疑
问语气：

（134）你在怎么哩嚷? 叫半天啦，都不来。

（135）大热天，你怎么呀嚷?

（136）娃怎么啦嚷? 就哭成这［tʂuo⁵⁵］啦！

（137）怎么哩嚷?［来吃西瓜。］

（138）怎么呀嚷?［去地里呀。］

（139）怎么啦嚷?［拌啦。］

四　汉语史的情况

普通话的语气助词"呢"在汉语史上本来就是两个不同的语法现象，
后来合为一个"呢"。"粗略地说，表疑问的'呢'来源于'聻'和'那'，
表夸张的'呢'来源于'哩'。"（蒋绍愚，1994）在《西游记》、《金瓶
梅》、《儒林外史》中，表肯定多用"哩"，表疑问"哩"、"呢"并用
（《金瓶梅》只用"哩"），到了《红楼梦》里，"呢"完全接代了"哩"，
表疑问或肯定一律用"呢"。（王力，1989）"呢"和"哩"的分别在新近
发表的文学作品里还有反映，如《中篇小说选刊》2004 年第 5 期安徽作家
季宇的小说《猎头》里就有这种情况：

（140）你看他为了招兵买马，不惜重金，采取各种办法。"咱们呢?"

　　江娜娜用讥讽的语调说，"近亲繁殖，不出怪胎才怪哩！"（28页）

（141）姚建有些不耐烦了，他说我可忙哩，没时间和你兜圈子，有话你就直说吧。（39页）

（142）末了，姚建才想起来问道："这家企业叫什么呢？"（42页）

（143）姚建才不相信他的鬼话哩，他用手指着顾大康半天却一句话也没说出来。（39页）

（144）这样对科学发展有利，对人类的健康有利，那又何乐而不为呢？（42页）

　　陕县方言"嚷"和"哩"的分别同样是汉语史的反映。从共时来看，陕县方言的"嚷"、"哩"与普通话的"呢"既有对应的一面，又有突出的方言特点。

第二节　语气助词"呀"的使用

　　本节从句法机制管控的角度观察分析陕县方言表示将然体貌的语气助词"呀"的使用情况。

一　"呀"的语法意义

　　普通话可以用语气助词"了"表示已然，如"下雨了"；但是不能用语气助词来表示将然，表示将然要用在动词前面配置相应的副词的办法，如"将要下雨"。而陕县方言里不仅可以像普通话那样用语气助词"啦"表示已然，而且还可以用语气助词"呀"来表示将然，如普通话的"将要下雨"在陕县方言里说成"下雨呀。"再如：

（1）怎么呀？将要去干什么？

（2）割草呀。将要去割草。

（3）桌我搬走呀。桌子我将搬走。

（4）吃饭呀你去哪呀？将要吃饭，你准备去哪儿？

（5）天像要晴呀。天看样子要晴了。

（6）停水呀。将要停水了。

上面的例子中，语气助词"呀"用在动词性成分后面表示将然，也就是将要做什么、将要怎么样。

　　将然的参照时间不仅可以是说话时间，还可以是过去某一时间。如：

（7）夜个我正出门呀，来唠个长途电话。昨天我正要出门，来了个长途电话。

（8）将才都关门呀，他才回。刚才都将要关门，他才回来。

（9）早起他来时候，我正去地呀。早上他来的时候，我正准备去地。

（10）收卷呀，他名还没写。将要收卷子，他名字还没写。

　　将然的参照时间还可以是将来某一时间。如：

（11）去到瓦搭那里咱寻谁呀？去到那里咱将找谁？

（12）天黑唠咱住哪呀？天黑了以后咱们住哪里？

（13）等你回唠我就走呀。等你回来了我就准备走。

（14）星期五我回屋呀。星期五我准备回家。

（15）作业一写完我就耍呀。作业一做完我就玩去。

二　"呀"的句法配置

　　表将然的语气助词"呀"一般配置在动词性小句后边。从所处句式来看，可以是陈述句、疑问句、祈使句。疑问句方面，可以是是非问、特指问和选择问，如：

【是非问】

（16）走呀吧？将走吧？（"吧"是非问）

（17）可走呀？就要走了？（语调是非问）

（18）你去地呀不是？将去地吗？（选择性是非问）

　　陕县方言的是非问包括两类，一类是句末用语气词"吧"的是非问，另一类是利用上升语调构成的是非问。陕县方言没有"吗"是非问句。普通话的"吗"是非问句在陕县方言里说成正反选择问形式，可以称为选择性是非问。

【特指问】

（19）去哪呀？

（20）寻谁呀？

（21）寻谁呀曩？

【选择问】

（22）走呀不走？

（23）割草呀锄地呀？

（24）走呀曼不走哩？

动词性选择问句的选择项相当于动词性小句，后面可以配置"呀"。

　　语气助词"呀"在句子里对与之共现的时间、情态成分有制约。这里列举两条。

　　第一，语气助词"呀"在句子里可以与配置在状语上的表示现在、将来、过去的时间、情态词语共现，如：

　　（25）你阵张儿_{这会儿}做什么呀？（阵张儿）

　　（26）你一哈儿_{一会儿}做什么呀？（一哈儿）

　　（27）你刚才做什么呀？（刚才）

　　（28）你准备做什么呀？（准备）

排斥配置在状语上的"正在"、"不停地"之类的表示正在进行的情态词语，如：

　　（29）[*]你在做什么呀？（在）

　　（30）[*]你不停地做什么呀？（不停地）

　　第二，语气助词"呀"在句子里，可以与配置在状语上的而排斥配置在补语上的表示动作目的地的处所词语共现，如：

　　（31）书往桌上搁呀。（状语：往桌上）

　　（32）[*]书搁桌上呀。（补语：桌上）

　　（33）[*]书搁到桌上呀。（补语：到桌上）

　　（34）[*]书搁在桌上呀。（补语：在桌上）

三　由"呀"构成的祈使句

　　将然语气助词"呀"配置在动词、动词短语 VP 后边，带上祈使语气，构成祈使句。"VP 呀"经常单独构成祈使句，如：

　　（35）回呀！

　　（36）赶紧去学呀！

　　（37）去吃饭呀！

　　也可以同其他词语一起配置成祈使句，如：

　　（38）走呀去！

　　（39）拿走呀去！

（一）VP 的结构和语义特征

　　从结构上说，祈使句"VP 呀！"中的 VP 可以是单个的动词，也可以是动词短语，VP 结构上很短。

VP 可以是单个动词，如：

（40）睡呀！ 吃呀！ 走呀！ 回呀！ 念呀！

睡觉呀！ 吃饭呀！ 去地呀！ 做饭呀！ 担水呀！ 念书呀！

也可以是动趋结构，如：

（41）拿走呀！

（42）拿回呀！

也可以是状动结构，如：

（43）赶紧睡呀！

（44）早早走呀！

VP 是肯定形式，否定形式不能进入。如：

（45）*覅拿走呀！

（46）*覅给他呀！

VP 的结构长度都比较简短。长的 VP 不宜进入。比较：

（47）看呀！ 去看！

*看他回啦没有呀！

（48）切西瓜呀！ 去切西瓜！

*拿西瓜切成牙呀！

（49）浇水呀！ 去浇水！

?去地给果树浇水呀！（拗口）

*去高崖［nai³¹²］跟给新栽的果树浇水呀！

从语义上说，祈使句"VP 呀！"中的 VP 受一般祈使句的要求，即具有［动作］＋［自主］语义特征。VP 表示的动作不仅可以是人发出的，也可以是动物发出的。例如：

（50）啄呀！

（51）飞呀！

（52）上坡吃草呀！

（53）进圈呀！

由于祈使句主要是用于人与人之间的交际，因而"VP 呀！"祈使句中的 VP 主要是指人的动作，表示动物的动作的很少。

"VP 呀！"祈使句的"VP"前面还可以配置上动词"去"，构成"去 VP 呀！"祈使句，加强催促口气。如：

（54）去睡呀！

（55）去走呀！

（56）去回呀！

（57）去吃西瓜呀！

（58）去拿回呀！

“VP呀！”祈使句的“VP呀”后面还可以配置上动词“去”，构成“VP呀去！”祈使句，加强处置口气。如：

（59）睡呀去！

（60）走呀去！

（61）回呀去！

（62）吃西瓜呀去！

（63）拿回呀去！

“VP呀！”祈使句也可以既在VP前配置动词“去”，又在“VP呀”后配置动词“去”，构成“去VP呀去！”祈使句，既加强催促口气，又加强处置口气。如：

（64）去睡呀去！

（65）去走呀去！

（66）去回呀去！

（67）去吃西瓜呀去！

（68）去拿回呀去！

（二）“VP呀！”祈使句的句式语义

从句式语义看，“VP呀！”祈使句及其近似句式“VP呀去！”、“去VP呀去！”表示说话人指令听话者，主要是人，也包括动物，去行使某行为，有上对下说话的指令口气。这种祈使句的焦点不在于要求听话者怎样行使某行为，或不要行使某行为、避免行使某行为，因此没有下面这样的说法：

（69）*慢点儿吃呀！　　　　比较：吃呀！

（70）*走快点儿呀！　　　　比较：走呀！

（71）*甭给老师告状呀！　　比较：去告状呀！

（72）*小心崴脚呀！

“走呀！”与普通话不一样，不是催促听话者快往前走，而是要求听话者离开。陕县方言表示催促，是在句末加语气助词“焉［·ian］”。催促听话者快往前走，不是说成“走呀！”，而是说成“走焉！”。

（三）“VP呀！”祈使句的语用价值

在陕县方言里，“VP呀！”有同义说法“VP去！”，但“VP呀！”有不同的价值：

首先，"VP 呀！"的祈使语气要比"VP 去！"稍稍温和一点，"VP 去！"可以说略带呵斥口气。

其次，"VP 呀！"和"VP 去！"都有"去……"的意思，但"VP 呀！"前面配置上"去"比"VP 去！"前面配置上"去"的说法更顺口、自然。比较：

（73）去学呀！　　　　　　　　去学去！

（74）去赶紧回呀！　　　　　　去赶紧回去！

第三，一般来说，能进入"VP 呀！"的 VP 也能进入"VP 去！"，如：

（75）吃呀！　　　　　　　　　吃去！

（76）睡呀！　　　　　　　　　睡去！

但某些表示身体位移的动词可以进入"VP 呀！"，却不宜进入"VP 去！"。比较：

（77）走呀！　　　　　　　　　*走去！

（78）飞呀！　　　　　　　　　*飞去！

（四）"VP 呀！"祈使句中语气助词"呀"的性质

祈使句"VP 呀！"中的"呀"与陈述句、疑问句中表示将然的"呀"是同一个语气助词，还是另一个表示祈使语气的独立的语气助词？我们认为，二者是同一个语气助词。理由是，同一个 VP 后面配置上语气助词"呀"，如果用平匀而句尾稍微下降的语调说出来就是陈述句，表示"将VP"；如果是用于问话，用上升的语调说出来，就是疑问句，表示"将 VP 吗？"；如果是用于某人对听话者用逐渐下降而短促的语调说出来，就是祈使句，表示"去 VP 吧！"。比较下面三组例子：

（79）睡呀。准备去睡。　睡呀？准备去睡吗？　　　睡呀！去睡吧！

（80）锄地呀。将去锄地。　锄地呀？将去锄地吗？　　锄地呀！去锄地吧！

（81）去放羊呀。将去放羊。去放羊呀？将去放羊吗？　去放羊呀！去放羊吧！

可见，"呀"并不能造成句子语气的不同，不同的句子语气是语境和语调造成的。语气助词"呀"还是表示将然的那个"呀"。"呀"表示的是将然，祈使句要听话人去做某事，事情当然是将然的，所以"VP 呀"用祈使语调说出来就可以表示指令听话者去做某事。

四　方普比较

（一）陕县方言的"VP 呀"与普通话的"将 VP"

陕县方言里没有"将 VP"的说法。陕县方言的"VP 呀"在语义上相当于普通话的"将VP",二者都表示将然。但语法手段不同,一个是在VP的后面加语气助词,一个是在VP的前面加时间副词。用语气助词来表示将然,这是陕县方言跟普通话相比的突出特色。

陕县方言的"VP呀"虽然在语义上与普通话的"将VP"相当,但二者在语法上却有着较大的不同。

首先,语气助词"呀"一定具有足句功能,"VP呀"不管带上什么语气都可以小句成活;而时间副词"将"不一定有足句功能,"将VP"一般不能小句成活。比较:

陕县方言	普通话
(82) 走呀?	*将走?
(83) 去哪呀?	*将去哪?
(84) 去地干活呀。	*将去地干活。

其次,"VP呀"可以作为代体时间形式[③],表示"正要VP的时候",如:

(85) 走呀,你来啦。正要走的时候,你来了。

(86) 交卷呀,我想起答案啦。正要交卷子的时候,我想起答案了。

而"将VP"不能。相反,普通话的"将VP"可以带上"的"作定语,如:

(87) 将走的时候,天下起雨来了。

(88) 将托运的行李都捆好了。

而陕县方言的"VP呀"不能。如上面两例陕县方言就不能说成:

(89) *走呀时候,天下雨啦。

(90) *托运呀的行李都捆好啦。

第三,"VP呀"作为代体时间形式的时候,可以重复说成"VP呀VP呀",强调这时候正要VP,如:

(91) 走呀走呀,你来啦。正要走的时候,你来了。

(92) 交卷呀交卷呀,我想起答案啦。正要交卷子的时候,我想起答案来了。

而普通话的"将VP的时候"不能说成"将VP将VP的时候"。

(二)陕县方言的"VP呀!"与普通话的"VP去!"

陕县方言的祈使句"VP呀!"在语义上的强对应式是普通话的祈使句"VP去!"。相比之下,二者有三个不同。

首先,"VP去!"与"VP呀!"语义强弱有差别,"VP呀!"比"VP去!"祈使语气稍和缓。

第二,"VP呀!"后面还可以配置上动词"去",说成"VP呀去!",加强祈使语气；而"VP去！"不能这样办，不能说成"VP去去！"。

　　第三，"VP呀！"和"VP去！"前面虽然都可以配置上"去"，说成"去VP呀！"和"去VP去！"，但"去VP去！"由于前后用了两个相同的字眼儿"去"，就没有"去VP呀！"来得顺口、自然。

　　（三）陕县方言的"VP呀！"与普通话的"去VP吧！"

　　陕县方言的祈使句"VP呀！"在语义上的弱对应式是普通话的祈使句"去VP吧！"。如：

陕县方言	普通话
（93）买菜呀！	去买菜吧！
（94）摘苹果呀！	去摘苹果吧！
（95）走呀！	去走吧！

但相比之下，二者有两个不同。

　　首先，"去VP吧！"与"VP呀！"语义强弱有差别，"VP呀！"比"去VP吧！"祈使语气稍强烈。[④]

　　第二，陕县方言的"VP呀！"后面可以顺当地再配置上动词"去"，说成"VP呀去！"，加强祈使语气；而普通话的"去VP吧！"后面不能再顺当地配置上动词"去"，说成"去VP吧去！"。比较：

陕县方言	普通话
（96）端饭呀去！	*去端饭吧去！
（97）吃西瓜呀去！	*去吃西瓜吧去！
（98）上床睡觉呀去！	*去上床睡觉吧去！

　　总上可见，陕县方言的"VP呀"同普通话的"将VP"、"VP去"、"去VP吧"从属于不同的语法系统，受控于不同的句法机制。

五　关于西北方言里的"呀"

　　用语气助词"呀"来表示将然的现象，在西北方言、晋语里也普遍存在。只是在读音上有 ia^{21}、$i\varepsilon^{21}$、·ε 等不同形式，在汉字记录上有"呀"、"也"等不同形式。如：

陕北神木方言（邢向东，2002）：

（99）走也？——走也。

（100）我们到了站上着，车正开也。

（101）毕业了你干甚也？

陕西清涧方言（刘勋宁，1985）：

（102）你哪儿去也？——我山里去也。

（103）大了他自然解开明白也。

（104）你这阵回也不？——我这就回也。

陕西歧山方言（韩宝玉，2004）：

（105）学习呀不？

（106）你摘豆角呀不？

（107）今儿到地给地上粪呀不？——上呀。

陕西西安方言（李荣，2002：1773）：

（108）你去呀吗不去？

（109）我看电视呀。

（110）你做啥去呀？——我买菜去呀。

甘肃西峰方言（孙建强，1999）：

（111）你看电影呀不？

（112）你今儿到马岭去呀，还是到驿马吗到庆阳呀？

（113）你吃面呀，还是吃馍馍呀，还是吃饺子呀？

山西万荣方言（李荣，2002：106）：

（114）不早啦，我走呀。

（115）走北京做色做什么呀？

（116）你坐汽车呀坐火车呀？

（117）娃明朝上学呀不上？

山西太原方言（李荣，2002：1773）：

（118）推着车子干甚去呀？

（119）走呀？有空来哇？

此外，据邢向东（2002），山西忻州、临县方言，陕北晋语、内蒙古晋语里也都存在这样的"呀"、"也"。

对于西北方言、晋语里的这种"呀"、"也"语法成分，学者们分析解说不同。刘勋宁（1990）认为清涧方言里的这种"也"是表示"申明"的语气词。邢向东（2002）认为是表将来时的时制助词。李荣（2002：1773）认为西安方言的"呀""用在句中或句尾，表示将要发生什么事情"；太原方言的"呀""表示行为即将到来的时态，有点儿类似英语中的将来时"；万荣方言的"呀"用在陈述句末尾表示动作、事情等"即将发生"，用在疑问句末尾询问"即将发生"的动作、事情，用在选择问（包括正反问）的前后项之间是表示疑问。我们认为，从举出的例子来看，它们与陕县方言的语气助词"呀"具有类型学联系，都是表示"将然"的语气助词，尽管在不同的方言里它们在用法上还各有不同的特点。

对于这种"呀""也"适用的句类，以往论及西北汉语方言的文献里都未见提到祈使句，列举用例时也都未见举到祈使句。邢向东（2002：624）专门讨论过神木方言"也"适用的句类，指出，"从语气看，'也'能用于陈述句的肯定式和疑问句。"

第三节　语气助词"丐"的使用

本节描写陕县方言里表"当然"语气的语气助词 kai，也是一个常用的语气助词，用同声同韵的"丐"字记写。从四个方面展开：1. 语法意义；2. 句法配置；3. "丐"与"曼"；4. 方言比较。

一　"丐"的语法意义

语气助词"丐"表示"按理、按逻辑是当然的"陈述语气。在语境中有两种具体表现。

（一）"丐"用在结果小句，表示按理、按逻辑是当然的结果。 例如：

（1）吃啦没有？——吃啦丐。

（2）吃啦没有？——没有哩丐。

（3）给我不给？——给哩丐。

（4）写完啦没有？——写完啦丐。

上例中，"丐"小句表示按理、按逻辑是当然的结果。

"丐"小句预设"结果的造成具有当然的理由"。预设的理由经常以后续句形式显示出来，如例（1'）（2'）。

（1'）吃啦没有？——吃啦丐。都多会儿啦。

（2'）吃啦没有？——没有哩丐。还早哩。

例（1'）的后续句是"都多会儿啦。"例（2'）的后续句是"还早哩"。

预设的理由也经常含而不露。这时，一定可以补上陈述原因的后续句，如例（3'）（4'）。

（3'）给我不给？——给哩丐。（你还能不给！）

（4'）写完啦没有？——写完啦丐。（这长时间啦。）

例（3'）补上了后续句"你还能不给!"，例（4'）补上了后续句"这长时间啦"。

删去"丐"，句子就失去了这样的预设，原来的"丐"小句后面则不一定能添加上陈述原因的后续句。如果硬加上这样的后续句，则是中性的陈述，前后小句之间不具有"按理、按逻辑是当然的结果"这样的语意关联。

删去"丐"，原来的"丐"小句后面也经常不能添加上陈述原因的后续句。如果加上这样的后续句，则语意上多余。例如：

（1'）吃啦没有？——吃啦。都多会儿啦。（不好的说法）

（2'）吃啦没有？——没有哩。还早哩。（不好的说法）

（3'）给我不给？——给哩。你还能不给！（不好的说法）

（4'）写完啦没有？——写完啦。这长时间啦。（不好的说法）

（二）"丐"用在陈述理由的小句，表示按理、按逻辑是当然的理由。

"丐"小句多用作答句。例如：

（5）怎么可走呀？——黑啦丐。

（6）怎么没买？——没钱丐。

（7）怎么在地下拉哩？——背不动丐。

"丐"小句也可以用作小句组合中的始发句，这时理由句和结果句都由发话人说出。例如：

（8）早哩丐，怎么可走呀？

（9）黑啦丐，走呀。

（10）没钱丐，没买。

（11）背不动丐，拉上。

（12）小娃家丐，就是兀。

例（5）—（12），去掉"丐"，句子就失去了理由是"按理、按逻辑将当然导致某结果"的语气。

二　"丐"的句法配置

语气助词"丐"配置在陈述小句句末。从能配置的句式的结构类型来看，可以是以下三种类型：

（一）"丐"经常配置在动词或动词短语后面，形成：VP 丐。例如：

（13）羊二三［ər^{55} san］春上能哺生育吧？——唉［ai^{242}］，哺不了丐。

（14）馍揭_{出锅}得啦吧？——还不中哩丂。

（15）这会儿该到啦吧？——到啦丂。

（16）能□［ken²⁴］着［·tʂʻuo］_够上本科不能？——□［ken²⁴］着啦丂。

（17）你会蒸馍不会？——会丂，还能连蒸馍都不会！

（18）起［tɕʻiː⁵⁵］_{起床}啦没有？——起［tɕʻiː⁵⁵］啦丂，这会儿就都还能没起［tɕʻiː⁵⁵］！

（二）"丂"也常配置在形容词或形容词短语后面，形成：AP 丂。例如：

（19）怎么钱包叫偷啦？——她不小心丂。

（20）怎么不背上走？——拉上省劲丂。

（21）十月份才完工吧？——唉［ai²⁴²］，早丂。

（22）这棵树能卸有一担柿吧？——多丂，卸唠两担哩。

（23）再坐下儿曼？——该黑哩丂，走呀。

（24）高兴丂，怎么能不高兴？

（三）"丂"也可配置在名词或名词短语后面，形成：NP 丂。例如：

（25）谁个？——我丂。

（26）怎么这会儿可丢盹_{打盹}哩？他夜黑几点睡去？——十二点丂。

（27）这个［tʂʐɛ²⁴］包这［tʂei²⁴］好这［·tʂuo］，到哪买哩？——上海丂。

（28）谁个这书？在上头乱画？——伢_他个人的丂。

三　"丂"与"曼"

陕县方言还有一个表示陈述语气的语气助词"曼"。例如：

（29）我曼。

（30）对曼。

（31）吃啦曼。

（32）作业写完啦曼。

但"丂"和"曼"在语法意义和句法配置上有同有异。

（一）语法意义比较

语气助词"丂"和"曼"都表示陈述语气，但"曼"意在加强肯定，"丂"意在表示"当然"。比较：

	X 丐	X 曼
（33）	吃啦丐。	吃啦曼。
（34）	黑啦丐。	黑啦曼。
（35）	甲：再坐下儿。	甲：再坐下儿。
	乙：黑啦丐，走呀_{将走}。	乙：黑啦曼，走呀_{将走}。

（33）吃啦丐。 吃啦曼。

（34）黑啦丐。 黑啦曼。

（35）甲：再坐下儿。 甲：再坐下儿。

　　　乙：黑啦丐，走呀将走。 乙：黑啦曼，走呀将走。

（36）早哩丐，怎么就走呀将走？ 早哩曼，怎么就走呀将走？

（37）*黑啦丐，咱走吧！ 黑啦曼，咱走吧！

（38）甲：王大娘拿权交给你啦？ 甲：王大娘拿权交给你啦？

　　　乙：*交给啦丐。 乙：交给啦曼。

（二）句法配置比较

语气助词"丐"只能配置在陈述小句句末。而语气助词"曼"不仅可以用于陈述句，还可以用于疑问句和祈使句，表示一定的派生语气。

1. "曼"用于疑问句

语气助词"曼"可以用在选择问句选择项之间，表达肯定语气，使句子的选择问语气比较和缓。例如：

（39）是去曼还是回？

（40）是大曼是小？

（41）北京曼上海？

（42）去哩曼不去？

也可以用在选择问句末尾，表示提醒回答（催答）的语气。例如：

（43）买秦椒还是买海柿曼？

（44）土豆还是番瓜曼？

（45）去不去曼？

（46）小不小曼？

还可以用在是非问句末尾加强估计、测度中的肯定语气。例如：

（47）走哩曼？

（48）走呀曼？

（49）走啦曼？

2. "曼"用于祈使句

语气助词"曼"用在祈使句末尾表示提醒语气。

（50）赶紧走曼！

（51）给曼！

（52）拿鞋穿上曼！

（53）开慢点儿曼！

实际上，"丏"和"曼"用于陈述句的时候二者的配置情形也有不同。"丏"只能配置在句末，而"曼"不仅可以用在句末，还可以用在句中，起提顿作用，延宕作势，既突出前边的词语，又预示将接着进行陈说。例如：

（54）伢都_{他们}说好，我曼看不着。

（55）天曼像要下雨样哩。

（56）吃的东西曼，得弄净净儿的。

（57）说着曼一点儿都不听。

（58）怎么曼狗咬哩。

（59）就说曼一下儿可回啦。

四　方言比较

乔全生（1995）首先描写和讨论了存在于山西南部汾河片方言里的"可"，包括临汾、襄汾、浮山、翼城、曲沃（以上读 k'o）、洪洞、赵城、霍县（以上读 kɤ、ke）、河津、永济、芮城等（以上读 kɛ），指出"可"是出现在句尾或句首表示强调、确信、原因等附加意义的"独立词"，并讨论了临汾、洪洞方言的"可"的语法功能和性质。例如：

（60）没走啊？——没哩可。

（61）这是些什么呢？——南瓜可/南瓜第可。

（62）你怎么不走呢？——等你着哩可。

（63）那就是小虎他爸呀？——是可/不是可。

（64）兀是鸡儿呀鹅呢？——鹅可。

（65）你怎么现在才来？——可，将出门呀，车子坏了，修了半天才修好。

（66）这话得我怎么跟那说呀呢？——可，你就跟那直说可。

陕县与山西南部隔黄河相望。从乔文反映的现象来看，陕县方言的"丏"与晋南汾河片方言里的"可"当是同一个语言事实的不同的地域变异形式，在意义和用法有同有异。比方说临汾、洪洞方言的"可"不仅可以用于句尾，也可以用于句首，而陕县方言的"丏"只能用于句尾，不能用于句首，如例（65）（66）。

胡安顺（2003）反映陕西商州话里有一个陈述语气词"嗑"，使用频率很高。用在陈述句末尾，表肯定语气。例如：

（67）就是他嗋很清楚就是他。

"嗋"的语气有明摆着的意思，用"嗋"时说话人常想让听话者感到说话者是诚恳的，所说的事情是真实可信的。"嗋"还可以加在"哩""呀"等语气词之后，表示对他人问话的肯定回答语气，带有情况已经发生，无须再问的意味。例如：

（68）（他怎么还没写？）他正写着哩嗋他正在写着（并非还没开始写）。

（69）（他是不是不想去？）他去呀嗋他已决定去（并非不想去）。

从胡文反映的现象来看，陕县方言的"丐"与陕西商州话里的"嗋"也是同一个语言事实的不同的地域变异形式，二者在意义和用法有同有异。

本章小结

第一，普通话的语气助词"呢"既可以用在陈述句末尾，也可以出现在某些疑问句末尾，这个"呢"究竟表示什么样的语法意义？出现在疑问句末尾究竟负不负载疑问语气？多年来学者们对这一问题进行了不断的讨论，意见分歧。有的认为有不同的"呢"，其中一个是疑问语气助词，负载疑问语气（吕叔湘，1982；朱德熙，1982；陆俭明，1984）；有的认为"呢"只有一个，不负载疑问语气，而是"提请对方特别注意自己说话内容中的某一点"（胡明扬，1981）；有的认为"呢"并不表疑问，疑问句用上"呢"可以增加"深究"意味，作用等于句子当中增加了副词"究竟"、"到底"之类（张斌，1987）；有的认为"呢"用在陈述句中表示"提醒"，在非是非问句中又进一步表示"提醒"兼"深究"，在非是非问句简略式中还兼起"话题标志"的作用（邵敬敏，1989）。一些学者提出证据来证明自己的观点。不论是哪种观点，所举出的证据都是普通话内部的。本章对陕县方言语气助词"曦"和"哩"事实的描写和对其语法作用的证明，为论证普通话"呢"的问题从方言角度提供了事实证据，对认识普通话"呢"的语法意义和功能有启发。

第二，陕县方言可以用语气助词"呀"来表示将然体貌。"呀"配置在动词性小句后边，不仅可以构成陈述句、疑问句，而且可以构成祈使句。从方普比较的角度看，陕县方言的"VP呀"同普通话的"将VP"、"VP去"、"去VP吧"是对当形式，但受控于不同的句法机制系统，在句法、语义、语用方面具有不同的特点。

第三，陕县方言的语气助词"丐"配置在陈述小句末尾，形成 VP 丐、AP 丐、NP 丐句式，表示"按理、按逻辑是当然的"陈述语气。可以表示按理、按逻辑是当然的结果，也可以表示按理、按逻辑是当然的理由。与周边方言里的同一语言事实比较，陕县方言的语气助词"丐"在意义和用法上有自身的特点。

附　注

① 焉〔·ian〕：陕县方言表示催促的语气助词。

②《八百词》上是"<u>才</u>＋动＋<u>呢</u>"。从举的例子来看多数是形容词，应该是"<u>才</u>＋形／动＋<u>呢</u>"。

③ 代体时间形式是本身不表示时间的语言形式通过某种媒介而具有指称时间的功能的时间表达形式。请参考李向农（1997：21）。

④ 普通话的语气助词"吧"既可以用于祈使句，也可以用于揣测句：

走吧！（用于祈使句）

走啦吧？走啦吧。（用于揣测句）

陕县方言里，语气助词"吧"只用于揣测句，不用于祈使句。

第五章　陕县方言选择问句语法现象与句法机制的管控

第一节　选择问句式系统

选择问可以分为列项选择问和正反选择问。列项选择问用分项列举的方式提问，正反选择问用正反并举的方式提问，都是要求对方选择一项作为回答。陕县方言的选择问句有两个显著的方言特点：一是语气助词"哩 [·lei]""呀 [·ia]""啦 [·la]"在选择项末尾的配置；二是语气助词"曼 [·man]"在选择项之间的配置。本节详细描写陕县方言的选择问句式系统，具体讨论语气助词"哩""呀""啦"和"曼"在选择问句中的配置机制。

一　基础句式

根据研究和表述的需要，我们把选择项后边配置了语气助词"哩""呀""啦"和"曼"的选择问句式与没有配置的分开，把后者称为基础句式。

（一）列项选择问

列项选择问的代表性句式是

【句式一】是 X 还是 Y？

（1）是去还是回？

（2）是割草还是锄地？

（3）是你还是他？

（4）是大还是小？

根据表达的需要，对连接词"是"和"还是"加以增减，又可以形成一系列选择问句式。有下面一些：

【句式二】X 还是 Y？

（5）去还是回？

（6）割草还是锄地？

（7）你还是他？

（8）大还是小？

【句式三】是 X 是 Y？

（9）是去是回？

（10）是割草是锄地？

（11）是你是他？

（12）是大是小？

【句式四】还是 X 还是 Y？

（13）还是去还是回？

（14）还是割草还是锄地？

（15）还是你还是他？

（16）还是大还是小？

【句式五】是 XY？

（17）是割草锄地？

（18）是叫你叫他？

（19）是北京上海？

（20）是便宜贵？

【句式六】X 是 Y？

（21）割草是锄地？

（22）叫你是叫他？

（23）北京是上海？

（24）大是小？

　　句式六的 X 后、"是"字前有一定的语音停歇，这样就与主谓短语区别开来了。

【句式七】XY？

（25）割草锄地？

（26）叫你叫他？

（27）北京上海？

（28）便宜贵？

　　句式七的 XY 之间有一定的语音停歇，这样就与联合短语区别开来了。

【句式八】X 还是不 X？

（29）去还是不去？

（30）割草还是不割草？

（31）大还是不大？

【句式九】X 是不 X？

（32）去是不去？

（33）割草是不割草？

（34）大是不大？

（二）正反选择问

正反选择问的代表性句式是

【句式十】X 不 X？

（35）去不去？

（36）割草不割？

（37）割不割草？

（38）大不大？

根据表达的需要，前面还可以加上"是""到底"，构成下列三种句式：

【句式十一】是 X 不 X？

（39）是去不去？

（40）是割草不割？

（41）是割不割草？

（42）是大不大？

【句式十二】到底是 X 不 X？

（43）到底是去不去？

（44）到底是割草不割？

（45）到底是割不割草？

（46）到底是大不大？

【句式十三】不 X，（是）X？

（47）不去，（是）去？

（48）不割草，（是）割草？

（49）不大，（是）大？

句式十三如果配置上后项选择标"是"，句子选择的语气相对略重；如果不配置，选择的语气比较和缓。

以上的介绍是粗线条的。事实上，这些句式的构成是有条件的，例如：

【句式七】

XY?：割草锄地？　　　　北京上海？　　　　便宜贵？

但：*去回？　　　　　　*你他？　　　　　*大小？

【句式八】

X 还是不 X?：割还是不割？　　　　　大还是不大？

但少说：割草还是不割草？

一般不说：勇敢还是不勇敢？

【句式十】

X 不 X?：去不去？　　　勇敢不勇敢？　　　割草不割？

但少说：割草不割草？

具体词语进入这些句式时受到条件制约。这些条件对语气助词的配置有影响，下文将论及。

二　"哩""呀""啦"的配置机制

基础句式中 X、Y 为动词或动词短语（X、Y 分别记作 V_1、V_2）的，可以在 V_1、V_2 后面配置上语气助词"哩""呀""啦"，构成带"哩""呀""啦"的选择问句式。"哩"的情形与"呀""啦"差别大些，"呀""啦"情形大同小异。下面"哩"单独讨论，"呀""啦"合起来讨论。

（一）"哩"的配置

由动作动词构成的肯定性动词选择项（记作 V_1、V_2）后边可以配置上语气助词"哩"，构成下列句式。

1. 列项选择问

【句式一】是 V_1 哩还是 V_2（哩）？

（50）是去哩还是回哩？

（51）是割草哩还是锄地哩？

当嵌入项为词或短语词（即比较简短凝固的接近词的短语性成分）的时候，V_2 后边的"哩"可以不用。如：

是去哩还是回？

是割草哩还是锄地？

当嵌入项为动词相同而宾语不同或动词不同而宾语相同的动宾短语时，V_2 后边的"哩"倾向于要用。如：

是叫你哩还是叫他哩？

是表扬你哩还是挖苦你哩？

　　当嵌入项为词面不同的动词短语，特别是结构又比较长时，V_2后边的"哩"不出现更自然顺口。如：

　　　　是等他哩还是先走？

　　　　是旅游结婚哩还是在屋办仪式？

　　如果V_2后边用了"哩"，V_1后边一般也要用上"哩"。如一般不说：

　　　　*是去还是回哩？

　　　　*是叫你还是叫他哩？

　　　　*是表扬你还是挖苦你哩？

　　　　*是等他还是先走哩？

　　【句式二】V_1哩还是V_2哩？

　　（52）去哩还是回哩？

　　（53）割草哩还是锄地哩？

　　（54）叫你哩还是叫他哩？

　　（55）表扬你哩还是挖苦你哩？

　　（56）等他哩还是先走哩？

　　（57）旅游结婚哩还是在屋办仪式哩？

　　跟句式一不同，句式二V_2后的"哩"倾向于要用。这归因于句法机制的管控作用。句式一是"是……还是……"，两个选择项前面都有判断标记，共同承担选择语气；句式二是"……还是……"，只有后判断标，相比之下就没有两个判断标表达的选择语气丰满。因此，句式二就用两个选择项后边都配置"哩"，构成"……哩还是……哩"的办法来弥补。

　　【句式三】是V_1哩是V_2（哩）？

　　（58）是去哩是回哩？

　　（59）是割草哩是锄地哩？

　　（60）是叫你哩是叫他哩？

　　（61）是表扬你哩是挖苦你哩？

　　（62）是等他哩是先走哩？

　　（63）是旅游结婚哩是在屋办仪式哩？

　　句式三由于有"是……是……"构成的选择框架，后项也可以不用"哩"。不用，话语比较简洁；用上，选择语气更丰满。

　　【句式四】还是V_1哩还是V_2哩？

　　（64）还是去哩还是回哩？

　　（65）还是割草哩还是锄地哩？

（66）还是叫你哩还是叫他哩？

（67）还是表扬你哩还是挖苦你哩？

（68）还是等他哩还是先走哩？

（69）还是旅游结婚哩还是在屋办仪式哩？

句式四使用频率较低。这种说法带有较重的商量、掂量、比较的语气。后项"哩"一般要用，不用则不自然。

【句式五】是 V_1 哩 V_2 哩？

（70）是去哩回哩？

（71）是割草哩锄地哩？

（72）是叫你哩叫他哩？

（73）是表扬你哩挖苦你哩？

（74）是等他哩先走哩？

（75）是旅游结婚哩在屋办仪式哩？

句式五后项一般用上"哩"更完满。列项选择问的代表性句式是"是 X 还是 Y？"，句式五没有出现后项"还是"，前后项都用上"哩"，构成的"……哩……哩？"就相当于"……还是……？"的表达作用。

【句式六】 V_1 哩是 V_2 （哩）？

（76）去哩是回哩？

（77）割草哩是锄地哩？

（78）叫你哩是叫他哩？

（79）表扬你哩是挖苦你哩？

（80）等他哩是先走哩？

（81）旅游结婚哩是在屋办仪式哩？

句式六是"……哩是……（哩）"，由"……是……"和"……哩……哩"两套完整的选择标套合而成，语义关系表达力度丰满。从这个意义上说，后项"哩"不用表义上影响不大。不过，后项"哩"是否用还与嵌入项的长度及构造有关。嵌入项短小，结构简单，后项"哩"用不用比较灵活，如"去哩是回（哩）？""叫你哩是叫他哩？"。嵌入项较长，结构较复杂的，后项"哩"倾向于要用，如"旅游结婚哩是在屋办仪式哩？"。

【句式七】 V_1 哩 V_2 哩？

（82）去哩回哩？

（83）割草哩锄地哩？

（84）叫你哩叫他哩？

（85）表扬你哩挖苦你哩？

（86）等他哩先走哩？

（87）旅游结婚哩在屋办仪式哩？

句式七的选择框架是"……哩……哩"，后项"哩"一般要用上。

【句式八】V_1 哩还是不 V_1（哩）？

（88）去哩还是不去哩？

（89）给哩还是不给？

句式八是列项选择问与正反选择问的过渡形式。后项为前项加"不"构成的否定式。后项不出现"哩"更顺口。前项一般是单音节动词。当前项为两个以上音节的动词尤其是动宾短语时，后项一般得调整结构才自然。如：

　　? 割草哩还是不割草哩？（比较：割哩还是不割哩？）

　　? 给他哩还是不给他哩？（比较：给哩还是不给哩？）

这两例如果删去后项的宾语和"哩"，调整成"VO 哩不 V？"就好些了：

　　割草哩还是不割？

　　给他哩还是不给？

句式八前后项都用"哩"的情况很少，这样使用时一般带有追问、催问甚至是不耐烦的语气。上举两例都隐含"究竟"的意思，常见于如下语境：

　　（到底）去哩还是不去哩？你赶紧定焉祈使语气助词！

　　（到底）给哩还是不给哩？你照语气副词说句话焉。

【句式九】V_1 哩是不 V_1（哩）？

（90）去哩是不去哩？

（91）给哩是不给哩？

句式九同句式八情形相近。不同的是，句式九对嵌入项的结构要求稍微宽松。如：

　　割草哩是不割草哩？

　　给他哩是不给他哩？

这两例按句式八一般不说。这归因于"还是"与"是"音节不同造成的节律机制不同。

2．正反选择问

【句式十】V_1 哩不 V_1 哩？

（92）去哩不去哩？

（93）搭搁_{开始}哩不搭搁哩？

句式十两个选择项后边都配置"哩"，意思是"是否现在就 V_1"。V_1 一般为单音节动词，也有两个音节动词语的。动宾短语不大进入，如：

　　*割草哩不割草哩？（比较：割哩不割哩？）

　　*晒粮食哩不晒粮食哩？（比较：晒哩不晒哩？）

前项"哩"也可以不用，说成"V_1 不 V_1 哩？"，意思还是"是否现在就 V_1"。例如：

　　去不去哩？

　　搭搁不搭搁哩？

如果后项不用"哩"，说成"V_1 哩不 V_1？"，意思则是"是否 V_1"。如：

　　去哩不去？

　　搭搁哩不搭搁？

【句式十一】　是 V_1（哩）不 V_1（哩）？

（94）是去哩不去哩？

（95）是搭搁哩不搭搁哩？

（96）是去不去哩？

（97）是搭搁不搭搁哩？

（98）是去哩不去？

（99）是搭搁哩不搭搁？

句式十一同句式十情形基本相同，只是配置了前项选择标"是"，因而增加了催问甚至不耐烦的语气。

【句式十二】　到底是 V_1（哩）不 V_1（哩)？

（100）到底是去哩不去哩？

（101）到底是搭搁哩不搭搁哩？

（102）到底是去不去哩？

（103）到底是搭搁不搭搁哩？

（104）到底是去哩不去？

（105）到底是搭搁哩不搭搁？

同句式十一情形基本相同，句式十二前面又加上了语气副词"到底"，因而更加强了其催问甚至不耐烦的语气。

【句式十三】　不 V_1，（是）V_1 哩？

（106）不去，是去哩？

（107）不走，走哩？

句式十三的 V_1 一般是单音节。V_1 是两个以上音节时不顺口，一般用别的句式表达。

综上可见，语气助词"哩"在选择问句中的配置受具体句法机制的管控。句法机制是句子里句法、语义、语用等方面因素相互依存、相互制约、互动交融的配置运作机制。管控语气助词"哩"在选择问句中配置的句法机制涉及句式的表义性质，语气的特征、轻重、缓急，句式的构造、节律系统，语词的结构性质、音节长短等方面因素。

（二）"呀""啦"的配置

基础句式中配置上"呀"或"啦"构成以下句式。

1. 列项选择问

【句式一】 是 V_1 呀还是 V_2 呀？ ｜ 是 V_1 啦还是 V_2 啦？

（108）是去呀还是回呀？

（109）是割草呀还是锄地呀？

（110）是去啦还是回啦？

（111）是割草啦还是锄地啦？

与"哩"情形不同的是，不论前后项结构如何，$V_1 V_2$ 后面的"呀"、"啦"都不能不用。

【句式二】 V_1 呀还是 V_2 呀？ ｜ V_1 啦还是 V_2 啦？

（112）去呀还是回呀？

（113）割草呀还是锄地呀？

（114）去啦还是回啦？

（115）割草啦还是锄地啦？

【句式三】 是 V_1 呀是 V_2 呀？ ｜ 是 V_1 啦是 V_2 啦？

（116）是去呀是回呀？

（117）是割草呀是锄地呀？

（118）是去啦是回啦？

（119）是割草啦是锄地啦？

【句式四】 还是 V_1 呀还是 V_2 呀？ ｜ 还是 V_1 啦还是 V_2 啦？

（120）还是去呀还是回呀？

（121）还是割草呀还是锄地呀？

（122）还是去啦还是回啦？

（123）还是割草啦还是锄地啦？

【句式五】 是 V_1 呀 V_2 呀？ ｜ 是 V_1 啦 V_2 啦？

（124）是去呀回呀？

（125）是割草呀锄地呀？

（126）是去啦回啦？

（127）是割草啦锄地啦？

【句式六】V_1 呀是 V_2 呀？　│　V_1 啦是 V_2 啦？

（128）去呀是回呀？

（129）割草呀是锄地呀？

（130）去啦是回啦？

（131）割草啦是锄地啦？

【句式七】V_1 呀 V_2 呀？　│　V_1 啦 V_2 啦？

（132）去呀回呀？

（133）割草呀锄地呀？

（134）去啦回啦？

（135）割草啦锄地啦？

【句式八】V_1 呀还是（还）不 V_1 哩？　│　V_1 啦还是（还）没 V_1 哩？

（136）去呀还是不去哩？

（137）去啦还是没去哩？

句式八后项一般要用上语气助词"哩"，不能用"呀""啦"。后项前头隐含有"还"的意思，可以加上。

【句式九】V_1 呀是（还）不 V_1 哩？　│　V_1 啦是（还）没 V_1 哩？

句式九同句式八情形基本一样，只是把后选择标"还是"换成了"是"，这样说起来更简洁，使用频率更高。例如：

（138）去呀是不去哩？

（139）去啦是没去哩？

后项多出现"还"。如：

（140）去呀是还不去哩？

（141）去啦是还没去哩？

2．正反选择问

【句式十】V_1 呀不 V_1（哩）？　│　V_1 啦没 V_1（哩）？　│　V_1 啦没有？

（142）去呀不去？

（143）去呀不去哩？

（144）去啦没去？

（145）去啦没去哩？

（146）去啦没有？

句式十后项"没 V_1 哩"经常简化为"没有"。虽然后项也隐含有"还"的意思，但一般不出现"还"，因为是正反选择，前后项之间语气上连接紧凑，加上"还"会影响其紧凑度。而句式八、九是列项选择，比较松散。

【句式十一】是 V_1 呀不 V_1（哩）？　｜　是 V_1 啦没 V_1（哩）？　｜　是 V_1 啦没有？

（147）是去呀不去？

（148）是去呀不去哩？

（149）是去啦没去？

（150）是去啦没去哩？

（151）是去啦没有？

句式十一出现了前项选择标"是"，增加了催问甚至不耐烦的语气。

【句式十二】到底是 V_1 呀不 V_1（哩）？　｜　到底是 V_1 啦没 V_1（哩）？　｜　到底是 V_1 啦没有？

（152）到底是去呀不去？

（153）到底是去呀不去哩？

（154）到底是去啦没去？

（155）到底是去啦没去哩？

（156）到底是去啦没有？

句式十二前面加上了语气副词"到底"，更加强了其催问甚至不耐烦的语气。

【句式十三】不 V_1，（是）V_1 呀？　｜　没 V_1，（是）V_1 啦？

（157）不去，去呀？

（158）不去，是去呀？

（159）没去，去啦？

（160）没去，是去啦？

三　"曼"的配置机制

（一）"曼"在基础句式中的配置

两层意思：

第一，语气助词"曼"可以进入列项选择问的所有句式；受句法机制的管控，不大进入正反选择问句式。罗列如下：

1. 列项选择问

【句式一】是 X 曼还是 Y？

（161）是去曼还是回？

（162）是割草曼还是锄地？

（163）是你曼还是他？

（164）是大曼还是小？

【句式二】X 曼还是 Y？

（165）去曼还是回？

（166）割草曼还是锄地？

（167）你曼还是他？

（168）大曼还是小？

【句式三】是 X 曼是 Y？

（169）是去曼是回？

（170）是割草曼是锄地？

（171）是你曼是他？

（172）是大曼是小？

【句式四】还是 X 曼还是 Y？

（173）还是去曼还是回？

（174）还是割草曼还是锄地？

（175）还是你曼还是他？

（176）还是大曼还是小？

【句式五】是 X 曼 Y？

（177）是去曼回？

（178）是割草曼锄地？

（179）是北京曼上海？

（180）是你曼他？

（181）是便宜曼贵？

（182）是大曼小？

【句式六】X 曼是 Y？

（183）去曼是回？

（184）割草曼是锄地？

（185）北京曼是上海？

（186）你曼是他？

（187）便宜曼是贵？

（188）大曼是小？

【句式七】X 曼 Y？

（189）去曼回？

（190）割草曼锄地？

（191）北京曼上海？

（192）你曼他？

（193）便宜曼贵？

（194）大曼小？

【句式八】X 曼还是不 X？

（195）去曼还是不去？

（196）割草曼还是不割草？

（197）大曼还是不大？

【句式九】X 曼是不 X？

（198）去曼是不去？

（199）大曼是不大？

2. 正反选择问

【句式十】？X 曼不 X？

　　？去曼不去？

　　？大曼不大？

【句式十一】？是 X 曼不 X？

　　？是去曼不去？

　　？是大曼不大？

【句式十二】？到底是 X 曼不 X？

　　？到底是去曼不去？

　　？到底是大曼不大？

"曼"一般不进入句式十、十一、十二，是因为这三种正反选择问语气紧凑，一般要求选择项直接相接。有时"曼"也进入，这时是有意特别地延宕问话语气。

【句式十三】不 X 曼，（是）X？

（200）不去曼，（是）去？

（201）不割草曼，（是）割草？

（202）不大曼，（是）大？

　　"曼"经常进入句式十三，是因为这种句式否定项在前、肯定项在后，两项之间一般有一定间歇，书面上用逗号，语气比较松缓。

　　第二，语气助词"曼"有标志选择关系的作用。有两个事实值得注意：其一，句式五至七配置上"曼"，原来可能有歧义的，消除了歧义。比较：

【句式五】是 X 曼 Y?　　是割草锄地?　　　　是割草曼锄地?

　　　　　　　　　　　　是北京上海?　　　　是北京曼上海?

【句式六】X 曼是 Y?　　割草是锄地?　　　　割草曼是锄地?

　　　　　　　　　　　　你是他?　　　　　　你曼是他?

【句式七】X 曼 Y?　　　割草锄地?　　　　　割草曼锄地?

　　　　　　　　　　　　北京上海?　　　　　北京曼上海?

左栏的说法如果 X 与 Y 之间间歇太短就可能有歧义，右栏的说法就一定是选择问了。

　　其二，句式五和句式七配置上"曼"，原来不能成立的，可以成立了。比较：

【句式五】是 X 曼 Y?　　*是你他?　　*是大小?　　*是去回?

　　　　　　　　　　　　是你曼他?　　是大曼小?　　是去曼回?

【句式七】X 曼 Y?　　　*你他?　　　*大小?　　　**去回?

　　　　　　　　　　　　你曼他?　　　大曼小?　　　去曼回?

（二）"曼"在"哩"句式中的配置

　　对于配置了语气助词"哩"的选择问句式来说，"曼"可以进入列项选择问的所有句式，能不能进入正反选择问句式要看具体句法机制的管控情况。罗列如下：

1. 列项选择问

【句式一】是 V_1 哩曼还是 V_2（哩）?

（203）是去哩曼还是回哩?

（204）是割草哩曼还是锄地哩?

（205）是旅游结婚哩曼还是在屋办仪式?

【句式二】V_1 哩曼还是 V_2（哩）?

（206）去哩曼还是回哩?

（207）割草哩曼还是锄地哩?

（208）旅游结婚哩曼还是在屋办仪式?

【句式三】是 V_1 哩曼是 V_2（哩）?

（209）是去哩曼是回哩?

（210）是割草哩曼是锄地哩？

（211）是旅游结婚哩曼是在屋办仪式？

【句式四】还是 V_1 哩曼还是 V_2（哩）？

（212）还是去哩曼还是回哩？

（213）还是割草哩曼还是锄地哩？

（214）还是旅游结婚哩曼还是在屋办仪式？

【句式五】是 V_1 哩曼 V_2 哩？

（215）是去哩曼回哩？

（216）是割草哩曼锄地哩？

（217）是旅游结婚哩曼在屋办仪式哩？

【句式六】V_1 哩曼是 V_2（哩）？

（218）去哩曼是回哩？

（219）割草哩曼是锄地哩？

（220）旅游结婚哩曼是在屋办仪式？

【句式七】V_1 哩曼 V_2 哩？

（221）去哩曼回哩？

（222）割草哩曼锄地哩？

（223）旅游结婚哩曼在屋办仪式哩？

【句式八】V_1 哩曼还是不 V_1（哩）？

（224）去哩曼还是不去哩？

（225）去哩曼还是不去？

（226）给他哩曼还是不给？

【句式九】V_1 哩曼是不 V_1（哩）？

（227）去哩曼是不去哩？

（228）去哩曼是不去？

（229）给哩曼是不给？

2．正反选择问

【句式十】V_1（哩）曼不 V_1（哩）？

（230）﹡去哩曼不去哩？

（231）﹡去曼不去哩？

（232）去哩曼不去？

（233）﹡搭搁哩曼不搭搁哩？

（234）搭搁曼不搭搁哩？

（235）搭搁哩曼不搭搁？

例（232）（235）显示，"曼"可以配置在"V_1哩不V_1？"里，构成"V_1哩曼不V_1？"。这表明，"……哩……"与"……哩……哩"不同。是否各选择项都带"哩"，也是管控"曼"能否进入的句法机制因素之一。例（231）与（234）对"曼"的接受情形不同，说明与V_1的语义性质也有关，"搭搁"是起止类动词，把"搭搁"换成"截止"，情形也相同。

【句式十一】是V_1（哩）曼不V_1（哩）？

（236）＊是去哩曼不去哩？

（237）＊是去曼不去哩？

（238）是去哩曼不去？

（239）＊是搭搁哩曼不搭搁哩？

（240）是搭搁曼不搭搁哩？

（241）是搭搁哩曼不搭搁？

【句式十二】到底是V_1（哩）曼不V_1（哩）？

（242）＊到底是去哩曼不去哩？

（243）＊到底是搭搁哩曼不搭搁哩？

（244）＊到底是去曼不去哩？

（245）到底是搭搁曼不搭搁哩？

（246）到底是去哩曼不去？

（247）到底是搭搁哩曼不搭搁？

【句式十三】不V_1曼，（是）V_1哩？

（248）不去曼，是去哩？

（249）不走曼，走哩？

（三）"曼"在"呀""啦"句中的配置

对于配置了语气助词"呀""啦"的选择问句式来说，"曼"可以进入列项选择问的所有句式，进入正反选择问句式的机会比进入"哩"句式的机会多，少数情况下不能进入，具体情况要看实际句法机制因素的管控。罗列如下：

1．列项选择问

【句式一】是V_1呀曼还是V_2呀？　|　是V_1啦曼还是V_2啦？

（250）是去呀曼还是回呀？

（251）是割草呀曼还是锄地呀？

（252）是去啦曼还是回啦？

（253）是割草啦曼还是锄地啦?

【句式二】V_1呀曼还是 V_2呀?　｜　V_1啦曼还是 V_2啦?

（254）去呀曼还是回呀?

（255）割草呀曼还是锄地呀?

（256）去啦曼还是回啦?

（257）割草啦曼还是锄地啦?

【句式三】是 V_1呀曼是 V_2呀?　｜　是 V_1啦曼是 V_2啦?

（258）是去呀曼是回呀?

（259）是割草呀曼是锄地呀?

（260）是去啦曼是回啦?

（261）是割草啦曼是锄地啦?

【句式四】还是 V_1呀曼还是 V_2呀?　｜　还是 V_1啦曼还是 V_2啦?

（262）还是去呀曼还是回呀?

（263）还是割草呀曼还是锄地呀?

（264）还是去啦曼还是回啦?

（265）还是割草啦曼还是锄地啦?

【句式五】是 V_1呀曼 V_2呀?　｜　是 V_1啦曼 V_2啦?

（266）是去呀曼回呀?

（267）是割草呀曼锄地呀?

（268）是去啦曼回啦?

（269）是割草啦曼锄地啦?

【句式六】V_1呀曼是 V_2呀?　｜　V_1啦曼是 V_2啦?

（270）去呀曼是回呀?

（271）割草呀曼是锄地呀?

（272）去啦曼是回啦?

（273）割草啦曼是锄地啦?

【句式七】V_1呀曼 V_2呀?　｜　V_1啦曼 V_2啦?

（274）去呀曼回呀?

（275）割草呀曼锄地呀?

（276）去啦曼回啦?

（277）割草啦曼锄地啦?

【句式八】V_1呀曼还是（还）不 V_1哩?　｜　V_1啦曼还是（还）没 V_1哩?

（278）去呀曼还是（还）不去哩?

（279）去啦曼还是（还）没去哩？

【句式九】V₁呀曼是（还）不 V₁ 哩？ ｜ V₁啦曼是（还）没 V₁ 哩？

（280）去呀曼是（还）不去哩？

（281）去啦曼是（还）没去哩？

2. 正反选择问

【句式十】V₁呀曼不 V₁（哩）？ ｜ V₁啦曼没 V₁（哩）？

（282）去呀曼不去？

（283）去呀曼不去哩？

（284）去啦曼没去？

（285）去啦曼没去哩？

但是，"曼"一般不进入"V₁啦没有？"，包括句式十一、十二也一样。这是因为"V₁啦没有？"中的"没有"是一个简化形式，要求与前项紧紧相挨。

【句式十一】是 V₁呀曼不 V₁（哩）？ ｜ 是 V₁啦曼没 V₁（哩）？

（286）是去呀曼不去？

（287）是去呀曼不去哩？

（288）是去啦曼没去？

（289）是去啦曼没去哩？

【句式十二】到底是 V₁呀曼不 V₁（哩）？ ｜ 到底是 V₁啦曼没 V₁（哩）？

（290）到底是去呀曼不去？

（291）到底是去呀曼不去哩？

（292）到底是去啦曼没去？

（293）到底是去啦曼没去哩？

【句式十三】不 V₁曼，（是）V₁呀？ ｜ 没 V₁曼，（是）V₁啦？

（294）不去曼，去呀？

（295）不去曼，是去呀？

（296）没去曼，去啦？

（297）没去曼，是去啦？

第二节　选择问句里语气助词"哩"的性质和作用

西北汉语方言里较普遍地存在一个特点，就是在选择项末尾配置上一个语气助词"哩"。对于这个语气助词的性质和作用,大家认识分歧,有必要进一步讨论。本节讨论陕县方言选择问句式中这个语气助词"哩"的性质和作用,有助于深化西北方言选择问句特点的认识。

一　两个"哩"

陕县方言选择问句中的语气助词"哩"有两个。

一个是指明事实,相当于普通话的语气助词"的","V 哩"意思是"V 的"。例如:

（1）去哩不去?

　　——去哩。

　　——不去。

（2）给哩不给?

　　——给哩。

　　——不给。

选择问句中的"哩"多是这样的"哩",指明事实。在正反选择问中,指明事实的"哩"只用在肯定形式后面,不用在否定形式后面。

下面两栏例子,左栏的没有用"哩"也是完整的选择问句,右栏的用了"哩"则对该选择项起到指明事实的作用,从而就加强了整个句子的选择语气:

【a 组】

　　吃面还是吃馍?　　　　　　　吃面哩还是吃馍哩?

　　——吃面。　　　　　　　　　——吃面哩。

　　——吃馍。　　　　　　　　　——吃馍哩。

【b 组】

　　去不去?　　　　　　　　　　去哩不去?

　　——去。　　　　　　　　　　——去哩。

　　——不去。　　　　　　　　　——不去。

另一个是表示进行的状态,配置在正反选择问中,"V 哩"意思是"现在就 V"。这样的"哩"与表示将然的语气助词"呀"、表示已然的语气助词"啦"同属一个系统。例如:

（3）走不走哩?

　　——走哩现在就走。/就走。

　　　　　——还不走（哩）。

（4）走哩不走？

　　　　——走哩_{现在就走}。

　　　　——我还不走。

（5）走哩不走哩？

　　　　——（就）走哩_{现在就走}。

　　　　——还不走（哩）。

　　表进行状态的"哩"既可以配置在肯定形式后面，也可以配置在否定形式后面；可以只在一项后面配置，也可以前后两项后面都配置。如果 V是双音节动词语，"哩"一般就只配置在句末，如：

（6）搭搁不搭搁哩？　　　　*搭搁哩不搭搁？

（7）揭饭不揭饭哩？　　　　*揭饭哩不揭饭？

这应该是因为句子节律机制的规约。

　　下面把两个不同的"哩"放到一起比较：

a_1. 你走不走？　　　　　　——我走哩_{走的}。

　　　　　　　　　　　　——我不走。

a_2. 表走不走？　　　　　　——表走哩_{走的}。

　　　　　　　　　　　　——表不走。

b_1. 你走不走哩？　　　　　——我走哩_{现在就走}。

　　　　　　　　　　　　——我还不走（哩）。

b_2. *表走不走哩？　　　　——*表走哩_{现在就走}。

　　　　　　　　　　　　——*表还不走（哩）。

a_1、a_2 里的"哩"是指明事实的"哩"；b_1、b_2 里的"哩"是表示进行状态的"哩"。b_1 说的是"你走"，能说，b_2 说的是"表走"，不能说。a_1 和 b_1 答句肯定式都是"我走哩"，但意思不同，形式也有区别。a_1 答句"我走哩"意思是"我走的"，否定式是"我不走"；b_1 答句"我走哩"意思是"我现在就走"，否定式是"我还不走"。

二　语气助词"哩"的作用

　　陕县方言选择问句中的语气助词"哩"有两方面作用：一是表义，如上所述有两种意义。二是成句，在有些选择问句中有成句作用，比较：

（8）是去哩回哩？   *是去回？

（9）是叫你哩叫他哩？   *是叫你叫他？

（10）是等他哩先走哩？   *是等他先走？

三　关于西北方言选择问句里的"哩"

选择问句里使用语气助词"哩"（有的写作"嘞"）的现象在西北方言中很普遍。下面举出一些使用语气助词"哩"的例句和相关例句：

甘肃西峰方言（孙建强，1999）：

（11）你妈不在你心慌哩不？

（12）八月十五你们学校放假呀不？

（13）你把鱼买下了没？

其中使用了语气助词"哩"、"呀"、"了"。

甘肃兰州方言（张安生，2003）：

（14）走哩吗缓哩？

甘肃白龙江流域方言（莫超，2004）：

（15）你明天来哩吗不来？

（16）图书馆不去吗去哩？

（17）晚上吃米饭哩吗吃面条哩，还是吃饺子哩？

陕北方言（邵敬敏、王鹏翔，2003）：

（18）你会游泳嘞不？

（19）他来也不？

（20）他胖喽没？

其中使用了语气助词"嘞"、"也"、"喽"。

陕西华县方言（张安生，2003）：

（21）不吃吗吃哩？

青海西宁方言（张安生，2003）：

（22）西宁去哩吗不去？

宁夏银川方言（张安生，2003）：

（23）娃醒了吗是睡着哩？

宁夏同心方言（张安生，2003）：

（24）吃面哩吗吃米饭哩？

（25）去哩吗不去？

（26）他看着哩吗小王看着哩？

（27）他看着哩吗没看着？

新疆乌鲁木齐方言（张安生，2003）：

（28）你大哩吗我大？

对于西北方言选择问句中这个语气助词"哩（嘞）"的性质和作用，张安生（2003）进行了专节的分析论述，认为宁夏同心话选择问句里的"哩"是陈述语气词，"在选择性问句中的作用主要有二：第一，成句作用，它是句中陈述式语段的结构标记；第二，配合'吗'的使用，构成'X 哩吗 Y 哩'的舒缓语调形式，帮助表达询问语气。"我们认为，成句作用是有的，但第二条最多只能说是派生效果。"哩"的直接作用就是前面所说的两方面：表义和成句。所表之义包括两种，一是指明事实，一是表示进行的状态。正如张安生先生后来出版的《同心方言研究》（2006：322）在第一条后边补上的"特别是在'V 着'（正向）后不可或缺"，这正是"哩"表示进行的状态这一作用的形式表现。"哩"的使用首先是表义上需要。所谓"构成舒缓语调形式，帮助表达询问语气"应该说主要是"哩"的表义作用派生出来的。

第三节　选择问句里语气助词"曼"的意义和作用

本节讨论陕县方言选择问句里语气助词"曼"的意义和作用。例如：

（1）是去曼还是回？

（2）是大曼是小？

（3）北京曼上海？

（4）去啦曼没去？

一　"曼"的语法意义

我们认为"曼"是一个陈述语气助词，基本语法意义是表示肯定。下面通过自身的替换比较和分布的系统考察两方面来论证。

先引用我们在第四章第一节论证陕县方言语气助词"嚷"负载非是非问疑问信息的过程，然后再借助这个论证，把"曼"拿进来比较，说明"曼"是一个陈述语气助词。

比较：

A   颜色不好。   还没走。   半年_{原来}是他。

A   颜色不好。   还没走。   半年原来是他。

B   颜色不好嚷？   还没走嚷？   半年是他嚷？

A 行句子是陈述语气，B 行句子在末尾加上"嚷"就成了疑问语气，构成特指问。B 行疑问句问的是原因，前面都隐含一个疑问代词"怎么"，可以加上。如：怎么颜色不好嚷？│ 怎么还没走嚷？│ 怎么半年是他嚷？其回答也是针对原因。如：

颜色不好嚷？——光照不足。

还没走嚷？——在等人哩。

半年是他嚷？——你当是谁。

如果把 A 行句子的陈述语调换成疑问语调，构成的是语调是非问，不是特指问。如：

C   颜色不好？   还没走？   半年是他？

C 行句末没有"嚷"，是用语调构成疑问语气。C 行疑问句问的是"是不是"，是语调是非问，前面都不隐含疑问代词"怎么"，不能加上，句末都可以加上"不是"。如：

颜色不好不是？

还没走不是？

半年是他不是？

其回答也是针对"VP 不是"。如：

颜色不好？——是颜色不好。／ 颜色好。

还没走？——还没走。／ 走啦。

半年是他？——是他。／ 不是他。

把 B 行疑问句与 C 行疑问句放在一起比较，显而易见"嚷"负载的非是非问疑问语气。

现在，我们把"曼"拿进来比较，说明"曼"是一个陈述语气助词。比较：

A   颜色不好。   还没走。   半年是他。

D   颜色不好曼。   还没走曼。   半年是他曼。

把 A 行换成 D 行，句子还是陈述语气。再比较：

A   颜色不好。   还没走。   半年是他。

B   颜色不好嚷？   还没走嚷？   半年是他嚷？

把 A 行换成 B 行，句子则由陈述语气变为疑问语气，构成特指问。从以上两组比较中可以看出"嚷"与"曼"所表语气不同，一个是疑问，一个是陈述。再比较：

A	颜色不好。	还没走。	半年是他。
C	颜色不好？	还没走？	半年是他？

把 A 行换成 C 行，即把 A 行的陈述语调换成疑问语调，句子则由陈述语气变为疑问语气，构成语调是非问。再比较：

C	颜色不好？	还没走？	半年是他？
E	*颜色不好曼？	*还没走曼？	*半年是他曼？

把 C 行换成 E 行，则句子不成立。再比较：

B	颜色不好嚷？	还没走嚷？	半年是他嚷？
E	*颜色不好曼？	*还没走曼？	*半年是他曼？

B 行与 E 行只是句末的语气助词不同，则一个成立，一个不成立。以上两组比较说明"曼"与疑问语气不相容。

综上五组比较，从正面说明"曼"表陈述语气，从反面说明"曼"与疑问语气不相容。

分析语法现象，强调从系统着眼。单从选择问句来看，这个"曼"好像是表疑问。可是，当我们把考察的面扩大到其他语境时，就会认识到这是把句式表示的疑问语气加到了"曼"的头上。

研究疑问句，观察答句的反应往往很能说明问题。现在我们观察一下本节开头举的四个选择问句的答句：

（1）是去曼还是回？——去。／去曼。／回。／回曼。

（2）是大曼是小？——大。／大曼。／小。／小曼。

（3）北京曼上海？——北京。／北京曼。／上海。／上海曼。

（4）去啦曼没去？——去啦。／去啦曼。／没去。／没去曼。

从答句可以看出，选择问句中的"曼"是表陈述语气而不是疑问语气。

事实上，"曼"不仅可以用于选择问句中，还可以用在选择问句末，还经常用于陈述句，也可以用于祈使句，还可以用于是非问疑问句。

（一）用在陈述句后边加强肯定语气。例如：

（5）对曼。

（6）吃啦曼。

"对曼。"用于答话。单说"对。"就可以，句末再加上"曼"就加强了肯定语气，有"你放心吧！"的味道。"吃啦曼。"常用于这样的语境：到别人家做客，看到别人张罗给你做饭，你可能主动说"吃啦曼。"句末加上

"曼"就加强了肯定语气,强调已经吃过了,有"你怎么还给我做饭?"的味道。你不会只说"吃啦。"因为人家没有问你吃了没有。只说"吃啦。"仅是一般性的陈述事实。再比较:

中。　　　　　　　　　中曼。(你放心。)
作业写完啦。　　　　　作业写完啦曼。(怎么还不叫我出去耍?)
还有哩。　　　　　　　还有哩曼。(你怎么还要给?)
没啦。　　　　　　　　没啦曼。(你来看!)
这巴这样穿好看。　　　这巴穿好看曼。(要不我怎么要这巴穿!)

左栏是一般的陈述语气,右栏用上"曼",就加强了肯定的语气。

(二)用在祈使句末尾表示提醒语气。比较:

赶紧走!　　　　　　　赶紧走曼!
给!　　　　　　　　　给曼!
拿把鞋穿上!　　　　　拿鞋穿上曼!
做饭!　　　　　　　　做饭曼!
给他!　　　　　　　　给他曼!
开慢点儿!　　　　　　开慢点儿曼!
夔跑!　　　　　　　　夔跑曼!

左栏是单纯的祈使语气,右栏用上"曼",就增加了提醒的语气。右栏的七例相当于:

赶紧走!我提醒你这个事。
给!我提醒你这个事。
拿鞋穿上!我提醒你这个事。
做饭!我提醒你这个事。
给他!我提醒你这个事。
开慢点儿!我提醒你这个事。
夔跑!我提醒你这个事。

语气助词"吧"也可以用于祈使句末尾,但用"曼"与用"吧"祈使句语气有别,用"曼"有提醒语气,用"吧"有商量语气。比较:

赶紧走曼!(还在瞅什么?)　　　做饭曼!(都多会儿啦!)
赶紧走吧!　　　　　　　　　　做饭吧!

(三)用在是非问句末尾加强估计、测度中的肯定语气。例如:

(7)走哩曼?(——走哩。/走哩曼。/还不走。/还不走曼。)
(8)走呀将走曼?(——走呀。/走呀曼。/还不走。/还不走曼。)

（9）走啦曼？（——走啦。/走啦曼。/还没走。/还没走曼。）
去掉"曼"，是语调是非问，问话人已经有所估计，有所测度，期望对方加以证实；用上"曼"，则加强了估计、测度中的肯定语气。

　　语气助词"吧"也可以表测度。表测度的"吧"也可以用于是非问句末。虽然用"曼"与用"吧"句子都是有所估计有所测度，但肯定的程度不同。用"曼"，问话人估计、测度的肯定程度较高，期望求证；用"吧"，肯定的程度低些，意在揣测。形式上，"吧"是非问前面可以加上"约莫儿着（是）"、"该（是）"、"只怕（是）"等表示揣测的词语，而"曼"是非问不能。比较：

　　　　（约莫儿着是）叫你哩吧？　　　　（约莫儿着）走啦吧？
　　　　（该是）叫你哩吧？　　　　　　　（该）走啦吧？
　　　*（约莫儿着是）叫你哩曼？　　　*（约莫儿着）走啦曼？
　　　*（该是）叫你哩曼？　　　　　　*（该）走啦曼？

但这些是非问句如果改成陈述句，前面就都可以加上"约莫儿着（是）"、"该（是）"、"只怕（是）"这些词语了。因为这时句末的"曼"就不是表示求证语气，而是起加强肯定语气的作用了。看例子：

　　　　（约莫儿着是）叫你哩吧。　　　　（约莫儿着）走啦吧。
　　　　（该是）叫你哩吧。　　　　　　　（该）走啦吧。

　　　　（约莫儿着是）叫你哩曼。　　　　（约莫儿着）走啦曼。
　　　　（该是）叫你哩曼。　　　　　　　（该）走啦曼。

（四）用在选择问句末尾，表示提醒回答（即催答）的语气。例如：
（10）买秦椒还是买海柿曼？（——买秦椒。/买秦椒曼。/买海柿。/买海柿曼。）
（11）土豆还是番瓜曼？（——土豆。/土豆曼。/番瓜。/番瓜曼。）
（12）去不去曼？（——去哩。/去哩曼。/去曼。/不去。/不去曼。）
（13）小不小曼？（——小。/小曼。/不小。/不小曼。）
这四例可以换成下面两种说法：

　　　　买秦椒还是买海柿？赶紧说焉！　　土豆还是番瓜？赶紧说焉！
　　　　去不去？赶紧说焉！　　　　　　　小不小？赶紧说焉！

　　　　买秦椒还是买海柿？我在问你。　　土豆还是番瓜？我在问你。
　　　　去不去？我在问你。　　　　　　　小不小？我在问你。

选择问句末的"曼"可以换成"嚷",可是换了之后是意在强化疑问的力度,即形成"深究"。一个是"深究",一个是"催答",二者不同。"深究"不一定要回答,如反问句末尾可以用"嚷":这大一块石头,我怎么能搬动嚷?

值得注意的是,同是用在疑问句末尾,用于选择问与用于是非问表达作用不同;而用在选择问句末与祈使句末尾表达作用却相同。

(五)"曼"用在句中,起提顿作用,延宕作势,既突出前边的词语,又预示将接着进行陈说。例如:

（14）伢都他们说好,我曼看不着。

（15）娃曼说着就没动弹。

（16）天曼像要下雨样哩。

（17）吃的东西曼,得弄净净儿的。

（18）说着曼一点儿都不听。

（19）怎么曼狗咬哩。

（20）怎么曼人都走啦。

（21）就说曼一下儿可回啦。

用于反问句时,突出前边词语的意味儿更重:

（22）老师的话曼,你敢不听?（突出主语"老师的话",强调老师的话之重要）

（23）你曼能不知道?（突出主语"你",强调你应该知道）

（24）十个曼还不够?（突出主语"十个",强调十个之多）

总上,把选择问句句中的"曼"同上面五种用法联系起来,则可以把握到"曼"陈述语气助词的性质,基本语法意义是表肯定。"曼"在不同句式中的具体语气都是由基本语气派生出来的。

陕县方言的语气助词"曼"源于汉语史上的"么"。据吴福祥（1997）,汉语史上语气助词"么"是在入宋以后开始用于非疑问句的,例如:

（25）何况三百篇后人不肯道不会,须要字字句句解得么!（《朱子语类》卷八十）

（26）我知道你不是个受贫的人么。（《元曲选·老生儿·四折》）

（27）我就知道么。（《红楼梦》第七回）

（28）宋江道:"我说么,且不要走动,等后面人马到来,好和他厮杀。"（《水浒传》第四十一回）

（29）他有情么,说你两句;他一翻脸,嫂子,你吃不了兜着走!（《红

楼梦》第五十九回）

只是，陕县方言的"曼"在历史发展过程中表义和用法上形成了一些自己的方言特点。

"曼"和"哩"都可以表示肯定语气，但特点不同。"曼"侧重于加强肯定语气，"哩"侧重于"指明事实"。比如，在"走不走？"这个问话后面可以有下面四种肯定性回答：

　　　　a）走。　　　　b）走哩。　　　　c）走曼。　　　　d）走哩曼。

a）和b）相比，b）突出地指明事实；a）和c）相比，c）加强了肯定语气；b）和c）相比，b）侧重指明事实，c）侧重加强肯定语气；d）兼有b）和c）的表义特点，既突出地指明事实，又加强了肯定语气。

二　"曼"的语法作用

"曼"可以出现在选择问句的前后选择项之间，也可以出现在选择问句末。出现在选择项之间的语法作用是：

（一）表达肯定语气，由于语势的延宕使得句子的选择问语气比较和缓。比较：

　　吃面哩吃馍？　　　　　　　　吃面哩曼吃馍？

　　走呀不走？　　　　　　　　　走呀曼不走？

　　走啦没走？　　　　　　　　　走啦曼没走？

相比而言，右栏的例子前项肯定语气强一些，全句选择问语气和缓些。

（二）成句。**在有些选择问句中有成句作用**。比较：

　　*是你他？　　　　　　　　　　是你曼他？

　　*割草锄地？　　　　　　　　　割草曼锄地？

　　*大小？　　　　　　　　　　　大曼小？

吕叔湘（1985b）认为，选择问是由两个是非问合并而成：

　　你去？　你不去？　→　你去不去？

　　你去？　我去？　→　你去还是我去？

有学者认为这可以证明选择问句里的"吗（曼）"表疑问语气（张安生，2003）。我们认为，这是值得商榷的。吕先生这是从生成机制上说的。说选择问是由两个是非问合并而成，并不意味着选择问句的选择项就是疑问形式，选择问句就"与是非问句共用疑问语气词'吗'"（张安生，2003）。请注意，吕先生文中还指出："是非问句用疑问的语调。如果用语助词，用

'吗'";"正反问句不用疑问语调。一般不用语助词,如果用,用'呢'不用'吗'";"同样,选择问句也不用疑问语调","可以不用语助词,也可以用'呢'"。我们认为,两个是非问句合并成一个选择问句以后,是非问句就转化成了选择问句的选择项,这时就失去了作为独立的是非问句的疑问语气。选择问中的选择项是陈述形式。选择问句是由选择问格式嵌入选择项形成的,让人从中作出选择,整个句子只有一个疑问语气。选择问句的疑问语气属于句式。

《现代汉语八百词》在"呢"表示疑问条下面有"用在选择问句的两个(或三个)项目的后边",举例是:

> 明天是你去呢,还是我去呢?
>
> 你对这件事情是赞成呢?还是反对呢?
>
> 对群众生活是热情关怀呢,还是漠不关心?

我们认为,其中的"呢"表提顿,并不是表疑问。这三例中的"呢"都对应于陕县方言表提顿的"哩"(张邱林,2006),而不是表疑问的"曩"。去掉"呢",仍然是选择问句:

> 明天是你去,还是我去?
>
> 你对这件事情是赞成?还是反对?
>
> 对群众生活是热情关怀,还是漠不关心?

用上"呢",选择的节奏更分明。再比较下面三例选择问语气的强弱程度:

> 你对这件事情是赞成呢?还是反对呢?
>
> 你对这件事情是赞成呢,还是反对呢?
>
> 你对这件事情是赞成还是反对?

前一例形式是"是……呢?还是……呢?",中间一例是"是……呢,还是……呢?",最后一例是"是……还是……?"。三例的选择问语气强烈程度递减:前一例>中间一例>最后一例。

就陕县方言来说,也不能从是非问句推出选择问句里的"曼"是疑问语气助词的结论。因为与很多方言一样,陕县方言也没有普通话那样的"吗"是非问。陕县方言里语气助词"曼"出现在是非问末尾,是加强估计、测度中的肯定语气。

选择问句里选择项后边的语气助词"曼"不表疑问,从《老乞大》四种版本语言的对比(李泰洙,2003)中也可看出。下面列举三组,请观察:

(30)那伴当如今赶上来那不曾?(《古本老乞大》)

那伙伴如今赶上来了不曾?(《老乞大谚解》)

那朋友如今赶得上啊，赶不上啊？（《老乞大、朴通事谚解》）

那朋友如今赶上赶不上啊？（《重刊老乞大谚解》）

（31）你这般学汉儿文书呵，是你自意里学来那，你的爷娘教你学来？（《古本老乞大》）

你这般学汉儿文书时，是你自心里学来，你的爷娘教你学来？（《老乞大谚解》）

你这样学中国人的书，是你自己要去学来啊，还是你的父母教你去学的么？（《老乞大、朴通事谚解》）

你这样学中国人的书，是你自心里要学来啊，还是你的父母教你去学的么？（《重刊老乞大谚解》）

（32）恁两姨弟兄是亲两姨那，是房亲两姨？（《古本老乞大》）

你两姨弟兄是亲两姨那，是房亲两姨？（《老乞大谚解》）

你这两姨弟兄是亲两姨，却是房分两姨呢？（《老乞大、朴通事谚解》）

你这两姨弟兄是亲两姨，却是房分两姨？（《重刊老乞大谚解》）

上面三组例子选择项后边使用语气助词的情况是：

例（30）：x 那 y？ ｜ xy？ ｜ x 啊，y 啊？ ｜ xy 啊？

例（31）：x 那，y？ ｜ x，y？ ｜ x 啊，y 么？ ｜ x 啊，y 么？

例（32）：x 那，y？ ｜ x 那，y？ ｜ x，y 呢？ ｜ x，y？

比较可知，句中的语气助词"那"、"啊"并不表疑问，而是起提顿作用。

三　关于西北方言选择问句里的"曼"

选择问句中出现"曼"类语气助词的现象在汉语西北方言中很普遍，依具体语音形式的不同，有的写作"吗""么"或"嘛"。陕西西安（王军虎，1996）、关中（孙立新，2004：272）、商县、华县，宁夏银川、同心、固原，青海西宁，甘肃兰州（张安生，2003）、临夏（谢晓安、张淑敏，1990）、西峰（孙建强，1999）白龙江流域宕昌、化马、武都、文县（莫超，2004），新疆乌鲁木齐（张安生，2003）方言都有类似情形。对于这个"曼"类标记的性质和作用，学界多认为是疑问语气词。如王军虎（1996）认为西安方言选择问句中的"吗"表疑问，张安生（2003）认为同心话选择问句中的"吗"是兼有一定连词功能的疑问语气词，孙立新（2004）认为关中方言里选择问句中的"吗、么、曼"表疑问，莫超（2004）认为甘肃白龙江流域宕昌、化马、武都、文县方言选择问句中的"吗"表疑问。

本章小结

本章考察讨论陕县方言选择问句语法现象，首先考察了陕县方言的选择问句式系统，然后分别讨论了选择问句里语气助词"哩"和"曼"的性质、意义和作用问题。

第一，陕县方言的选择问句，包括列项选择问和正反选择问，共有十三种基础句式。根据表达的需要，可以在基础句式中配置语气助词"哩""呀""啦"和语气助词"曼"，从而形成一系列选择问句式。

第二，语气助词"哩""呀""啦"和"曼"在选择问句中的配置受具体句法机制的管控。句子是动态的语法单位，存在于句法机制的管控系统之中。句法机制是句子里句法、语义、语用等方面因素相互依存、相互制约、互动交融的配置运作机制。管控语气助词"哩""呀""啦"和"曼"在选择问句中配置的句法机制涉及句式的表义性质，语气的特征、轻重、缓急，句式的句法构造、节律系统，语词的语义性质、结构长短等方面因素。

第三，陕县方言选择问句中的语气助词"哩"有两个，一个是指明事实，相当于普通话的语气助词"的"，"V哩"意思是"V的"。另一个是表示进行的状态，配置在正反选择问中，"V哩"意思是"现在就V"。"哩"配置在选择问句中有两方面作用：一是表义；二是在有些选择问句中有成句作用。

第四，本章通过内外论证，说明陕县方言选择问句中的"曼"是陈述语气助词，基本语法意义是表肯定。"曼"配置在选择项之间有两方面作用：一是表达肯定语气；二是在有些选择问句中有成句作用。

第五，选择问句中配置语气助词"哩"（有的写作"嘞"）和"曼"的现象在西北方言里很普遍，但对于"哩"和"曼"的性质、意义和作用，学者们认识分歧。本章对陕县方言选择问句中的语气助词"哩"和"曼"的讨论有助于深化西北方言选择问句的认识。

第六章　汉语方言副词语法现象与句法机制的管控

第一节　陕县方言副词"坷"和"再"的使用

普通话"再 VP"有三个意思：一、已经 VP_1 过了，再重复 VP_1。二、已经 VP_1 过了，再追加 VP_1。三、先别 VP_2，等 VP_1 了以后再 VP_2。例如：

（1）他刻了磨平，磨平了再刻。（小学语文课本）

（2）再过几个月，小企鹅第二次换毛。（小学语文课本）

（3）整个冬天，我们青蛙都睡在洞里，不吃也不动，到明年春天再出来。（小学语文课本）

例（1）里的"再"表示"重复"，记作"再 c"；例（2）里的"再"表示"追加"，记作"再 z"；例（3）里的"再"表示"推延"，记作"再 t"。

"再 c"和"再 z""再 t"在河南陕县方言里用不同的副词来表达，对应于"再 c"的是 $k'uo^{51}$，记作同音字"坷"；对应于"再 z""再 t"的是"再［$tsai^{24}$］"。普通话"再 VP"的三个意思用陕县方言分别说成"坷 VP"和"再 VP"。例（1）—（3）陕县方言分别说成（4）（5）（6）：

（4）他刻唠磨平，磨平坷刻。（坷）

（5）再过几个月，小企鹅换二□［$ts'an^{24}$］遍毛。（再）

（6）一冬天，我都都睡在洞里，不吃也不动弹，到来年春上再出。（再）

本节讨论陕县方言副词"坷"和"再"的使用。

一　"坷"和"再"的语法意义

（一）"坷"的语法意义

"坷"表重复。例如：

（7）晌午去没寻着人，不中唠咱后晌坷去。中午去没找到人，不行的话咱们下午再去。

（8）要是明个坷下雨唠怎么弄？

（9）这一块地过年儿坷栽红薯。

（10）今黑坷去看电影吧？

（11）兀咱还能坷去？那么咱还能再去一次？

（二）"再"的语法意义

"再"有两个语法意义。一个表"追加"，即"再 z"。例如：

（12）吃唠一碗啦，再舀一碗。

（13）嫑急，再坐一下儿。

（14）兀咱还能再去？

（15）再等也是这几个人，不等啦，走吧。

（16）再哭我就不要你啦。

另一个表"推延"，即"再 t"。例如：

（17）天凉唠再去你兀搭（→瓦搭）那里。

（18）后晌（→ $xaŋ^{24}$）再去。

（19）歇歇再走。

（20）吃毕唠再说。

（21）等车停稳唠再下。

二 "坷"和"再 z"的形式差异

"坷"与"再 z"意义不同，形式上也存在一系列差异。

（一）格式一"坷"可以进入，"再 z"不能。

【格式一】〈　〉VP！

（22）坷去！   *再去！

（23）坷接着说！   *再接着说！

"坷 VP"单说，意思是"再一次 VP"。上面两例如果说成"再"则明显是受普通话影响，不是地道的方言说法。

（二）以下格式"再"可以进入，"坷"不能。

【格式二】〈　〉……就……

（24）再哭我就不要你啦。   *坷哭我就不要你啦。

（25）再不走就赶不上啦。   *坷不走就赶不上啦。

【格式三】〈　　〉也不 VP 啦。

（26）我再也不带跟你耍啦。　　　　　＊我坷也不带跟你耍啦。

（27）喂个猫，老鼠再也不敢来啦。　　＊喂个猫，老鼠坷也不敢来啦。

【格式四】嫑〈　　〉VP

"再"可以进入，"坷"不能。

（28）嫑再花言巧语啦。　　　　　　　＊嫑坷花言巧语啦。

（29）老天爷，行行好，嫑再下雨啦！　＊老天爷，行行好，嫑坷下雨啦！

【格式五】〈　　〉……都/也……

（30）雨再大我都不怕。　　　　　　　＊雨坷大我都不怕。

（31）你再说我也不信。　　　　　　　＊你坷说我也不信。

【格式六】没/不〈　　〉VP

（32）后来没再去寻伢他。　　　　　　＊后来没坷去寻伢。

（33）黑啦，不再坐啦，走呀。　　　　＊黑啦，不坷坐啦，走呀。

【格式七】〈　　〉没/不 VP

（34）走唠再没来过。　　　　　　　　＊走唠坷没来过。

（35）毕业啦，再不去啦。　　　　　　＊毕业啦，坷不去啦。

【格式八】〈　　〉VP 数量

（36）再等两天。　　　　　　　　　　＊坷等两天。

（37）再臽一碗。　　　　　　　　　　＊坷臽一碗。

【格式九】〈　　〉一个

（38）再一个　　　　　　　　　　　　＊坷一个

【格式十】〈　　〉回

（39）再回下次　　　　　　　　　　　＊坷回

总体看来，"坷"可以进入的格式，"再"多都能进入。这可以得到解释："坷"表重复，"再"表追加，重复的同时也含量的追加，用"坷"还是用"再"是表达角度的不同。比较：

（40）不中唠坷来。

（41）不中唠再来。

前一例用"坷"，着眼于重复；后一例用"再"着眼于量的追加。

而"再"可以进入的格式，"坷"多不能进入。这也可以得到解释：追加不一定包含着重复。例如：

（42）［将才讲唠第一段］再看第二段。

（43）再过几天杏就熟啦。

（44）出唠树林，再翻一座山，就得见羊群啦。

（45）你冒敢尝试再骂一句！

（46）猛一看，觉不着；再一想，不对。

上例里的"再"都表追加，都不包含重复，不能换成"坷"。

（三）湖北石首方言表重复用"又"，表追加用"再"。

石首位于湖北省西南部的湖北湖南两省交界处，方言属于西南官话常鹤片。

笔者在2002—2003年期间记录了两位保姆对小孩说的五个句子（47—51）。两位保姆是石首人，当时年龄在40—50岁之间。阿姨是用普通话对孩子说话的，但流露出了石首方言的语法特点。

（47）不喝了，放冰箱里。玩回来又喝。

（48）［睡起来就在床上玩玩具，床上好多玩具呀］快喝了又去玩好不好？

（49）快吃一口，吃一口阿姨又抱你。

（50）快吃，吃了我们又到床边去走。

（51）喝口汤我们下去玩，玩一会儿又上来吃。

再如：

（52）你又坐一哈哈啦。

（53）我们要学习，学习，又学习。

（54）吃完一个可以又吃。

以上八例里的"又"表"重复"，按普通话都要说成"再"。

而以下三个例子中表达"追加"，石首方言用"再"不用"又"：

（55）我用手碰了碰他，劝他不要再说下去。

（56）天黑了，不再坐了。

（57）他再也没有来。

例（52）—（57）为来自石首的大学生提供。

三 回到普通话的"再"

"再"的"重复"和"追加"用法现有论著里未见区别开来。《现代汉语八百词》（以下简称《八百词》）"再"的第一个义项是"表示一个动作（或一种状态）重复或继续。"把"再"的重复义和继续义合在一项。蒋琪、金立鑫（1997）也将"延续"义包括在重复之中。吴中伟（1997）把"再"的主要义项概括为推延和添加，也没有区分重复和追加。《现代汉语词典》第5版"再"的第一个义项是"表示又一次（有时专指第二次）：再版｜再接再厉｜一而再，再而三｜学习，学习，再学习。"也没有区分重复和继续。

　　实际上，重复和追加是有区别的，应该分开。联系陕县方言来看，表重复说"坷"，表追加说"再"。《八百词》"再"第一个义项下举的例子中的"再"在陕县方言里有的对应于"坷"，有的对应于"再"，有的既不用"坷"也不用"再"，体现了双语双方言之间句法机制的不同特点。下面全部罗列出来：

　　a）再 + 动。

　　　　我们要学习、学习、再学习（再）

　　　　去过了还可以再去（坷、再：去过啦还能坷去｜去过啦还能再去）

　　　　这次失败了，下次再来（坷、再：这回没弄成，再回坷来｜这回没弄成，再回再来）

　　　　别急，再坐一会儿（再）

　　　　我还能再见到你吗？（再）

　　　　你敢再赛一场吗？（再）

　　b）一…再。

　　　　不能一错再错了（一错再错：一鼓错）

　　　　这事情一拖再拖，到现在还没结束（一拖再拖：一鼓拖）

　　　　人员一换再换，就是固定不下来（一换再换：一鼓换）

　　c）用于假设句，后面常用"就、都"等呼应。

　　　　你［要是］再哭，小朋友就都不跟你玩儿了（再）

　　　　你如果再推辞，大家就有意见了（再）

　　d）用于让步的假设句，含有"即使"或"无论怎么"的意思，后面常用"也、还是"呼应。

　　　　你再怎么劝，他还是不听（不管怎么）

　　　　再等也是这几个人，别等了吧（再）

　　　　［即使］你再解释，他也不会同意的（怎么）

四　追加与增量

把"再"的"追加"义独立出来，也有利于看清"再"的各种用法的内在联系，有利于系统地阐释"再"的各种用法。

"再"除了跟动词相关的用法以外，还有以下用法（照录《八百词》）。

（一）用在形容词前表示程度增加。

a）［比……］ + 再 + 形。"形"后常有"一些、一点儿"。

难道没有［比这个］再合适一点儿的吗？

还可以写得［比这］再精练些

b）再 + 形 + ［也］没有了（不过了）。等于"没有比……更……"。

你跟我一块儿去吗？那再好也没有了（不过了）

把军民关系比作鱼水关系，是再恰当不过了（也没有了）

c）形 + 得 + 不能 + 再 + 形 + 了。等于"形 + 到极点了"。形容词多为单音节，前后相同。

已经甜得不能再甜了

气球已经大得不能再大了，再吹就要炸了

他们俩好极了，好得不能再好了！

d）再 + 形。等于"无论多……"。用于让步的假设。

即使天再冷，风再大，我们也不怕

情况再严重，我们也能想法对付

再好的笔也禁不起你这么使呀

（二）另外，又。

a）再 + 一个。

超额完成任务的，一个是印染厂，一个是变压器厂，再一个是齿轮厂

b）再 + 一次。

我国政府就此事再一次发表声明

这件事再一次说明了一个真理

以上两种用法，（一）是程度的增加，（二）是数量的增加。程度增加也好，数量增加也好，都是增量，换句话说，都是量的追加。

第二节　澳门中文副词"更"的使用

前面章节考察的主要是陕县方言语法现象，本节把范围扩大到"澳门中文"语法现象，立足于句法机制的管控，多角度考察澳门中文里副词"更"的使用情况。

所谓"澳门中文"，指的是在澳门使用的带澳味儿的普通话书面语。请看一段摘自《澳门日报》的"澳门中文"的例子：

（1）该会会长唐坚谋表示，回归后<u>本澳</u>不少行业生意已见起色，部分行业更是多年来生意较旺的期间，但仍有其他行业生意<u>未如理想</u>，希望透过<u>是次</u>活动推动商贩及活跃市场经济，让居民在庆回归周年及新年期间，购买价廉物美的东西，增加摊贩的生意，进一步巩固经济发展。（《全澳小贩嘉年华周末举行》，《澳门日报》2000年12月11日）

这段话虽是书面语，但颇具澳味儿，其中的"本澳"、"未如理想"、"是次"都是与标准的普通话有差别的澳味儿说法。

澳门中文是现代汉语普通话书面语的变异形式，与标准普通话书面语相比，在语法上有许多特色。副词"更"就是这样的一个带澳味儿的使用频率高的语法事实。请观察下面一段话中的三个"更"字：

（2）忠信体育会成立廿七年，多年来积极参加全澳各项体育文艺活动，取得优异成绩，对本澳体坛贡献良多。特别在醒狮方面成绩<u>更</u>突出，不但多次应旅游局之邀，代表澳门到北京、日本、葡萄牙、西班牙等国宣传表演，在本澳及国际性醒狮赛事<u>更</u>屡获殊荣，包括获得去年禅、港、澳狮王宝座，二千年全澳公开赛第三名，九九澳门国际精英醒狮赛第三名等。除比赛外，忠信体育会龙狮队<u>更</u>经常参与本澳大型活动的表演，去年亦参与了庆澳门回归祖国的大汇演，获得一致赞赏；今年亦喜获中央电视台之邀，参与拍摄澳门回归一周年特辑。（《龙狮团为百万行壮声威》，《澳门日报》2000年12月8日）

三个"更"字用法各不相同，第一个与普通话用法相同，后两个的用法颇具澳门特色。

本节从语法意义和形式特点、现代汉语方言、汉语史等角度考察分析澳门中文里副词"更"的使用规律。澳门中文的语料全都采自《澳门日报》，主要是新闻报道。例句的出处，只在例句后面括号里注出文章的篇名和报纸的年月日，省去《澳门日报》字样。其他例句，一般也都注明来源。

一 语法意义和形式特点

澳门中文的副词"更"，根据其语法意义和形式特点，可以分成更₁、更₂、更₃和更₄。

（一）更₁：修饰形容词性词语或动词性词语，用于比较，表示程度进一步增高。

a）更 + 形容词性词语

（3）为了让<u>更多</u>的海外观众了解今天的澳门，中央电视台国际频道将在本月二十日推出特别节目《新澳门新纪元》。（《中央电视台拍摄新澳门》，2000 年 12 月 11 日）

（4）以巴九月爆发的冲突，迄今未有平息，已死亡三百多人，受伤近万人。双方仇恨<u>更深</u>。（《巴拉克巧施以退为进计》，2000 年 12 月 12 日）

b）更 + 动词性词语

（5）延续培训课程设计<u>更趋向多样化</u>，以适应不同年龄、不同性别人士，希望工友们在本澳经济结构转型的过程中，亦能掌握新技能，适应市场需求和变化。（《温泉介绍工联职业培训》，2000 年 12 月 31 日）

（6）四地大专同学均表示在参与澳门学界庆回归系列活动中，让他们<u>更了解澳门</u>，拉近与澳门同学的距离，促进四地学生之间友谊、交流学习心得，……（《内地香港大专生访澳收获丰》，2000 年 12 月 12 日）

"更₁"的语法意义是普通话里副词"更"最经常的用法。同普通话比较起来，"更₁"在组合形式上有两个特点。

第一，普通话"更 + 形"结构在充当定语、状语的时候，后面一般要用结构助词"的"、"地"，如"更好的成绩""更快地发展"，而澳门中文"更₁ + 形"常不用，直接与中心语组合。例如：

（7）安栋梁接受传媒访问时指出，能突破九百万的旅客数字感到非常高兴，明年旅游局将继续进行大量的澳门旅游宣传、推广活动，吸引<u>更多</u>主要客源地如香港、内地和台湾的旅客来澳，并设法延长他们的留澳时间和增加在澳消费。（《安栋梁强调续拓展旅游》，2000 年 12 月 31 日）

（8）文学团体需<u>更好</u>协作，有效地运用资源，并主动积极地展开对外交流活动，开拓作家视野。（《澳门文学研讨会妙论文坛》，2000 年 12 月 3 日）

前一例里的"更多主要客源地"，普通话一般说成"更多的主要客源地"。后一例里的"更好协作"，普通话一般说成"更好地协作"。

第二，普通话在"使 + 名词性词语 + 动词性词语／形容词性词语"之类结构中配置副词"更"的时候，有时用在"使"字后面，说成"使……更……"，例如：

（9）几秒钟的动摇好像使她<u>更</u>坚定了，心也跳得比较平稳起来。（人民教育出版社中小学《语文》课本）

（10）嘀嘀嘀响个不停的喇叭声，嘟嘟嘟冒个没完的汽车尾气，使人本来就焦烦的心<u>更</u>添几分焦烦。（人民教育出版社中小学《语文》课本）

有时用在"使"字前面，说成"更使……"。例如：

（11）<u>更使</u>我惊奇的是，所有的池水来自同一条溪流，溪水流到各个水池里，颜色却不同了。（人民教育出版社中小学《语文》课本）

（12）邻家的门环一声响，那<u>更使</u>她心头突地一跳。（人民教育出版社中小学《语文》课本）

与普通话不同的是，普通话里"更"字该用在"使"字后面时候，而澳门中文里却状位前移，用在前面。例如：

（13）粤剧《伶仃洋》自一九九七年初首演一炮而红后一直好评如潮，曾获广东省优秀剧目奖，后经过三次修改<u>更使</u>剧本、灯光和舞美等臻于完美。（《珠海粤剧团来澳献艺》，2000 年 12 月 12 日）

其中的"更使剧本、灯光和舞美等臻于完美"，普通话说"使剧本、灯光和舞美等更臻于完美"。

（二）更₂：修饰动词短语，用于强调，表示在同类事物中特别突出，值得特别提出，意思与普通话"尤其"基本相当。例如：

（14）今年是第二年参加百万行的三育中学钟乐队，去年的演出令人耳目一新。皆因钟乐队使用的欧美流行乐器"Choir Chime"属本澳少见，发出的响声<u>更如上天之音</u>，听了使人舒泰怡然。（《乐队腰

　　　　　鼓队演出精彩可期》，2000 年 12 月 8 日）

（15）矗立在本澳北区中心地带的望厦山，启用至今已近四年，公园依
　　　　山而建，保留了望厦山原有风景和自然景物，大自然与现代建筑
　　　　相结合，喷泉、水池的设计<u>更给人心旷神怡之感</u>，还有其他康体
　　　　运动设施及屹立山巅的望厦炮台，景致迷人。（《望厦山景致迷
　　　　人》，2001 年 5 月 9 日）

前一例，"更"修饰动词短语"如上天之音"。后一例，"更"修饰动词短
语"给人心旷神怡之感"。

　　从语法意义上说，"更₂"的用法在普通话里也有，例如：

（16）既然你错了，就应该第一个伸过手去请他原谅，更不应该向一个
　　　　比你高尚的朋友举起尺子！（人民教育出版社中小学《语文》课
　　　　本）

（17）其中"晋祠三绝"，更深深吸引着游人。（人民教育出版社中小学
　　　　《语文》课本）

而在组合形式上，澳门中文的"更₂"有个突出的特点，就是状位前移。例
如：

（18）战士话剧团是一个实力雄厚、以话剧艺术为主、在军内外有影响
　　　　的艺术团体。该团创作演出的许多剧目多次获得国家级奖项和全
　　　　军奖；<u>更在近几年的全国、全军比赛中获一、二等奖</u>。（《解放军
　　　　三艺术团来澳献艺》，2000 年 12 月 8 日）

（19）有教师透露，幼稚园招生期开始时，有些学校得数十名学生报
　　　　名，<u>更有的只有二至五人，甚至乏人问津者</u>，情况令人忧虑。
　　　　（《出生率低学校收生不足》，2001 年 5 月 24 日）

前一例里的"更在近几年的全国、全军比赛中获一、二等奖"，用普通话
说，应该把"更"移到动词"获"之前。后一例里的"更有的只有二至五
人"，用普通话说，应该把"更"移到"只有"之前，而且一般还要在
"更"之后加一个"是"字凑成双音节，说成"有的更是只有二至五人"。

**（三）更₃：修饰动词性词语，表示项目进一步增加、范围进一步扩大
或累积性递进**。例如：

　　a）表示项目进一步增加

（20）百万行当日，忠信体育会龙狮团将舞动一条六十八节、全长一百
　　　　六十多米、本澳现存最长的金龙，配合九头醒狮及十八支旗队由
　　　　起点工人球场开始，带领善众步往终点妈阁庙。<u>更会在妈阁庙前</u>

地继续进行大型龙狮汇演，让善众能欣赏精彩的传统龙狮花式表演。（《龙狮团为百万行壮声威》，2000 年 12 月 8 日）

(21) 四地大专同学均表示在参与澳门学界庆回归系列活动中，让他们更了解澳门，拉近与澳门同学的距离，促进四地学生之间友谊、交流学习心得，并让他们表达了对回归的喜悦心情，更表示新世纪青年要肩负起建设祖国的重任。（《内地香港大专生访澳收获丰》，2000 年 12 月 12 日）

(22) 他们更反映，有些老人，除了吃与睡，便把精神寄托在到这公园里"埋堆"，象征式玩两手，倘若警方取缔这玩意，他们真的会加速灭亡。（《华裔老人被"扫荡"》，2001 年 5 月 16 日）

b）表示范围进一步扩大

(23) 除比赛外，忠信体育会龙狮队更经常参与本澳大型活动的表演，去年亦参与了庆澳门回归祖国的大汇演，获得一致赞赏；今年亦喜获中央电视台之邀，参与拍摄澳门回归一周年特辑。（《龙狮团为百万行壮声威》，2000 年 12 月 8 日）

(24) 春回大地，位于纽约曼克顿下城唐人街的哥伦布公园，经常聚集一大群华裔老人，他们分别玩象棋、打扑克、聊天、看报。更有数十位老人，分十多桌在玩"天九"。（《华裔老人被"扫荡"》，2001 年 5 月 16 日）

(25) 内容除一般办公室之防火安全外，更围绕马会特有的环境而设计，包括马房、马房粮仓、马医院及化验室等防火知识；……（《马会邀消防局办防火讲座》，2001 年 5 月 29 日）

c）表示累积性递进

(26) 由于中心服务比较广泛，如果由一个固定的通讯员做联系工作，沟通多了自然熟络，更可能成为朋友，这样便可因应他们不同的需要推介服务，这是其他通讯方式所不能达到的效果，……（《设立通讯站好方便》，2001 年 5 月 17 日）

(27) 一旦被裁定罪名成立，被告可被处最高三年徒刑或处罚金。如果导致被害人巨额财产损失，更可处两年至十年徒刑。（《厨工违规涉资讯诈骗》，2000 年 12 月 8 日）

(28) 澳门文化中心首次就两份合约公开竞投，过程似乎并不顺利，两日来出现多宗投诉，有竞投公司更指出评审委员会违法。（《文化中心维修合约竞投多宗投诉》，2001 年 5 月 9 日）

"更₃"是澳门中文的特色用法，也是常见用法，普通话相当的说法是"还（hái）"。不过"更"表示"累积性递进"的用法在普通话里有时也能见到。例如：

（29）仍然是青黄不接春三月，1980 年不见亏粮了，1981 年饭桌上是大米白面了，1982 年更有酒肉了。（人民教育出版社中小学《语文》课本）

（四）更₄：修饰动词性词语，表示动作相继发生。 例如：

（30）初期沿隧道贴出多张指示通知，向居民病者讲解临时成人急诊位置，之后<u>更竖立两个大型指示牌</u>，提醒前往临时急诊室的方向，指示牌上中、葡、英三种文字并列，还有显眼的箭头标号。（《山顶急诊暂扩建　便民标示一眼见》，2001 年 5 月 16 日）

（31）马英民指出，博物馆去年曾在香港举行了一个同类型的中华百年历程展览，反应热烈。之后<u>更被邀到山东、重庆等地展出</u>，获得一致好评。（《中华百年历程图展今揭幕》，2000 年 12 月 12 日）

（32）事件起因是上月中，女事主在上述单位耍乐时与一名少女口角，期间曾殴打对方。事后对方找来"契哥"报复，将其殴打后<u>更勒索一千元"和解费"</u>。（《少女遭性虐案主谋落网》，2001 年 5 月 24 日）

"更₄"也是澳门中文的特色用法和常见用法，普通话相当的说法是"又"。

二　从现代汉语方言看澳门中文的副词"更"

澳门中文的副词"更"是包括普通话和方言在内的"整体汉语"的组成部分，考察在现代汉语方言里的反映，有助于认识它的语法规律和它在整体汉语中的地位。

（一）广州方言

广州方言与澳门中文里的副词"更"相对应的说法是"重［tsoŋ²²］"。广州方言的副词"重"表示：

　　a）仍，还：

　　　　重未去呀？

　　　　重有佢啊？

　　b）更加：

揸车重快喇_{开车更快}。

你唔去重好。（白宛如《广州方言词典》，江苏教育出版社 1998 年，414—415 页）

（二）厦门方言

厦门方言与澳门中文里的副词"更"相对应的说法是"佫［koʔ¹¹］"和"佫较［koʔ¹¹⁻⁵³ kʻaʔ¹¹⁻⁵⁵］"。厦门方言的副词"佫"表示：

a）又；再：

昨日则来，今仔日佫来。

你讲甚物我听拢无_{我全听不清}，请你佫讲一遍。

b）还（hái）：

遐真否行，你佫要对遐去_{那儿路不好走，你还要从那儿走}。

"佫较"相当于北京话的"更加"：

天佫较寒。

一个比一个佫较否。（周长楫《厦门方言词典》，江苏教育出版社 1993 年，364—365 页）

（三）上海方言

《上海方言词典》里收有副词"更加"词条：

借来的书，更加要爱护。（许宝华、陶寰《上海方言词典》，江苏教育出版社 1997 年，270 页）

《上海方言词典》里没有副词"更"的词条。陆俭明先生的《"还"和"更"》一篇论文末尾有一个附注："在上海话中很少用'更'和'还'，多用'还要'。"见《现代汉语虚词散论》59 页。

（四）武汉方言

《武汉方言词典》里收有词条"更发"、"更计"：相当于普通话的"更加"，例如：

雨更发下大了。

他们吵得更发很了。

你越叫他不做，他更发要做。（朱建颂《武汉方言词典》，江苏教育出版社 1995 年，297 页）

《武汉方言词典》里也没有副词"更"的词条。据朱建颂先生说，土武汉话不说"更"，说"更"就显得文气；武汉话说"更发"、"更计"，说"再"，说"又"。

（五）陕县方言

陕县方言里不说"更"和"更加"，说"越（越巴［yo⁵¹·pa]）"、"还₁
［xa³¹²]（还要）"、"还₂［xa³¹²]"、"再"、"又［iəu⁵⁵]"。

1. 越（越巴）。同一事物不同时间的比较，表示程度增高。句末带
"啦"。例如：

　　往后，天就越冷啦。往后，天就更冷了。

　　他来了，事情就越巴不成问题啦。他来了，事情就更加不成问题了。

2. 还₁（还要）。多用于不同事物之间的比较，也用于同一事物不同时
间的比较，表示程度增高。句末不带"啦"，可带"些"。例如：

　　玉谷比麦还要贵些。

　　今过比夜过还暖和哩。今天比昨天更暖和。

3. 还₂。表示项目增加、范围扩大或累积性递进。例如：

　　你还想添置点儿什么？

　　还有几个人没来哩。

　　要是犯了法，还要判刑哩。

4. 再。相当于普通话的"再"。例如：

　　好好努力，争取再上一层楼。

　　你先走，我再等一下儿。

5. 又。相当于普通话的"又"。例如：

　　睡觉前，他又给牛添了一回草。

　　等了下儿，又来了两个人。

通过考察现代汉语方言，我们至少对澳门中文里的副词"更"获得了
两点认识。第一，澳门中文副词"更"的用法反映了现代汉语方言的规律，
其用法在一些方言里，如广州方言、厦门方言里也存在着。第二，在整体汉
语内部，不同方言之间存在差异，规律并不整齐划一；靠南方的方言里较多
地保留了汉语史上副词"更"的用法。澳门中文副词"更"的一些用法反
映在南方的一些方言里，而不存在于北方的大多数方言里。

三　从汉语史看澳门中文的副词"更"

方言反映历史。考察汉语史上的情况，有助于解释澳门中文副词"更"
的语法规律，看清它在汉语史上的地位。

（一）汉语史上的副词"更"

副词"更"表示"更加"的用法是后产生的，早期的用法是表示"再次"、"又"、"还"。据吴福祥《敦煌变文语法研究》，敦煌变文中的副词"更"主要用来表示"重又"；表示程度增高、突出的"更"的用法处于次要地位。副词"更"在后汉以前已开始表示"重又"，魏晋前后开始表示递进。唐代还主要用来表示"重又"和递进，很少见到表示程度增高。宋代表示程度的用例稍有增多，但仍未成为"更"的主要用法。推测副词"更"可能是在宋元以后才开始主要用来表示程度增高的。

（二）《水浒传》里的副词"更"

《水浒传》里的副词"更"分别相当于普通话"再"、"还（hái）"、"又"、"尤其"、"更加"。

1．再

（33）宋江携住刘唐的手，分付道："贤弟保重，再不可来。此间做公的多，不是要处。我更不远送了，只此相别。"（施耐庵、罗贯中《水浒传》第二十回，人民文学出版社 1997 年 1 月北京第 2 版，258 页；以下只注回数和页码）

（34）若是我这兄弟不困乏时，不说你这四个男女，更有四十个也近他不得。（第三十一回，404 页）

（35）若是过往客人到此，只吃三碗，更不再问。（第二十三回，291 页）

（36）高俅道："若是义士肯放高某回京，便将全家于天子前保奏义士，定来招安，国家重用。若更翻变，天所不盖，地所不载，死于枪箭之下！"（第八十回，1041 页）

2．还

（37）何涛道："不瞒押司说，是贵县东溪村晁保正为首。更有六名从贼，不识姓名，烦乞用心。"（第十八回，227 页）

（38）已丧之后，楚人感其忠义，今葬于楚州蓼洼高原之上。更有吴用、花荣、李逵三人，一处埋葬。（第一百回，1308 页）

（39）哥哥，三十六计，走为上计。若不快走时，更待甚么？（第十八回，228—229 页）

3．又

（40）因见了诏书抄白，更打听得高太尉心内迟疑不决，遂来帅府呈现利便事件，……（第七十九回，1025 页）

（41）况此贼辈，累辱朝廷，罪恶滔天，今更赦宥罪犯，引入京城，必成后患。（第七十五回，974 页）

4．尤其

（42）这浮浪子弟门风，帮闲之事，无一般不晓，无一般不会，更无一般不爱。（第二回，19 页）

（43）见成名无数，图形无数，更有那逃名无数。（引首，1 页）

5．更加

（44）杨志道："好汉既然认得洒家，便还了俺行李，更强似吃酒。"（第十二回，155 页）

（45）想那笔架必是更妙。（第二回，19 页）

（46）破庵深院草萧萧，老衲幽栖更寂寥。（第九十八回，1263 页）

（三）《红楼梦》里的副词"更"

《红楼梦》里的副词"更"的用法分别相当于普通话的"更加"、"尤其"、"还（hái）"、"又"、"再"。

1．更加

（47）宝玉道："此处蕉棠两植，其意暗蓄'红''绿'二字在内。若只说蕉，则棠无着落。固有蕉无棠不可，有棠无蕉更不可。"（曹雪芹、高颚《红楼梦》第十七、十八回，人民文学出版社 2000 年 5 月北京第 1 版，178 页；以下只注回数和页码）

（48）我心里想着潇湘馆好，我爱那几竿竹子隐着一道曲栏，比别的更觉幽静。（第二十三回，238 页）

（49）急的袭人忙握他的嘴，说："好好的，正为劝你这些，更说的狠了。"（第十九回，201 页）

（50）晴雯方才又闪了风，着了气，反觉更不好了。（第五十二回，572 页）

2．尤其

（51）更可笑的是八股文章，拿他诓功名混饭吃也罢了，还要说代圣贤立言。（第八十二回，935 页）

（52）好些的不过拿些经书凑搭凑搭还罢了；更有一种可笑的，肚子里原没有什么，东拉西扯，弄的牛鬼蛇神，还自以为博奥。（第八十二回，935 页）

3．还

（53）东面飞楼曰"缀锦阁"，西面斜楼曰"含芳阁"。更有"蓼风轩"，"藕香榭"，"紫菱洲"，"荇叶渚"等名。又有四字的匾额十数个：诸如"梨花春雨"，"桐剪秋风"，"荻芦夜雪"等名，此时悉难全记。（第十七、十八回，187页）

（54）这还是小事，更有一件大事。（第二回，18页）

（55）更有个呆意思存在心里，你道是何呆意：……（第二十回，210页）

4. 又

（56）这里赵姨娘正说着，只听贾环在外间屋子里更说出些惊心动魄的话来。（第八十四回，968页）

（57）那宝钗却是极明理，思前想后，宝玉原是一种奇异的人，凤世前因自有一定，原无可怨天尤人。更将大道理的话告诉他母亲。（第一百二十回，1328页）

（58）或者尘梦劳人，聊倩鸟呼归去，山灵好客，更从石化飞来。（第一百二十回，1334页）

5. 再

（59）雨村听着却不明白了，知仙机也不便更问，因又说道："宝玉之事既得闻命。但是敝族闺秀如此之多，何元妃以下算来结局俱属平常呢？"（第一百二十回，1332—1333页）

（60）想毕，便又抄了，仍袖至那繁华昌盛的地方遍寻了一番，不是建功立业之人，即系糊口谋衣之辈，那有闲情更去和石头饶舌。（第一百二十回，1334页）

（61）后人见了这本奇传，亦曾题过四句为作者缘起之言更转一竿头云："说到辛酸处，荒唐亦可悲。由来同一梦，休笑世人痴。"（第一百二十回，1335页）

　　《水浒传》和《红楼梦》比较全面地保留了汉语史上副词"更"的用法。《水浒传》是元末明初以南方官话为基础写成，《红楼梦》是清代前半期用北京口语写成。自然，《水浒传》就比《红楼梦》反映了副词"更"汉语史上更早时期的使用情况。

　　通过汉语史上情况的考察，我们清楚地认识到澳门中文副词"更"的用法反映了汉语史的规律，同时也看到了它在汉语史上的地位。

本章小结

第一，陕县方言副词"坲"和"再"的使用情况，启发我们对普通话句法结构里的"再"做新的审视。实际上，普通话的"再"有三个意思：一是表"重复"，二是表"追加"，三是表"推延"。表"重复"和"追加"两种用法以往未见区别开来。实际上，重复和追加还是有区别的。把"追加"义独立出来，也有助于看清"再"的各种用法的内在联系。至于陕县方言"坲"和"再"的来源及其分工的动因，这是很有意义的问题，还有待进一步研究。

第二，澳门是中文、葡文、英文通行的三语区，在中文内部，现代汉语分普通话、粤语、闽语、客家话、吴语等。澳门中文里副词"更"的用法与普通话相比，在语法意义上、组合形式上都有显著的特点。这些特色用法反映了现代汉语方言的规律，也较全面地反映了汉语史的规律。

第三，澳门中文内部的语言规律不一致，反映了澳门社会的多元文化。比方说指示词，就有"今次"、"是次"、"此次"、"本次"、"这次"等多种说法。例如：

（1）虽然今次没有文物，但图片丰富真实。（《中华百年历程图展今揭幕》，《澳门日报》2000 年 12 月 12 日）

（2）是次展览有几大特色。（同上例）

（3）此次活动共有二十五人参与。（《理工教职员工学生捐血》，《澳门日报》2001 年 5 月 24 日）

（4）本次澳门送展作品虽然只有十三件，但小而精，品格高，惹人爱，足以显示"人类环境与自然"的风采。（《澳门盆景扬名湛江》，《澳门日报》2000 年 12 月 10 日）

（5）巴拉克这次辞职，是以退为进，期望在六十日之后能重新当选总理，以更强有力的地位推行他既定的有关巴勒斯坦问题的政策。（《巴拉克巧施以退为进计》，《澳门日报》2000 年 12 月 12 日）

（6）这是巴拉克是次决定只重新选举总理而不同时提前解散议会的又一考量。（同上例）

尤其是例（1）、（2），在同一篇文章中，一处说"今次"，另一处说"是次"；例（5）、（6），在同一篇文章中，一处说"巴拉克这次"，另一处说"巴拉克是次",突出地体现了语言使用上的多元性。这种多元语言形式并存于一种语言系统里,有的可能会发展出积极的语用价值,而更多的则影响了语言系统的协调性。这应该说是澳门语言规划工作的对象。

第四,澳门中文与普通话之间还存在不少的差异,盛炎(1999)列举了一些语法特点。下面再列举一些:

1. 有没有 V / 有 V

(7) 主持人曾志伟,还有艺员成奎安、刘玉翠、邝文珣、江欣燕等,他们都戴着类似防毒面具般的面套,身披雨衣,脚登雨靴,站在另一艺员面前,猜他嘴里有没有含满口牛奶,有时估"冇",却被喷得一头奶水,于是观众们乐了,笑声格格,不绝于耳;有时估"有",却被人张开大口表示"冇料"。观众们也乐了,笑声四起。(《宇宙无敌奖门人》,《澳门日报》2000 年 12 月 10 日)

(8) 如果有留意,但凡一些公开活动的场合,会见到一群穿得威风凛凛的小童军在场协助维持秩序。(《纪律小精英够威风》,《澳门日报》2000 年 12 月 10 日)

2. 快将

(9) 这是日本驻香港总领事馆今年五月向澳门政府提出了一份振兴澳门旅游业建议书的其中一项内容,总领事梅津至相信这些方便日本游客的措施有可能快将实行。(《日人旅澳或可持卡过关》,《澳门日报》2000 年 12 月 10 日)

(10) 记者:澳门快将回归一周年,您对"一国两制"的推行有什么评价?(《特首访日 日澳经济关系新开端》,《澳门日报》2000 年 12 月 10 日)

3. 未 V

(11) 决策似乎还未有实行科学化和民主化。(《人性关怀》,《澳门日报》2000 年 12 月 10 日)

(12) 以巴九月爆发的冲突,迄今未有平息,已死亡三百多人,受伤近万人。(《巴拉克巧施以退为进计》,《澳门日报》2000 年 12 月 12 日)

(13) 有人认为立法会的辩论未算激烈,缺乏交锋、冲击,他则认为相对温和的辩论气氛与本澳社会文化有关,这并不妨碍议员推动政府政策的落实与完善。(《两议员赞施政辩论大改进》,《澳门日报》2000 年 12 月 8 日)

（14）临时海岛市政执委会主席马家杰昨在记者会上表示，近几年海岛
　　　临市局设立年宵花市，地点多次转换后，反应都未如理想，主要
　　　原因是规模较细，吸引力弱，很少居民前往购物。（《离岛年宵花
　　　市将成嘉年华》，《澳门日报》2000 年 12 月 8 日）

澳门中文与普通话的这些差异，是澳门普通话教学的重点，因此有必要
作全面细致的调查和深入的对比研究。

第七章 普通话动词"以为"与
句法机制的管控

现代汉语动词"以为",一般认为相当于"认为",如孟琮、郑怀德、孟庆海、蔡文兰编《动词用法词典》对"以为"的解释是"认为",中国社会科学院语言研究所编《现代汉语词典》(修订本)对"以为"的解释也是"认为"。实际上,"以为"有两个。比较下面两例:

(1) 这种生活语言和电视语言,我以为,成功和失败在于分寸感上。(倪萍《我常常觉得自己不会说话》,《语言文字应用》1997年第4期,21页)

(2) 我以为你就会拿手术刀呢。(苏叔阳《故土》,人民文学出版社1984年,160页)

前一例里,"以为"小句直接表示确定的判断"成功和失败在于分寸感上。"这个"以为"是"以为₁"。后一例里,"以为"小句字面上表达的是"你就会拿手术刀。"同时预设另一个相反的判断"你不只会拿手术刀。"这个"以为"是"以为₂"。

本章从语义、形式、语值、方言四个角度考察现代汉语动词"以为"。

"以为"有时是介词"以" +动词"为",如:

(3) 政府宜即开放党禁,扶持舆论,以为诚意推行宪政之表示。(《毛泽东选集》第二卷,723页)

(4) 今发表他为北京大学出版社即将出版的《二十世纪的中国语言学》撰写的专稿《二十世纪的中国普通语言学》,以为纪念。(《语文研究》编者按,1998年第2期,3页)

这样的"以为"实际上是"以之为"的简省形式,不在本章讨论的范围之内。

第一节　"以为₁"和"以为₂"

　　吕叔湘主编《现代汉语八百词》对"以为"的解释是"对人或事物作出某种论断；认为。"在这个总解释下面举的例子有两个："我～水的温度很合适│他们～，只要能进入半决赛，冠军还是有可能争取到的"，这两例中的"以为"都相当于"认为"。虽然在分条解说的 c）条里又指出"用'以为'作出的论断往往不符合事实，用另一小句指明真相"，这实际上又属于"以为₂"的情况，注意到这一点是一个进步，但这毕竟是总解释下的分条说明。因此，《八百词》对"以为"的解说也还显得笼统。对于"以为"的语言事实还有必要作进一步的考察。

　　从语义看，"以为₁"表示确定的判断，相当于"认为"；"以为₂"在字面上表示一个判断的同时，总预设另一个相反的判断。

一　"以为₁"的语义

　　"以为₁"语义关系很单纯，直接陈述说话的意思，表示确定的判断。例如：

（1）陈毅　　我以为₁，齐先生虽是海内外闻名的化学专家，可是对有
　　　　一门化学齐先生也许一窍不通。（沙叶新《陈毅市长》）

（2）以为₁形式不需要讲究，形式好不好无关重要，是不对的。（施东
　　　　向《义理、考据和辞章》，中学课本《语文》）

二　"以为₂"的语义

　　"以为₂"语义关系多样。

（一）"以为₂"有时表示判断 P，预设的判断是"事实上非 P"。例如：

（3）警察说，你以为₂我找不到你？（潘军《对门·对面》，《小说月报》
　　　　1998 年第 6 期，37 页）

（4）等你发现，你会大吃一惊，以为₂他们像仙人那样，是腾云驾雾赶
　　　　上来的。（冯骥才《挑山工》，六年制小学课本《语文》第九册，
　　　　20 页）

前一例预设的判断是"实际上我能找到你";后一例预设的判断是"实际上他们不是像仙人那样,腾云驾雾赶上来的"。

下面的对话很能说明问题:

(5)"你以为₂乃文他不爱你?"

"不是以为₂,是真的。"(于情《红苹果之恋》)

预设判断经常以伴随小句形式在上下文显示出来。例如:

(6)我以为₂你马上就要哭了,[但你并没哭],也不对我说什么。(郑义《远村》,人民文学出版社 1986 年,8 页)

(7)仆人们以为₂是在北平读书的大小姐回家了,[迎上去一看不是,是一个满脸尘土疲惫不堪的女学生]。(苏童《妻妾成群》,《小说月报》1990 年第 2 期,13 页)

这两例,显示预设判断的伴随小句出现在"以为"小句之后。有时,出现在之前。如:

(8)[静雅看见安适之就产生幻觉],以为见到了一个"克格勃"。(苏叔阳《故土》,3 页)

预设判断有时由语境显示。例如:

(9)"你一跑就不回来,也不来个信,我还以为₂你不回来了哩!"罗五梅流泪答道。(晓苏《五里铺》,珠海出版社 1996 年,329 页)

(10)要不是预先听你讲了,我会以为₂他是个劳改犯。(莫应丰《心囚》,《百花洲》1982 年第 6 期,69 页)

前一例,"我以为₂你不回来了哩!"预设的判断是"实际上你已经回来了。"这个预设的判断由"你一跑就不回来,也不来个信"构成的语境显示出来。后一例,"我会以为₂他是个劳改犯"预设的判断是"实际上他不是个劳改犯"。这个预设的判断由"要不是预先听你讲了"构成的语境显示出来。

由于"以为₂"小句预设相反的判断,所以有时,"以为₂"小句可以直接代替显示预设判断的小句。如:

(11)他以为₂李京京是已婚女人,——其实严格地说,李京京与已婚也差不多……(祁智《变奏》,《小说选刊》1998 年第 10 期,49 页)

(12)一开始李京京以为₂他是装的,但即使是装的他也认为不错。(同上,46 页)

前一例,"他以为₂李京京是已婚女人"预设的判断是"李京京不是已婚女人",后一例,"一开始李京京以为₂他是装的"预设的判断是"他不是装的"，这两个预设判断都直接通过"以为₂"小句表示出来。

当"以为₂"句是主语为"你""你们"的问句形式时，"以为₂"句是反问句，预设的判断蕴含于问句自身。例如：

（13）你以为那些小组发言讲的都是真话吗？（叶辛《在醒来的土地上》，《长篇小说》1983 年第 2 期，33 页）

例（13）预设的判断是"那些小组发言讲的不都是真话"，这个预设的判断蕴含于问句自身。

当"以为₂"句为祈使句时，预设的判断也蕴含于问句自身。如：

（14）不要以为₂胜利了，就不要做工作了。（毛泽东《丢掉幻想，准备斗争》，《毛泽东选集》第四卷，人民出版社 1991 年，1488 页）

例（14）预设的判断是"虽然胜利了，但还要做工作"。这个预设的判断蕴含于祈使句自身。

（二）"以为₂"有时表示彼时的判断 P，预设的判断是"此时非 P"。例如：

（15）过去，我以为₂只有艺术家才具有对美的敏感和追求，[其实完全不是这样]。（李存葆《山中，那十九座坟茔》，《1983—1984 年全国优秀中篇小说评选获奖作品集》上，87 页）

（16）伯父鲁迅先生在世的时候，我年纪还小，根本不知道鲁迅是谁，以为₂伯父就是伯父，跟任何人的伯父一样。伯父去世了，他的遗体躺在万国宾仪馆的礼堂里，许多人都来追悼他，向他致敬，有的甚至失声痛哭。……那时候我有点惊异了，为什么伯父得到这么多人的爱戴？（周晔《我的伯父鲁迅先生》，六年制小学教科书《语文》第九册，91 页）

前一例预设的判断是"现在看来完全不是这样"，这一预设判断以伴随小句的形式显示出来。后一例预设的判断是"现在知道伯父非同普通人"，这一预设判断通过上下文语境显示出来。

（三）"以为₂"有时表示他人的判断 P，预设"说话人的判断非 P"。例如：

（17）[这举动颇有些洋化，与老中医的身份不合]，但俩老爷子以为₂不如此便不能表达他们的心情，静雅只好从命。（《故土》，1 页）

（18）"怎么穿得这样少？"或"怎么穿得这样多？"——这些并非实指性的提问，只是一种表示关切的问候语，可是往往会引起西方人的误解，以为₂是干涉个人自由，表示反感。这就需要说明。（陈

光磊《语言教学中的文化导入》,《语言教学与研究》1992 年第 3

期,26 页)

前一例的预设判断是"我认为不是这样"。这一预设判断用伴随小句"这举
动颇有些洋化,与老中医的身份不合"的形式表示出来。后一例的预设判
断是"中国人不这样认为",这一预设判断通过上下文语境显示出来。

"以为$_2$"小句与预设判断的语义关系有以上三种情况。《八百词》在
"以为"条下指出:"用'以为'作出的论断往往不符合事实,用另一小句
指明真相",这是指出了上面的第一种情况。在这三种情况里,第一种情况
的出现率最高,但后两种情况也不少,也是很常见的。

第二节　形式差异

"以为$_1$"与"以为$_2$"在语义方面存在差异,在形式方面也相应地存在
一系列对立特征。

一　"以为"与人称

"以为$_1$"与"以为$_2$"都表示作出某种判断,因而都常和人称代词搭
配,用在人称代词的后边,但"以为$_1$"比"以为$_2$"的选择面要窄。"以
为$_1$"通常只跟单数第一人称代词"我"搭配,很少跟第二、第三人称代词
搭配。如:

(1) 我以为$_1$,最高的现实主义必然包含强烈的感情,充溢着鲜明的爱
　　 憎。(冯牧《面对生活的召唤》,苏叔阳《故土》)

(2) 这种意见,我以为是不对的。(《毛泽东选集》第一卷,272 页)

"以为$_2$"对三身人称代词的搭配选择呈均匀状态,不表现出倾向性。
例如:

(3) 我以为$_2$能说服他。没想到,问题不在于理解不理解,而是他根本
　　 不了解我……(陆星儿《夏天太冷》,《中篇小说选刊》1991 年第
　　 1 期,161 页)

(4) 你以为$_2$你是什么?你是狗!是我把你养肥的,你今天还是狗!
　　 (殷慧芬《上海爱情故事》,《小说月报》1998 年第 6 期,62 页)

(5) 他原来曾以为$_2$是安适之派来的说客,一定领受了什么好处。可细

一打听，也不，……（苏叔阳《故土》，2—3 页）

二 "以为"与谦辞

为了表示谦虚，可以用"我们"、"笔者"来代"我"，可以称自己的见解为"愚见"、"浅见"等。"以为₁"经常与这些谦辞搭配，"以为₂"则不与这种词语搭配。例如：

（6）"以典范的现代白话文著作为语法规范"这句话，主要问题是什么样的著作才算"典范的现代白话文著作"。我们以为₁，对这个问题要辨证去看，要看总的倾向，不要苛求。（陈章太《关于普通话与方言的几个问题》，《语文建设》1990 年第 4 期，28 页）

（7）浅见以为₁，虚词研究，从表达的传神和增强语言美的角度看，并不始末节。（殷焕先《殷序》，《现代汉语常用虚词词典》，浙江教育出版社 1987 年）

（8）笔者以为₁，从科学研究上说，为了更好地阐述规律，把词的类别分得细一点，甚至很细，没有什么不可以；但从教学上看，类别太少，过于笼统，类别太多，不易记忆，似乎还是十一、二个为宜。（邢福义《词类问题的思考》，《语言研究》1989 年第 1 期，11 页）

三 "以为"与主语

"以为₁"要求用在主谓小句里，而且主语一般不能省略；"以为₂"可以用在非主谓小句里，主语可以省略。例如：

（9）不要以为₂画蛋容易。（《画蛋》，中学课本《语文》）

（10）以为₂上了书的就是对的，文化落后的中国农民至今还存着这种心理。（毛泽东《反对本本主义》，《毛泽东选集》第一卷，111 页）

（11）这给人一种错觉，以为₂"年、月、日"的用法是相同的。（《陆俭明自选集》，河南教育出版社 1993 年，111 页）

（12）你轻快地从他们身边走过，以为₂把他们远远地甩在后边了。（冯骥才《挑山工》）

前三例，"以为"小句都是非主谓小句；最后一例，"以为"小句的主语"你"承前省略。

四　"以为"与宾语

"以为₁"和"以为₂"都常带长宾语，但"以为₁"与长宾语之间常停顿，书面上用逗号隔开；"以为₂"一般不停顿。用"以为₁"的句子，长宾语还可以借助于停顿而前置，"以为₂"没有这样的用法。例如：

(13) 我以为₁，相持阶段是有条件地到来了。(《毛泽东选集》第二卷，人民出版社 1991 年，587 页)

(14) "雷峰夕照"的真景我也见过，并不见佳，我以为₁。(鲁迅《雷峰夕照》)

"以为₁"一定带宾语，"以为₂"还可以不带宾语，而只附上语气助词"呢"构成疑问句。如：

(15) 你以为₂呢？(电视连续剧《难忘岁月——红旗渠》，中央电视台一套节目，1998 年 10 月 13 日)

这种疑问句是特指问，在特定语境里预设一个是非问或选择问，预设的问句往往紧随其后出现。如：

(16) 你以为₂呢？你以为₂……？(省略部分是当时没记下来)你以为₂俺们相中人家的国家饭碗了是不是？(出处同上例)

这种预设的问句是反问句，寓答于问，表示相反的判断。

"以为₂"还可以不说出宾语，用于申辩理由。这种申辩只能表示范围，如果要求具体说出申辩的理由，还可以进一步追问"以为₂什么"。如：

(17) C 慢慢直起身，突然厉声道：谁让你往这开的？

我以为₂……

你以为₂什么？(潘军《对门·对面》，《小说月报》1998 年第 6 期，36 页)

五　"以为"与修饰语

"以为₁"前可以带修饰语，如：

(18) 我倒以为₁两者在汉语历史上是密切相关的，好像一个树干分出的两条大枝一样，基础是共同的，其发展的方向稍有不同而已。(《中国语文》1992 年第 4 期，244 页)

(19) 我们并不坚持以为₁词汇扩散是语素发音变化的唯一途径，但是有充分理由可以说明词汇扩散是语音演变得以实现的基本途径之一。（石锋《语音学探微》，北京大学出版社 1990 年，232 页）

（20）我则以为₁我们应该从这个故事中汲取一些学习方面的经验教训。（《从三到九万》，中学课本《语文》）

（21）目的是在绍介东欧和北欧的文学，输入外国的版画，因为我们都以为₁应该来扶持一点刚健质朴的文艺。（鲁迅《为了忘却的记念》）

但"以为₁"并不经常带修饰语，而且所能带的修饰语是很有限的几个。"以为₂"则经常带修饰语，"以为₂"所能带的修饰语的范围是比较广的，可以分为下几类：

a 类　　原　原来　原先　原本　本　本来　曾　一直　还　也
b 类　　总　常　一般　都
c 类　　误　自
d 类　　不能　不要　别　一定　也许　真　会
e 类　　却

例如：

（22）他原以为₂秘书大都是老会计的形象，现在看来那是一种误解或偏见。（祁智《变奏》，《小说选刊》1998 年第 10 期，46 页）

（23）过去他总以为₂郭仁秀在区知青办管点事儿，极力想把知心朋友捧上去，看来，不是那么回事儿。（叶辛《在醒来的土地上》，《长篇小说》1983 年第 2 期，32 页）

（24）《现代汉语词典》误以为₂"出品"有动词的用法，也是因为只从对词义的朦胧感觉出发，没有仔细考虑它的功能和分布。（朱德熙《词义和词类》，《语法研究和探索》（五），8 页）

（25）要不是水壶里装的是清水，她真会以为₂严欣是不是喝醉了酒。（叶辛《在醒来的土地上》，《长篇小说》1983 年第 2 期，27 页）

（26）在兄弟部队医院里我活了下来，可是我所在部队的同志们却以为₂我牺牲了……（公木《到五月花烈士公墓去》，中学课本《语文》）

六　"以为"与感叹格式

"以为₂"可以用在带感叹色彩的句法格式里，"以为₁"不能。例如：

（27）你还真要这样呀，我还以为你是说着玩呢。（王朔《浮出海面》）

上例中"以为$_2$"用在"还……呢"框架里，框架带感叹色彩。"以为$_1$"不能用在这样的框架里。

应该指出的是，"以为$_1$"与"以为$_2$"之间也存在中间状态。第一，有的句子里的"以为"在辨别是"以为$_1$"还是"以为$_2$"上具有模糊性。如：

（28）有些外国学生叫中国老师时会直呼名字，他们以为是亲密，可中国人听起来就觉得有点蹩扭。（陈光磊《语言教学中的文化导入》，《语言教学与研究》1992 年第 3 期，26 页）

其中的"以为"像是"以为$_1$"，也像是"以为$_2$"。

第二，有时在特定状语的辅助下或一定语境的支持下，"以为$_2$"也可以换成"认为"。例如：

（29）大人告诉我，蜜蜂轻易不蛰人，准是误以为你要伤害它，才蛰；……（杨朔《荔枝蜜》）

（30）你们也许以为这些事很平常，可是，她只是一个 14 岁的女孩子呀，有这样的道德，是多么不容易呀！（《一位俭朴的同学》，中学课本《语文》）

例（29）由于有状语"误"的支持，其中的"以为$_2$"也可以换成"认为"，换后意思不变。下面一例可以旁证：

（31）人们都知道我曾经"三下三上"，坦率地说，"下"并不是由于做了错事，而是由于办了好事却被误认为错事。（邓小平《总结历史是为了开辟未来》，《邓小平文选》第三卷，271 页）

例（30）由于有句子语境的支持，其中的"以为$_2$"也可以换成"认为"，请看：

（30'）你们也许认为这些事很平常，可是，她只是一个 14 岁的女孩子呀，有这样的道德，是多么不容易呀！

换后句子的意思不变。

第三节　语用价值

在语言符号系统中，"以为$_1$"与"认为"、"觉得"是同义词，"以为$_2$"与"当"是同义词。然而，"以为"有着不可取代的语用价值。

一　"以为₁"可以突出郑重、严谨的口气

"以为₁"同"认为"、"觉得"是同义词，但语体色彩不同。"认为"是语体中性词，"觉得"是口语词，而"以为₁"是书面语词。因此，"以为₁"具有不可替代的语用价值，即能够突出郑重、严谨的口气。看下边一例：

(1) 愚见以为："那厮含脸"是指宋江走后阎婆惜骂他的话，……（李景泉《释"含脸"》，《中国语文》1991 年第 3 期，174 页）

"愚见"是典型的书面语词，这是个典型的书面语句子，句中用"以为"，语体上很协调，显得郑重、严谨；如果换成"认为"，说成"愚见认为"，则失去郑重、严谨的口气；如果换成"觉得"，语体上则不伦不类，显得别扭。再比较：

(2) 我觉得达伟很可爱，他很清高。（殷慧芬《上海爱情故事》，《小说月报》1998 年第 6 期，55 页）

(3) 我认为，小说是为我们提供了这个光明的远景的。（冯牧《面对生活的召唤》，苏叔阳《故土》，6 页）

(4) 我以为，这是近几年来长篇小说中的一部佳作。（同上例，3 页）

前一例是"我觉得……"，中间一例是"我认为……"，后一例是"我以为……"，说话的口气是从随便到一般，再到严谨。

二　"以为₁"可以表达委婉、谦和的语气

相比之下，用"认为"，语气肯定、直率；用"以为"，语气较弱，显得委婉、谦和。看下面一例：

(5) 而现在作品中对于安适之和章秋丽这两个人物描写的某些段落，我以为还不是无懈可击的。我认为，至少，有一些关于他们的细节描写，已经成了作品中的一种不和谐音。（冯牧《面对生活的召唤》，苏叔阳《故土》，7 页）

例中，前一句用"我以为"，显得比较委婉、谦和；后一句用"我认为"，语气肯定，句中的"至少"也表明这一点。又如：

(6) 如果要在汉语中只从貌似观点去找屈折的话，我以为古代指示代词"彼、其、之"就似乎更像西方的"变格"，但我认为这只是词

汇上的差异，不是屈折。（史存直《汉语语法史纲要》，9 页）

在《毛泽东选集》第二卷 559 页和 600 页有下面两例：

（7）有些人<u>认为</u>苏联或者将不援助中国了。这种观察，我<u>以为</u>是不正确的。（559 页）

（8）这一点我<u>认为</u>绝对没有疑义。（600 页）

例（7）前一句是叙述别人的观点，用"认为"显得客观；后一句是发表自己对这种观点的评论，用"以为"显得委婉、谦和。例（8）同样是发表自己的观点，但要表达肯定的语气，说"绝对没有疑义"，用"认为"。

正因为"以为₁"具有语气委婉、谦和的表达特点，所以，在"愚见、浅见、笔者、拙"之类谦辞之后一般不用"认为"，而用"以为₁"，这样语气上一致。如：

（9）浅见以为，虚词研究，从表达的传神和增强语言美的角度看，并不是末节。（殷焕先《现代汉语常用虚词词典·序》）

（10）拙以为，更科学、更民主的领导、管理体制和更科学、更具权威的学术评审、评定机制，如不通过深化改革有效建立起来，我们的高等教育，也难以有健康的发展。（黄济华《清醒认识大学现状方能求得健康发展》，《华中师大报》2009 年 2 月 20 日第 3 版）

大量事实的调查表明，"以为₁"跟"我"和"愚见、浅见"之类谦辞搭配的占 70% 以上，其中绝大多数又是跟"我"搭配的。

当然，个人说话风格有差异，如在《邓小平文选》中就很难找到"我以为₁"，而总是说"我认为"。

三　"以为₂"可以适应中性语体和书面语体的需要

与"当"相比较，"以为₂"的语用价值体现在语体色彩上。"当"是口语词，而"以为₂"是语体中性词。比较：

（11）村长笑道："你当我软了？李公安员过库爬埂来一趟不容易，我是给他面子。再说，这钱也不是公私各半，都是村上的。"（陈源斌《万家诉讼》，《小说月报》1991 年第 8 期，18 页）

（12）诸位听了，一定<u>以为</u>我是在说笑话。（吕叔湘《第三届现代汉语语法研讨会致词》）

前一例用"当"，口语色彩浓；后一例用"以为"，语体是中性的，显得稳重。

在中性语体环境里，用"当"不如用"以为$_2$"好；尤其是在书面语体环境里用"当"显得别扭，如：

（13）引进国外理论对加强汉语语法研究的解释力大有好处，但不应把理论"引进"当成理论"创新"的全部内容，不能以为$_2$"国外理论 + 汉语例子 = 解释充分"。（邢福义《邢福义自选集》）

其中的"以为$_2$"换成"当"则读着别扭，语体上不协调。

第四节　方言表现

"以为$_1$"和"以为$_2$"在普通话里存在一系列对立和差异，方言事实同样支持这个观点。下面例举陕县方言、南阳方言和武汉方言的情况。

一　陕县方言

陕县方言里不说"以为"，也不说"认为"。相当于"以为$_1$"的说法一般是"觉着"、"看"。例如：

（1）我觉着拿把日儿日子定在初五合适。

（2）都觉着他办事可靠。

（3）我看问题不大。

（4）这个事你看怎么弄？

当主语为"我"、"你"时，"以为$_1$"还可以说成"说"。如：

（5）我说还是去一下好些。

（6）你说呢？

相当于"以为$_2$"的说法是"当"、"当是"、"着当"、"着当是"。例如：

（7）我当你都走啦，半年原来你还在这儿哩。

（8）甲：真有这怕怕可怕？

　　　乙：你当哩！

（9）我还当是你作业做完啦，没做完赶紧去做。

（10）等到八点半还不见你的车来，他着当你有事不去啦。

（11）都头起前边走啦，着当是你不来啦。

二 南阳方言

南阳是河南省西南部的一个市，南阳方言属于中原官话。南阳方言里不说"以为"，也不说"认为"。相当于"以为₁"的说法是"觉得"、"看"。例如：

（12）我觉得这儿著_{这样}就（音 dou）中_行。

（13）你觉得咋样？

（14）他觉得中那就（音 dou）中。

（15）他看中那就中。

（16）你看咋样？

相当于"以为₂"的说法是"当"、"当是"。例如：

（17）他当你不去啦哩，他先走啦。

（18）你当你还怪中用哩？

（19）我当是谁哩，半天原来是你。

（20）他当是你不去啦，他先走啦。

三 武汉方言

武汉方言属于西南官话。武汉方言里不说"以为"，也不说"认为"。相当于"以为₁"的说法是"觉得"或"觉见得"，口头多说"觉见得"。例如：

（21）这样的意见，我觉得是不对的。

（22）我觉得这样的看法是不对头的。

（23）自家觉见得好看那就好看。

（24）我觉见得是一件好事。

相当于"以为₂"的说法是"当、当是、以倒、默倒"。例如：

（25）我当你只会拿手术刀咧。

（26）他当是遇见了一个"克格勃"。

（27）他以倒李京京是已婚女人。

（28）这给人一种错觉，默倒两个是相同的。

本章小结

　　本章从语义、形式、语值、方言四个角度考察现代汉语动词"以为",把"以为"分化为"以为$_1$"和"以为$_2$",揭示出二者一系列的差异和对立。

　　第一,从语义看,"以为$_1$"和"以为$_2$"存在差异。"以为$_1$"直接表示确定的判断。"以为$_2$"在字面上表示一个判断的同时总预设另一个相反的判断。"以为$_1$"的语义关系单纯,"以为$_2$"的语义关系有三种不同情况。

　　第二,从形式看,"以为$_1$"和"以为$_2$"也相应存在一系列对立特征。在对人称的选择上,在与谦辞的搭配上,在对主语的要求上,在与宾语的关系上,在能否带修饰语方面,在适应具体句法框架方面,"以为$_1$"和"以为$_2$"都表现出语法对立。

　　第三,从语义和形式看,"以为$_1$"与"以为$_2$"之间也存在中间状态。

　　第四,从语值看,"以为$_1$"和"以为$_2$"都具有独特的语用价值。"以为$_1$"与"认为"、"觉得"比,在语体色彩上、语气表达上显示其价值;"以为$_2$"与"当"比,在语体色彩上显示其价值。

　　第五,从方言看,"以为$_1$"和"以为$_2$"在方言里也存在对立反映。

第八章 普通话形容词"重""沉"与句法机制的管控

现代汉语的形容词"重"和"沉"都有表示"重量大"的用法，这时构成同义词。例如：

包袱很重　　　　　　　　包袱很沉

那么重的行李　　　　　　那么沉的行李

再看两个实际用例：

（1）老婆把孩子送到他怀里，他接过来，八九岁的女孩竟有这么<u>重</u>。（孙犁《嘱咐》，《超时空的辉煌——20 世纪中国小说精品赏读》，山东教育出版社 2003 年，104 页）

（2）琼先爬到沟上面，我在下面托住塔贝，他身体居然很<u>沉</u>。（扎西达娃《系在皮绳扣上的魂》，《超时空的辉煌——20 世纪中国小说精品赏读》，山东教育出版社 2003 年，494 页）

上两例中，"重"和"沉"表义相同，可以换说。

但是，许多时候又不能互换。例如：

大象很重　　　　　　　　*大象很沉

那么重的负担　　　　　　*那么沉的负担

那么规律是什么？本章从语义、形式、方言三个角度对表示"重量大"的"重"和"沉"作比较考察。

第一节　"重"和"沉"的语义差异

一　主观感觉与客观说明

"重"和"沉"在表义上各有特点。"沉"着眼于人对事物重量的主观感觉，所述事物能被人掂量和感知。观察下面的例子：

（1）上说"扛"，总不会是"手枪"，"手枪"七斤半也太沉了。（于根元《留心各种语言现象》，中国经济出版社 2003 年，174 页）

（2）菜价一直居高不下，不少市民感到自己手中的菜篮子越拎越沉。（《菜价居高不下　居民菜篮有点"沉"》，http：//news. yztoday. com）

（3）初开始，她觉得自己的腿都站硬了，脚脖子都站粗了，一天下来，双脚沉得像是拖着两坨铁块子。（刘庆邦《麦子》，《2004 年中国短篇小说精选》，长江文艺出版社 2005 年，85 页）

（4）可他的脑袋太沉了，好像灌进去了太多水，怎么也浮不起来了。（董立勃《米香》，《2004 年中国短篇小说精选》，长江文艺出版社 2005 年，426 页）

（5）他身体的重量几乎全放在了雷吉娜身上，死沉死沉，雷吉娜只好腾了一只手来扶墙，跟他一起上楼。（王方晨《人都是要死的》，《2004 年中国短篇小说精选》，长江文艺出版社 2005 年，546 页）

例（1）是手枪重量给人的感觉；例（2）是菜篮子重量给人的感觉；例（3）是两只脚重量给人的感觉；例（4）是脑袋重量给人的感觉；例（5）是他身体的重量给雷吉娜的感觉。这些例子中，"沉"都是着眼于具体事物的重量给人的感觉，所述事物都能被人掂量和感知。

"重"则是客观地说明事物的重量；其中有些是抽象的事物，不能被人直观掂量和感知。观察下面的例子：

（6）这个人不是那个死了老婆、家庭负担蛮重、蔫不拉叽、又脏又烂的九财叔，不是的，是另一个。（陈应松《马嘶岭血案》，《2004 年中国争鸣小说精选》，长江文艺出版社 2005 年，86 页）

（7）他人云亦云，跟着领导跑，厂长随便说句重话他就寝食不安。（何顿《新青年酒吧》，《小说月报》2003 年第 5 期，46 页）

（8）宋太太在老师父灵前许了重愿，我替她念了十二本经。（白先勇《永远的尹雪艳》，《超时空的辉煌——20 世纪中国小说精品赏读》，山东教育出版社 2003 年，238 页）

上面三例中，"家庭负担"、"话"、"愿"这些事物的重量都是无法被人用手掂量、无法被人用肢体感知的。

再看下面两例：

（9）一杆步枪，标准重量是 3.75 公斤；一名初中预备班学生的书包，足足 5.25 公斤重，比步枪还要沉！（《读书郎的书包比步枪还沉，

减负减负书包为啥越减越**重**》，http：//xmwb. eastday. com）

（10）一次，龙波的母亲提饲料桶喂猪，因为桶太**沉**把手腕给扭伤了，至今不能提**重**物。（姜洁《大学生龙波：创造"轻松养猪法"》，《人民日报》2005 年 6 月 26 日）

前一例中，"足足 5. 25 公斤重""越减越重"是客观地说明事物的重量；"比步枪还（要）沉"表达人对事物重量的主观感觉。后一例中，"桶太沉"表达人对事物重量的主观感觉，"重物"是客观地说明事物的重量。

二　事实证据

"重"和"沉"语义上的不同特点从下面的事实中可以得到证明。

事实一：用"沉"的时候，常常伴随出现或者可以加上"觉得、感到"这类表示感觉的动词。例如：

（11）打开一看，里面有一个较大的七星香烟包装盒，小洪拿起这个包装盒时**感觉很沉**，意识到里面定有文章。（钟朝珍《厦门海关破获一起特大毒品走私案》，《人民日报》2004 年 5 月 14 日）

（12）作为家长，孩子的书包越来越**沉**，我当然知道！可是，不沉又怎么办？学习的教科书要带，练习册要带，字典要带，复习资料要带，课外书要带……（魏松青《书包压驼了背!》，《人民日报》2004 年 6 月 15 日）

（13）一个偶然的机会，老人在孙子的笔记本中看到了这样一则"段子"："书包太**沉**，学习太累，不如加入黑社会。"（张宝印、白瑞雪、冯春梅《晚霞辉映蓓蕾红——沈阳军区联勤部第四干休所老干部情系未成年人成长教育纪事》，《人民日报》2004 年 10 月25 日）

前一例有"感觉"一词，后两例可以加上"感觉"一词。

事实二：用"沉"的时候，要说明的事物一定是具体的，可被人肢体直接感知的。例如：

（14）左小青颠来倒去地烙饼，身子很**沉**，但睡意全无，双眼在被子里瞪圆了，听着地上的琐碎声，……（叶舟《低温》，《中篇小说选刊》2006 年第 5 期，73 页）

（15）当天，他就把那张床拉回了老家。他用三轮车吭吭哧哧地拉了八个多钟头，一直拉到天乌隆隆黑，才把那三十多里的路走完。那床太大太沉了，走着走着，好几回都差点儿把他和三轮车一起翘起来。他得一边儿使劲把车往下压，还得一边使劲儿让车往前走，累得手腕和肩膀酸疼。可疼得心里也高兴。床越沉他越高兴。床越沉越证明用的木料越好，也越证明他收的家伙值。（乔叶《锈锄头》，《中篇小说选刊》2006 年第 5 期，123 页）

前一例要说明的事物是"身子"，后一例要说明的事物是"床"，都是具体的，可被人肢体直接感知的。

　　事实三：用"沉"的时候，要说明的事物的重量是在人的肢体能够直接承受范围内的。

（16）枣花蜜很沉，盛一斤酒的瓶子，装蜜，是两斤酒的分量。（周振华《浓浓枣花香》，《人民日报》2005 年 7 月 30 日）

（17）李女士说，她家离菜市场比较远，"西瓜又沉又圆，夹在自行车后面扶不好就掉了！"（曲昌荣《郑州　严禁农用瓜车进城　考验政府管理智慧》，《人民日报》2005 年 5 月 11 日）

（18）请问，在农业部长看来，这 1000 亿斤有多重？（张毅《粮食两年增产累计超过 1000 亿斤，历史上并不多见——既有喜悦　更有压力——农业部部长杜青林谈怎样看待粮食连年增产》，《人民日报》2005 年 12 月 29 日）

前一例说的是"枣花蜜沉"，中间一例说的是"西瓜沉"；"沉"所说明的事物"枣花蜜""西瓜"的重量都是在人的肢体能够直接承受范围内的。后一例说的是"1000 亿斤重"，"重"所说明的事物的重量"1000 亿斤"不是在人的肢体能够直接承受范围内的，这里"重"不能换成"沉"。

三　关于词典的释义

　　《现代汉语词典》里"重"有"重量大；比重大（跟"轻"相对）"一义项，"沉"有"分量重"一义项。一个用的是"重量"，一个用的是"分量"，字眼儿不同，但并没有把"重"和"沉"区别开。因为在《现代汉语词典》里对"分量"一词的释义还是"重量"；就语言事实方面来说，在描写"分量"的时候也不是没有用"重"的，看例子：

（19）这个机密让小道消息一传，似乎并不让张兆林的形象打折扣，他的分量反而更重了。（王跃文《朝夕之间》，《小说月报》2003 年第 5 期，9 页）

（20）报纸、电视、电台、互联网乃至手机短信，媒体再多，也难以说尽天下大事。所以，这里展示的只是一年来中国科技发展的一些片断，有的光彩照人，比如神六飞天，有的<u>分量很重</u>，比如水稻基因，有的容易理解，有的难免深奥。（《2005 年度人物》，《人民日报》2005 年 12 月 22 日）

（21）然而中国的<u>分量一天天重起来</u>，确是不争的事实。（北京大学语料库）

有时候，为了避免说话用词重复单调，也可以换着使用"重"和"沉"。如：

（22）"记忆越来越多，而遗忘却没有来临，身体越来越<u>重</u>，越来越<u>沉</u>，而飞翔的许诺却没有兑现"，……（《睡成一枝水仙花》，http://olive. 13173. net）

（23）一个行囊，如果已经装的太满了，就会很<u>沉</u>，很<u>重</u>，很累。（《果断放弃，清醒选择》，http：//tinghui. anyp. cn）

因此，进一步观察语言事实，分析比较"重"和"沉"的表义特点是很有必要的。

第二节　"重"和"沉"的形式差异

本节从与数量短语搭配、句法功能和反义对举几个方面来反映"重"和"沉"在句法形式上的差异。

一　与数量短语搭配的差异

与数量短语搭配时，一般用"重"不用"沉"。例如：

（1）单看这数不清的条石，一块有两三千斤<u>重</u>，那时候没有火车、汽车，没有起重机，就靠着无数的肩膀无数的手，一步一步地抬上这陡峭的山岭。（《长城》，义务教育课程标准实验教科书《语文》四年级上册，人民教育出版社 2004 年，83 页）

（2）八公斤<u>重</u>的大铁锤，左右开弓，一气能抡几百下。（魏巍《老烟筒》）

（3）全世界最昂贵的笔也是万宝龙出品的，价值 10 多万美元，18K 金制造，镶了 4810 粒共重 22 克拉的钻石。（关澜《万宝龙：始终坚持高标准》，《人民日报》2005 年 12 月 5 日）

（4）六十年代，广东调查得知，有鹅蛋荔和丁香荔，重达四五十克。（中小学语文课本）

前两例是"数·量·重"格式，后两例是"重（达）·数·量"格式，其中的"重"都不能换成"沉"。

值得注意的是，有时也能看到"数·量·沉"的用法，如：

（5）周大勇觉得两条腿有千百斤沉，里边有万千条小虫钻动，但是他听了这个战士的话，疲劳的感觉猛然消失了，只觉得心里一阵绞痛。（杜鹏程《保卫延安》）

二　句法功能的差异

（一）充当定语

"重"和"沉"都能充当定语，但有不同。"重"可以直接与名词组合，"沉"一般不能，要加上结构助词"的"。例如：

（6）一阵狂风袭来，我的头上就落下了重东西——九财叔在背后冷不丁给了我一斧头，用的是斧背，就觉得脊椎一阵压榨，我的颅骨顿时瘪进去了，脚一失重，扑通一声，跌进冰冷的河里，就什么也不知道了。（陈应松《马嘶岭血案》，《2004 年中国争鸣小说精选》，长江文艺出版社 2005 年，108 页）

（7）他们在笑什么呢？笑手里的担？笑各自的前景？笑离开茅草地？笑总算掀掉了压在肩头一副重担？（韩少功《西望茅草地》，《归去来》，春风文艺出版社 2005 年，44 页）

前一例里的"重东西"不能换成"沉东西"，后一例里的"重担"不能换成"沉担"。

但是，"沉"重叠成"沉沉"加不加"的"都可以与数量名短语组合。如：

（8）吃完了饭，那两个穿军服的扛着沉沉两包东西，很客气地辞了小喜和鸭脖子走了。（赵树里《李家庄的变迁》）

（9）望着八十五岁高龄的先生的满头大汗和满满的、沉沉的两大包书以及密密麻麻的工整的手稿，我真的感动得说不出话来。（陈昌来《编选后记》，张斌著《现代汉语语法十讲》，复旦大学出版社

2005 年，355 页）

（二）充当状语

"重"可以作状语，"沉"不能。例如：

（10）温家宝强调，对重点用能单位和污染源要加强经常监督，对恶意排污行为实行重罚，严重的要追究刑事责任。（《温家宝称将重罚恶意排污　确保完成节能减排》，http：//cn. news. yahoo. com/07 －05 －/1037/2i7hh. html）

（11）公务员超生要受重罚。（中央电视台一套，新闻 30 分节目，播音员播出语，2007 年 4 月 29 日 12 时）

上两例中，"重"都不能换成"沉"。

"重重"经常作状语，"沉沉"一般不作状语。例如：

（12）他重重地喷了一口烟，叹道："起先听说中央知道我们遭了灾，批了粮，要给救济。"（左检明《阴影》，《超时空的辉煌——20 世纪中国小说精品赏读》，山东教育出版社 2003 年，332 页）

（13）左小青踢飞了拖鞋，击在天花板上，重重掉下来。（叶舟《低温》，《中篇小说选刊》2006 年第 5 期，78 页）

上两例中，"重重"都不能换成"沉沉"。

值得注意的是，有时也能看到"沉沉"作状语的用法。例如：

（14）满喜买的尽是些笨重东西——抬土的大筐、小车上的筐子、尖镐、大绳、大小铁钉……沉沉地挑了一担在人群里挤着往外走，迎头碰上了丁未。（赵树里《三里湾》）

三　反义对举的差异

现代汉语共同语里，"重"经常跟"轻"对举使用，"沉"没有这样的用法。例如：

（15）张伯驹走了，可张伯驹这些不硬不软，不重不轻的话，字字句句都好似铅块似的压在了马霁川、穆潘忱的心上。（郑理《游春图传奇》，《当代》1990 年第 3 期，215 页）

（16）她头重脚轻的走开了。（温亚军《火墙》，《2004 年中国短篇小说精选》，长江文艺出版社 2005 年，166 页）

第三节　现代汉语方言里的"重"和"沉"

要透彻地理解共同语里"重"和"沉"的差异表现，不能不考察现代汉语方言里"重"和"沉"的使用情况。

一　方言表现

李荣主编《现代汉语方言大词典》共收 42 个地点方言。从中可知，作"分量，重量，重量大"讲的"重"出现在 21 处方言中。这些地点是：济南、扬州、洛阳、西宁、雷州、西安、万荣、广州、太原、绩溪、崇明、南昌、上海、娄底、黎川、梅县、东莞、南宁（平话）、建瓯、福州、海口。

另有 13 处方言里虽没有作"分量，重量，重量大"讲的"重"，但有由这样的"重"构成的词语。这些地点方言和词语是：

柳州	重手：东西沉，提起来感到重。	
萍乡	重手重脚：动作很重。	
厦门	重手头：手力大而重。	重坠坠：沉甸甸。
金华	重平平：形容分量很沉重。	
丹阳	重沉沉：形容分量沉。	
贵阳	重坨坨：形容重量大。	
成都	重病：严重的疾病。	
乌鲁木齐	重病：严重的疾病。	
南京	重病：严重的疾病。	
银川	重病：严重的疾病。	
温州	重登登：沉甸甸，形容沉重。	
宁波	重顿顿：形容分量沉重。	
苏州	重头生活：重活儿。	

两类情况合起来占了 34 处方言。

作"分量，重量，重量大"这个意义讲的"沉"出现在济南、牟平、万荣 3 处方言中。另外洛阳和哈尔滨方言里没有这样的"沉"，但有"沉甸甸的"。两类情况合起来只占了 5 处方言。

河南北部的卫辉市，方言属于晋语。卫辉方言里经常能听见这样的话：

（1）［称体重时］你多沉？（你有多重？）

　　　　　　　沉了没有？（长胖了没有？）

（2）你掂掂这袋米有多沉？（你掂掂这袋米有多重？）

用"沉"，是地道的方言说法；用"重"，是受普通话影响的说法。

　　作家李贯通是山东鱼台人。在他的作品《乐园》中，普通话不能用"沉"的地方也用了"沉"。例如：

（3）去抱无花果的时候，我惊愕良久，那裹了蒲包的土疙瘩足有百斤沉！（李贯通《乐园》，《超时空的辉煌——20世纪中国小说精品赏读》，山东教育出版社2003年，338页）

　　陕县方言里"重"和"沉"共存，是一对同义词。"重"的反义词是"轻"，"沉"的反义词是"飘"；"轻"和"飘"意思相同。不过在习惯上"重"一般多跟"轻"相对，"沉"一般多跟"飘"相对。"重"与"沉"有两点不同。第一，"沉"着眼于人的肢体对重量的感觉，由于人体所能感觉的重量相对来说是较小的，因而"沉"只能用于小幅度的重量，不能用于大幅度的重量。例如："这捆柴火怪沉哩！""行李沉不沉？"超过人体所能承受的重量，就一般得用"重"，不能用"沉"。例如，"这一卡车煤重着哩"就不能说成"这一卡车煤沉着哩"，"大象有多重？"就不能说成"大象有多沉？""重"没有这个限制，所有的重量都能用"重"。第二，"重"可以受数量结构修饰，"沉"不能。如"四两重""斤把重"能说，而"四两沉""斤把沉"不能说。和"重"与"沉"的情形相同，"飘"着眼于人的肢体对重量的感觉，只能用于人体承受限度内的重量；"轻"则没有这个限制，如"这捆柴火怪轻哩""这捆柴火怪飘哩"都能说，而"大象不轻哩"就不能说成"大象不飘哩"。"重"和"轻"具有中性语体色彩，"沉"和"飘"口语色彩浓。

　　第二节曾经指出：有时也能看到"数·量·沉"的用法，举的例证（5）出自杜鹏程《保卫延安》；有时也能看到"沉沉"作状语的用法，举的例证（14）出自赵树里《三里湾》。这些例子反映的都是北方话用法。

二　考察结论

　　现代汉语方言事实的考察表明，"沉"主要用于北方，具有北方话口语色彩。"重"和"沉"的地理分布有三种类型。一种是只有"重"，没有"沉"，占大多数方言。第二种是只有"沉"，没有"重"，占小部分方言，像河南卫辉、山东鱼台方言。第三种是"重""沉"都有，像河南陕县方言。"重""沉"共存于一种方言系统这种情形很有理论价值。

本章小结

第一，现代汉语的形容词"重"和"沉"都有表示"重量大"的用法，构成同义词，但表义和语法上有差异。表义上，"沉"着眼于人对事物重量的主观感觉，"重"则是客观地说明事物的重量。句法上，二者在与数量短语搭配方面，在句法功能方面，在反义对举方面，都存在差异。从方言情况看，"重"的方言分布比较普遍，"沉"主要用于北方，具有北方话口语色彩。

第二，"重"和"沉"在现代汉语共同语里构成方言叠置。不同方言层次上的语法成分为什么能在一个系统中共存？它们又是以怎样的状态和谐相处的呢？语言是交际工具，是一个符号系统。两个语言符号能够共存于一个系统，在人们长期的使用中不被淘汰其中一个，就必然各具独特的使用价值。"重"和"沉"能够和谐地共存于现代汉语共同语系统中，正是由于各自被赋予了独特的使用价值。本章的比较考察表明，"重"和"沉"独特的使用价值具体表现为表义上的个性、句法上的个性和语体色彩上的个性。

不同方言的同义语法成分被吸收进同一个语言系统以后，就会形成叠置层次。它们在长期的使用中就要形成分工，或是表义上的分工，或是语用上的分工，或是语法上的分工。在叠置的初期，常见的情况是语体色彩上的分工。只有具有个性才能和谐相处。

第三，应大力开展汉语语法系统里叠置层次的研究。以往，叠置层次的研究一般只是就语音现象来说的的。近年来有人开始把这一观念引入方言语法研究，描写说明方言语法现象。如汪化云（2004）描写分析鄂东方言两序并存的特殊语序，指出这些特殊语序现象是一种类似"文白异读"的"文白异序"现象。"白序"是鄂东方言中固有的语序，"文序"是今北方方言、普通话语序在该方言中的叠置。张维佳（2005）指出晋中指示代词三分系统是来自晋语"这"、"那"系统和关中方言"这"、"兀"系统的叠加。胡松柏（2007）分析指出，赣东北方言中意义相当于普通话中的"再"的表示追加、继续的加量补语成分有"添"和"凑"两个，它们是吴语、徽语的"添"与赣语的"凑"在赣东北的叠置。此外，朱德熙（1991）讨论两种反复问句在汉语方言里的分布也涉及层次，认为扬州话、苏州话、汕头话里"K—VP"和"VP—neg—VP"（汕头话里是"VP—neg"）两种反复问句不属于同一个层次（stratum），扬州话、苏州话里的"K—VP"句型是固有的，"VP—neg—VP"相对来说是一种创新；汕头话里二者属于不同时代层次。事实上，语法成分的叠置层次现象在现代汉语里大量存在，不仅体现在词语方面，也体现在句法结构、句式方面。描写分析其中的叠置关系和共存状态是深化语言系统认识的表现和要求。不仅要描写分析其中的叠置关系，探求叠置路径，而且要描写分析具体语言系统里叠置成分的共存状态。本章对现代汉语里"重"和"沉"的描写和讨论，一个重要意图是把叠置层次的观念进一步引入现代汉语语法系统研究里，试图通过这方面研究加深对现代汉语语法系统有关方面的认识。汉语语法里叠置层次的研究现在只是开了一个头，这是一个具有重要意义和富有潜力的大课题，我们今后应该在广度和深度上大力推进这项工作。

第九章　普通话名词"说法"与句法机制的管控

20 世纪 90 年代以来，现代汉语的名词"说法"有了新发展。本章从语义功能、形式特点、语用价值和方言表现等几个方面考察名词"说法"的发展，考察中也涉及心理因素、文化因素和认知因素。

请看例子：

（1）律师认为红豆案量刑适度　运城男童母亲还要讨<u>说法</u>（翟翊《律师认为红豆案量刑适度　运城男童母亲还要讨说法》，http：//ent. sina. com. cn/s/m/2002 – 06 – 22/88390. html）

（2）本版推出《民工欠薪：我们共同关注》特别报道，其中反映了 7 位江苏民工在郑州打工，不但拿不到辛苦钱，向老板讨要还被威胁一事。文章见报当天，天马家装公司就给记者打来电话，表示要尽快作出处理，<u>给民工一个说法</u>，对社会有个交代。（王明浩《郑州——七位民工顺利拿到工钱（连续报道）》，《人民日报》2004 年 1 月 5 日第五版）

上例中"说法"一词的语义和用法很有特点。根据中国社会科学院语言研究所词典编辑室《现代汉语词典》1996 年修订本（以下简称《现汉》），"说法"（shuō ·fɑ）一词有两个义项，一是表示"措辞"，一是表示"意见；见解"。上例中的"说法"这两个义项都不适合。可见，现代汉语"说法"一词在语义和用法上有了新发展。

"说法"新义新用法的传播开来，应该说与电影《秋菊打官司》和陈源斌的小说《万家诉讼》有关系。电影《秋菊打官司》根据小说《万家诉讼》改编而成。这部电影深受观众喜爱。电影和小说中多次出现"给个说法"、"有个说法"、"连个说法都没有"之类的说法。例如：

（3）她说："你打了他，现在旁证也有了，医生诊断也有了，是个什么<u>说法</u>呢？"村长一哼："<u>说法</u>？"何碧秋说："你打他，踢他胸口，倒罢了。你还踢他下身，这是要人命不该有个<u>说法</u>？"（陈源斌

《万家诉讼》,《小说月报》1991 年 8 期, 16 页)

(4) 何碧秋说:"你打了他, 不给个<u>说法</u>, 又来污糟我!"(同上, 18 页)

(5) 何碧秋说:"村长管一村人, 就像一大家子, 当家的管下人, 打, 骂, 都可以的。可他要人的命, 就不合体统了。这又罢了, 我登门问, 他连个<u>说法</u>都没有。"(同上, 16 页)

许多人在看过这部电影以后都喜欢使用里面这样的"说法"。

第一节　新的语义功能

一　两种新语义

根据对事实的考察,"说法"20 世纪 90 年代以来发展出来的新的语义功能有以下两种:

(一) 表示"理由;根据;解释"。例如:

(1) 2000 年底, 周长征连一声招呼都没有打就离开新疆, 离开了张春玲和儿子回到了陕西, 张春玲随后也踏上征途, 准备回陕西向周长征讨个<u>说法</u>。(《同在屋檐下》, 央视国际《今日说法》, http://www.cctv.com/program/lawtoday/20030527/100406.shtml)

(2) 用通俗的话来说, 有罪则由法院审判来宣告, 反之, 不能经年累月关押在看守所里没个<u>说法</u>。(《超期羁押》,《人民日报》2003 年 10 月 15 日第十三版)

(3) 但是我们通过整个案件调查也发现原告一直在提出各种各样的理由, 但是被告也没闲着, 被告也给自己找到了证人, 也给自己找到了合理的<u>说法</u>, 对于这些瑕疵都作出了自己的解释。(主持人:张绍刚, 嘉宾:中国人民大学汤维建教授,《11.8 万元的欠条》, 央视国际《今日说法》, http://www.cctv.com/program/lawtoday/20030217/100386.shtml)

(二) 表示"结果;结论"。例如:

(4) 在一部分国企职工心里, 还缺乏对民企的信心。他们担心民企一旦经营不善, 自己今后养老无靠。而国有企业即使经营不下去了, 也不会倒闭, 国家总有个<u>说法</u>。(林佳《国企职工身份真那么重

要？（各抒己见）》《人民日报》2003 年 11 月 17 日第十五版）

（5）到那时一切都将大白于天下，对孙耀明殉国一事倾注了异乎寻常
　　　关注的最高当局，也定能得到一个权威的确凿无疑的<u>说法</u>。（曹康
　　　《军长消失》，《中篇小说选刊》2004 年第 2 期，6 页）

二　词典上的记录

　　"说法"表示"理由、根据、解释"的意义和用法在商务印书馆辞书研
究中心编《应用汉语词典》（以下简称《应用》）里，得到记录。《应用》
2000 年出版。这部词典"突出时代特色，努力反映和贴近现代社会生活，
收新词多"（词典封四介绍）。《应用》在"说法"下面列了三个义项，其
中义项③是：正当的理由；根据：讨个～｜你总得有个～儿，才能叫人家口
服心服。（1184 页）义项③反映的就是例（1）（2）（3）里"说法"那样
的语言现象。只是释义中"理由"前边加上修饰语"正当的"欠准确。"正
当"的意思是"合理合法的"（《现汉》）。"说法"本身并不包含"正当
的"的意思。下面两例能说明这一点：

（6）他以生命作代价创造的纪录却没有被认可，张迪要通过法律的程
　　　序得到一个<u>公正的说法</u>。（主持人：肖晓琳，嘉宾：中国人民大学
　　　教授沈致和，《张迪状告吉尼斯》，央视国际《今日说法》，http：//
　　　www. cctv. com/news/society/20030120/100276. shtml）

（7）有些乘客由于火车延误还会造成一些意外损失，因此火车的晚点
　　　只要不是由于不可抗力，就应该给乘客一个<u>合理的说法</u>。（王丽
　　　《航班延误要赔偿　乘客质疑广州至济南列车晚点 3 个小时》，青
　　　岛新闻网，http：//www. qingdaonews. com/content/2004 – 07/08/
　　　content_ 3354623. htm）

前一例，"说法"前面有修饰语"公正的"；后一例，"说法"前面有修饰
语"合理的"。

　　至于《现汉》，"说法"的两种新义新用法在 1996 年修订本里尚没有记
录出现。《现汉》1994 年 10 月定稿，当时"说法"的这种新义新用法还没
有普遍用开。《现汉》"这部词典是为推广普通话、促进汉语规范化服务的，
在字形、词形、注音、释义等方面，都朝着这个方向努力。"（词典《前
言》）作为一部规范性质的词典，《现汉》当时没有收入"说法"的新义新
用法。"说法"表示"理由、根据、解释"的意义和用法在 2006 年第 5 版

新被收录，列为义项③：指处理问题的理由或根据：向上级讨个～。

《现汉》和《应用》都是权威的工具书。从《现汉》1996 年修订本到 2000 年出版的《应用》再到《现汉》2006 年第 5 版，记录了"说法"一词意义和用法不同的发展阶段。

但是，迄今为止，无论是《现汉》还是《应用》，表示"结果；结论"的新语义都尚无反映。

第二节　新的形式特点

一　宾位上的特点

名词"说法"也发展出了新的语法特点。"说法"大多充当宾语，而且前面常出现量词"个"，例如：

(1) 就没想到这个合同还是无效的，所以她打算去向律师要个说法，我们来看看记者的后续报道。（主持人：肖晓琳，嘉宾：中国人民大学龙翼飞教授，《无奈的购房》，央视国际《今日说法》，http：// www. cctv. com/program/lawtoday/20030123/100437. shtml）

(2) 网友：为什么有关高枫病情的消息，大家只能从大唐的口里了解，为什么医生没有站出来给一个说法？（新浪网记者《高枫经纪人访谈（7）：最新病情将通过新浪网公布》，http：//ent. sina. com. cn/ s/m/2002 - 09 - 18/1807101409. html）

二　"说法"与"讨"

"讨"是与"说法"搭配频率最高的动词，"讨个说法"、"讨说法"之类是高频率说法。例如：

(3) 为了讨个说法，左右为难的张怀杰又来到驿城区法院，但又没有讨到任何说法，有的只是法院催着他赶快搬家。（主持人：张绍刚，嘉宾：马宏俊，中国政法大学副教授，《查封》，央视国际《今日说法》，http：//www. cctv. com/program/lawtoday/20030211/ 100357. shtml）

(4) 官司的胜诉给了姜凤兰莫大的安慰，她认为虽然这 1.5 万块钱不能和她受到的伤害划等号，但是法律还是为她讨回了<u>一个说法</u>。（主持人：撒贝宁，嘉宾：中国政法大学李显冬教授，《这是我的隐私》，央视国际《今日说法》，http：//www.cctv.com/program/lawtoday/20030427/100305.shtml）

"给"和"讨"构成矛盾的两个方面。有"讨"就有"给"。"给个说法"之类也是高频率说法。其中动词"给"前面可以受"不正规、非正式"之类修饰，例如：

（5）丈夫说："杀人不过头落地。哪怕不正规给个说法，他若服些软，也了事吧。"（陈源斌《万家诉讼》，《小说月报》1991年8期，23页）

（6）事后知情者非正式地给了我一个"说法"：成人语言还没研究好，哪顾上"小儿科"，我一笑；跟踪研究需时长久，难取近利，我一悸。（李宇明《儿童语言的发展》，华中师大出版社1995年，351页）

"讨个说法"之类的动词"讨"前面一般不受"不正规、非正式"之类说法修饰，如一般不说：

?不正规地讨个说法　　　　　?非正式地讨个说法

?讨个不正规的说法　　　　　?讨个非正式的说法

但是"讨"后面带上动态助词"了"，"讨了个说法"之类的"说法"前面可以受"不正规、非正式"之类说法修饰，如可以说：

讨了个不正规的说法　　　　讨了个非正式的说法

这是因为，"讨"后面带上动态助词"了"，动词就表示已实现的行为，"说法"就不再是期望的目标，而是已经得到的结果。客观的结果未必能与主观愿望相符合。

"给个说法"与"讨个说法"之间的这种句法差异是现实生活逻辑决定的。在现实生活中，"给"者有"不正规、非正式"的，而"讨"者却都是认真的、正式的。

三　"说法"与"连……也/都"

"说法"常用在"连……也/都"格式中，相配套，后边也可以使用表示微不足道的语气助词"而已"，如前面的例（5）。再如：

（7）研究汉语语法的目的和面临的对象是什么？长期以来面对的是以

现代汉语为母语的人，语法分析只是给个"说法"而已，没有验证和直接效果，因此成果也说不上优劣好坏，怎么说都可以，学生还是照自己的语言习惯运用汉语，不会受影响。（靳光瑾《计算机理解汉语需要语法理论支撑》，《语言文字应用》1999 年第 2 期，83 页）

四　"说法"与介词

"说法"还可以不带定语直接用作介词的宾语。例如：

（8）他想通过法律渠道来解决这个问题，并给世人以说法。（主持人：肖晓琳，嘉宾：中国人民大学沈致和教授，《张迪状告吉尼斯》，央视国际《今日说法》，http：//www. cctv. com/news/society/20030120/100276. shtml）

其中的"说法"直接作介词"以"的宾语。这样的用法是"说法"传统上所没有的。

第三节　新的语用价值

在现代汉语里，"理由"、"根据"、"解释"和"结果"、"结论"都是"说法"已有的同义表达形式。之所以还要发展出一个新的"说法"，必然有着语用价值上的需求。具体表现在三个方面。

一　语义轻弱

在语义上，"说法"相对轻弱，用"说法"表达口气轻松随便。例如：

（1）事后知情者非正式地给了我一个"说法"：成人语言还没研究好，哪顾上"小儿科"，我一笑；跟踪研究需时长久，难取近利，我一悸。（同第二节例6）

例中用"说法"，说话口气显得轻松洒脱，如果换成"解释"或"理由"，则显得较正规。又如：

（2）你反映你的，我研究我的———赵县法院何时能有"说法"（杜现桥、谷立章《你反映你的，我研究我的———赵县法院何时能有

"说法"（读者催促）》，《人民日报》2003 年 4 月 24 日第十四版）

例中用"说法"，说话口气显得轻松随便，如果换成"结果"或"结论"，则显得较正规。

正因为这样，"说法"常用在"连……也/都"格式中，后边可以配套使用语气助词"而已"；"给个说法"之类中，"给"前、"说法"前倾向于排斥"认真、正规、严肃"之类修饰成分；而"解释"、"理由"、"根据"、"结果"、"结论"却不同。

二　口语风格

在色彩上，"说法"口语色彩浓，用"说法"表达显得幽默俏皮。例如：

（3）有报载，某特型演员受邀参加一个纪念会，索要出场费 1.2 万元，"说法"是：我不只是个像领袖的演员，还是个优秀演员，当别人努力赚钱的时候，我为什么不可以？（元丁《"说法"的档次》，《武汉晚报》1993 年 12 月 17 日第二版）

例中用"说法"显得幽默俏皮，如果换成"解释"或"理由"就失去了幽默的味道，成了中性口吻的叙述。

而在严肃郑重的场合，用"说法"则在表义轻重、口气色彩上很不协调。例如：

（4）对于人民群众反映的问题，我们政府部门要尽快解决，不能马上解决的，也要及时作出解释。（作者自拟）

如果把其中的"作出解释"换成"给个说法"，前后读起来则与语言环境很不协调：

（4'）对于人民群众反映的问题，我们政府部门要尽快解决，不能马上解决的，也要及时给个说法。

如今，"讨个说法""讨说法"已经成了表示"（与人）理论"、"求得结果"的幽默俏皮的口头语。看两例：

（5）有一年，该团防护连四川籍战士小吴外出购物时与群众发生了争执，购买的物品全部被对方抢走。他找了几个老乡与对方"讨个说法"，争执中，失手将对方打伤。（姚允辉、张建国、满斌《"象山"脚下懂法兵》，《人民日报》2003 年 10 月 2 日第五版）

（6）谁是克隆人的父母？从现场观众的表情看得出，几乎所有的人都想知道这个答案。哈里斯博士以一个医学伦理学者的身份,为克隆人的出身讨"说法":克隆人的爹妈有两对。(梁娜《世界大师"大话"克隆:人类已无再进化可能》,http://news.sina.com.cn/c/2003 - 12 - 0/08101302624s.shtml)

例(5)里的"讨个说法"表示"(与人)理论",例(6)里的"讨说法"表示求得结果。相比之下,用"讨个说法"来表达,则显得幽默俏皮。

三 文化色彩

"说法"具有特定文化色彩。

如前所说,"说法"新的语义、新的用法的发展传播与电影《秋菊打官司》和陈源斌的小说《万家诉讼》有关系。电影和小说中的"说法"用于"官司"、"诉讼"语境。这部电影观众相当多,又深受喜爱,看过电影后,"说法"连同其语境一起在观众心里留下印象,这就使得"说法"烙上了"官司"、"诉讼"味儿,具有了特定的文化色彩。在日常言语中,显然,"说法"经常是用于"官司"、"诉讼"语境。如前所说,"讨"是与"说法"搭配频率最高的动词,"讨个说法"、"讨说法"之类是高频率说法。"说法"是"讨"来的。据观察,在中央电视台播出的节目中,《今日说法》中这样的"说法"出现频率很高,而且在所有节目栏目中可以说是最高的。正因为"说法"这样特定的文化色彩,即使谈论的不是"官司"、"诉讼"方面的事情,用了这样的"说法",也常常让人有所联想,感到活泼幽默,如上面举过的第一节(5)、第二节(6)(7)、本节(2)(3)(6)等例,在书面上"说法"常带引号也是一个反映。

学术论文里用"说法"可以活泼文气。例如:

(7)例如副名结构问题从50年代讨论到现在,虽说没能给个说法,但好像已得到了不少人的认可。(郭熙《当前我国语文生活的几个问题》,《中国语文》1998年第3期,228页)

不过在书面色彩较浓的论文里一般要带引号,以求语体和谐。例如:

(8)研究汉语语法的目的和面临的对象是什么?长期以来面对的是以现代汉语为母语的人,语法分析只是给个"说法"而已,没有验证和直接效果,因此成果也说不上优劣好坏,怎么说都可以,学生还是照自己的语言习惯运用汉语,不会受影响。(同第二节例7)

有时把"理由"、"解释"等换成"说法",就产生出官司味儿。中央电视台综合频道 2003 年 6 月 9 日播出的二十集电视连续剧《云淡天高》里有这样一个情节。省人大副主任、刚刚退下来的省老政法委书记丁南的女儿丁蓉蓉在外经委处级干部招聘考试中虽然得了第三名，但却被排除在录用的四人之外。丁南说了一句：

　　　　你妈说得对，是应该有个理由嘛！

　　当时的语境是家庭常谈。如果把其中的"理由"换成"说法"，说成：

　　　　你妈说得对，是应该有个说法嘛！

就产生了浓浓的鼓动打官司的味道。

　　有时把"说法"换成"理由"、"解释"等，就失去了"官司"、"诉讼"味儿，而成为一般口吻。下面是一个相当典型的例子：

　　（9）新：您现在是怎么看她起诉您的动机呢？

　　　　　焦：我是这么看的，说实话我不知道她到底怎么想，但是我猜测，因为她在 4 月给我打过一个电话，当时我问她了，我说你有什么目的，她说："我要给我找不到工作找一个说法"，……她给我打过一次电话，她可能还录音了，我问她，这么做到底图什么，她的意思说，要给她找不到工作找一个解释。（新浪网记者《新浪网独家采访北京首例性骚扰案被告实录》，http：//news. sina. com. cn/s/2003－06－07/00401144523. shtml）

　　同一个意思，前一处是"她"的直述，用"说法"，带着"官司"、"诉讼"味儿；后一处是"她的意思说"的转述，用"解释"，是一般口吻。再如：

　　（10）主持人：这个事刚刚发生，而且孩子的母亲目前仍然在等待说法，但是我们知道仍然有相当多的类似的井盖还在不同角落里制造着危险，存在着一种潜在的威胁。您认为怎样来处理这件事情？（主持人：撒贝宁，嘉宾：中国人民大学法学院叶林教授，《夺命井盖》，央视国际《今日说法》，http：// www. cctv. com/ news/society/20040416/100916. shtml）

　　如果把其中的"说法"换成"结论"，语句则失去了"官司"、"诉讼"味儿，不如原来更切合语境。

　　"说法"的幽默俏皮的语用价值与其具有特定文化色彩也是相联系的。

第四节 方言表现

一 方言事实

前面四节讨论的是共同语里的"说法",那么,方言里有没有"说法"呢?如果有,跟共同语里的"说法"有什么联系和不同之处呢?观察这一问题,有助于我们全面地、更深入地认识共同语里的"说法"。

查李荣先生主编的《现代汉语方言大词典》,获得以下信息:

说法(武汉): 说词,托词,借口:肚子疼是他的一个~|看你还有么~?(5207 页)

说法(忻州): 比喻钱财:盖房可得些儿~哩。(5207 页)

说法(丹阳): 好处;实惠:你要把点~我,我才告诉你|你一点~无则就想办事咧?(5207 页)

说法儿(杭州): 道理:我来向你讨一个~。(5207 页)

说项(扬州): 也说成"说法"。①名堂;道理:他到这时候还不来,这里头肯定有~。②好处;报答:你帮我忙,我不会亏待你,总有~哩。(5208 页)

说词儿(牟平): 说法:这里边儿有个么~?(5208 页)

说道儿(哈尔滨):①名堂;道理:这里边儿肯定有~。②讲究儿;规矩:这家人~太多。(5208 页)

说道(太原): 名堂:结婚动咾不管冬天夏天都得穿棉袄棉裤,说是踩厚沉嘞,太原家~可多嘞。(5208 页)

说处(洛阳): 道理:她太迷信,她小孩子有病,拿一根红线拴住脖子,也不知道这是啥~。(5207 页)

二 表义特点

可见,方言里普遍存在"说法"及其相近的词汇形式。尽管这些"说法"及其相近的词汇形式同共同语里的"说法"在意义和形式上有差异,但它们表义上却有一个共同的特点,那就是婉转。所谓婉转,就是把话说得温和而曲折。语言表达上求婉转有三种心理动因。一是对于某些事情,人们不便直说或不愿直说，采用曲折的说法；其二是出于某种心理，在不失基本意思的前提下把话说得轻一些，有意弱化语义；其三是嫌直接表达太直白平淡，采用曲折的说法来造成幽默俏皮的效果。本章讨论的“说法”，如上分析，语义上相对轻弱，用“说法”表达口气轻松随便；口语色彩浓，用“说法”表达显得幽默俏皮。

本章小结

　　本章讨论的“说法”属于语言发展现象，既是语汇现象，也是语法现象，新的“说法”存在于新的句法机制管控系统之中，具有新的语义功能、新的形式特点、新的语用价值。

　　“说法”为什么会有这样的发展？这既有内因也有外因。

　　从内因方面说，是符号同表义的矛盾。“说法”具有独特的语用价值。正是已有语言符号不能满足人们表情达意的需要，才使得“说法”的发展具备了内因条件。

　　从外因方面说，有心理因素和社会因素。心理因素，是追求表达的婉转。如上分析。社会因素，是 90 年代以来，我国的民主法制建设取得了长足进展，老百姓的民主法制意识大大增强。现在人们遇到不公平要“讨说法”，遇到事情会想到拿起法律的武器，用法律来解决，“说法”作为一种语言现象正反映了这一社会文化氛围。

第十章 普通话时间词"刚刚"与句法机制的管控

现代汉语的时间词"刚刚",一般认为相当于"刚",是副词。实际上,可以分化为"刚刚₁"和"刚刚₂"。"刚刚₁"相当于"刚",是副词,"刚刚₂"相当于"刚才",是名词。本章第一、二、三节对时间词"刚刚"进行语义的、形式的、语值的多角度考察,第四、五两节讨论两个与"刚刚"有关的理论问题:一个是现代汉语的节律问题,一个是词的语法个性问题。

第一节 "刚刚₁"和"刚刚₂"

时间词"刚刚"实际上跟两个时间概念相联系。根据表义功能、同义替换形式及语法特征的不同,"刚刚"可以分化为两个:"刚刚₁",主要表示事件发生时间的始发点,可以用时间词"刚"来替换;"刚刚₂",总是表示事件发生在说话前不久,可以用时间词"刚才"来替换。例如:

刚刚₁	刚刚₂
他们都<u>刚刚</u>过了春节就出发了。	他们<u>刚刚</u>都出发了。
→他们都<u>刚</u>过了春节就出发了。	→*他们<u>刚</u>都出发了。
→*他们都<u>刚才</u>过了春节就出发了。	→他们<u>刚才</u>都出发了。

为了便于考察,先明确下列几个概念:

1. 事件时间——受"刚刚"修饰的动词性词语所表示的事件的发生时间。

2. 指称点——"刚刚"所表示的时间位置。

3. 参照点——"刚刚"往往表示在某一时点前不久,这某一时点即参照点。

一　"刚刚₁"的语义

"刚刚₁"的指称点同事件时间存在极为密切的关系。只要是"刚刚₁"，其指称点都处在事件时间的始发点上。例如：

（1）三个人<u>刚刚</u>举杯相碰，酒杯就都在半空静止了，……（贾平凹《浮躁》）

（2）小芸<u>刚刚</u>分到科里。（王安林《办公室里有蜜蜂》）

事件时间为"举杯相碰""分到科里"所发生的时间，指称点处于"举杯相碰""分到科里"的始发点上。这两例又代表两种情况：1. 指称点和事件时间完全叠合。这时，事件时间往往是非连续的，或持续极短的：事件刚一发生，马上停止或转向结束。如例（1）。2. 指称点和事件时间不完全叠合。这时，事件时间持续较长，"刚刚"所指的只是这一时间最开始的那个时点。如例（2）。

"刚刚₁"的参照点为某一不确定的时间，受具体语言环境包括特定词语的制约。

有时参照点为说话时间，指称点处于说话前不久。如：

（3）"你怎么才回来？"

　　　"讨论会<u>刚刚</u>结束。"

（4）两个新毕业的大学生，<u>刚刚</u>分配到文化局不久，……（苏叔阳《假面舞会》）

这两例，"刚刚"所表示的时间位置都以说话时间为参照点。

有时参照点是过去某时点，指称点不是处于说话前不久，而是处于过去某时点前不久。如：

（5）那件事出现得很突然。当时武光东<u>刚刚</u>率领一个代表团访问日本归来。（水运宪《裂变》）

（6）总理笑了笑，摇摇头。这位历史的伟人<u>刚刚</u>见到延安街头要饭的孩子。（闵国库《在倾斜的版图上》）

例（5），参照点由特定词语"当时"显示，"当时"是过去某时点，即"那件事出现"所处的时间，而"刚刚"所表示的指称点则处于"当时"这一参照点前不久的时间。例（6），参照点由具体语言环境显示，等于说"那时，总理笑了笑，摇摇头"，而指称点则处于这一参照点前不久。

二　"刚刚₂"的语义

"刚刚₂"的作用同"昨天、上午"之类一样，用来确认事件时间的位置，其指称点同参照点存在固定而明确的联系。只要是"刚刚₂"，其指称点总是处于说话时间——即参照点前不久。如：

（7）他刚刚在粮店卖完花生，曾经牵着毛驴来这儿转悠。（张一弓《寻找》）

（8）我想刚刚她一定又是在呆呆凝望着那群鸽子在飞翔的。（张抗抗《塔》）

"他……牵着毛驴来这儿转悠"的时间，"她……呆呆凝望着那群鸽子在飞翔"的时间，都是"刚刚"。只有一点不同：前者是说话人亲眼看到的事实，后者是说话人的推断。

三　"刚刚₁"和"刚刚₂"的语义比较

首先，"刚刚₂"的参照点是固定的，而"刚刚₁"的参照点却是灵活的。说"刚刚₂"，参照点一定是说话时间；说"刚刚₁"，参照点既可以是说话时间，也可以不是说话时间。比较：

刚刚₁	刚刚₂
伤口刚刚痊愈。（说话时间）	伤口刚刚还在出血呢。（说话时间）
当时，伤口刚刚痊愈。	*当时，伤口刚刚还在出血呢。
（过去时间）	（过去时间）

由于"刚刚₁"的参照点不一定跟说话时间存在固定的联系，尽管"刚刚₁"有时表示说话前不久的意思，但在特定的句法结构中这种意思就会被消除。比如：

句法结构Ⅰ："刚刚……的时候"

　　a　她刚刚上大学。

　　b　她刚刚上大学的时候，看什么都新鲜。

a里，表示事件始发点位于说话前不久的意思；b里，这一意思被"……的时候"的句法结构所消除，只强调事件时间的始发点，说话人只是说在这一始发点上发生了什么事情。

句法结构Ⅱ："刚刚……就……"

　　a 他的论文<u>刚刚</u>发表。

　　b 他的论文<u>刚刚</u>发表，就引起了国内外学术界的广泛注意。

　　a 他<u>刚刚</u>当上科长。

　　b 他<u>刚刚</u>当上科长，穿着就讲究起来了。

a 里，事件始发点位于说话前不久，但在 b 里，一进入"刚刚……就……"的句法结构，说话前不久的语义便被消除，说话人只是指明事件发生的始发点。

　　其次，"刚刚₁"和"刚刚₂"都跟"前不久"的语义相联系，但"不久"所反映出来的说话人的心理特征却大不相同。

　　"刚刚₂"的"不久"基本上是一种客观陈述，听话人据此可以大致把握它所表示的时间距离的位置：可能是几分钟前，两三小时前，绝对不会超过一天，一般也不会超过半天。例如：

　　（9）<u>刚刚</u>她这两句话，是那么成熟与机智，可想而知，今天晚上的会
　　　　　面，也是她一手促成的。（水运宪《裂变》）

　　（10）他将<u>刚刚</u>他怎样丢钱和拾到十块钱的事情都告诉了妈妈。（杜宣
　　　　　《好孩子毛小弟》）

　　"刚刚₁"的"不久"在很大程度上是一种主观描述，听话人只能根据具体语境和具体事件来推测它所表示的时间距离的位置：可能是几秒钟、几分钟、几小时前，也可能是几天、几月，甚至几年前。例如：

　　（11）我们前面那辆汽车的尾灯已经亮了，<u>刚刚</u>刹住车，……（德兰
　　　　　《真》）

　　（12）这也难怪。<u>刚刚</u>交替过来，省长的处境是很困难的。（水运宪
　　　　　《裂变》）

前一例有上下文的提示，一般指几秒钟前。后一例就很难把握："交替过来"可能是几天前，也可能是几月前，甚至可能是一年前。

　　一段时间距离，究竟算长还是算短，往往受个人心理状态的制约，反映其主观意识、主观情绪。"刚刚₁"这个时间词，是可以把"长"当"短"来强调的。看下面的对话：

　　父亲：<u>刚刚</u>学过四则混合运算，怎么就不会做了？

　　儿子：都学过一个学期了，谁还记得！

"一个学期"，在儿子看来是够长的了，但父亲却用"刚刚₁"来强调，这显然反映出描述的主观色彩。

　　总之，由于"刚刚₁"偏重于指明事件发生的始发点，而"刚刚₂"总是用来确认事件发生在说话时间不久前的时间，它们的本质语义特点是有所不同的。

第二节　形式差异

　　"刚刚₁"是时间副词，"刚刚₂"是时间名词，它们在语义上有不同，在形式上也呈现出好些差异。本节主要从三个方面考察它们形式上的差异：

　　1. 造句功用——指能够充当什么句子成分，能否成为独词句。

　　2. 相对位次——指跟某种成分或某种词语相对待时所处的位次。

　　3. 对 VP 的要求——VP 指受"刚刚"修饰的动词或动词结构。

一　造句功用

　　时间副词"刚刚₁"只能充当状语；时间名词"刚刚₂"不仅能充当状语，还能充当定语和独词句。例如：

　　（1）同时，对小桂，又隐隐地产生了厌恶感：原来你刚刚₂的动作是为了……（张贤亮《早安！朋友》）

　　（2）大家想起刚刚₂办公室里的情景，不禁毛骨悚然。（王安林《办公室里有蜜蜂》）

上例"刚刚"用在名词或名词结构前边作定语。

　　（3）（其中一个护士用漠然的口气截住我焦急的询问：）"走啦。他非得要求出院。刚刚₂。"（张辛欣《在同一地平线上》）

上例"刚刚"独用，可以分析为独词句。

　　顺带指出："刚刚₁"和"刚刚₂"都可以作状语，在这一点上它们是相同的。但是，在复句里，如果"刚刚₁"和"刚刚₂"用于前分句，而后分句有个跟它们对应使用的时间词，那么，跟时间副词"刚刚₁"对应使用的往往是时间副词"立即"之类，跟时间名词"刚刚₂"对应使用的往往是时间名词"现在"之类。即：

　　　　S 刚刚₁ VP，（S）立即 VP。

　　　　S 刚刚₂ VP，（S）现在 VP。

　　比较：

（4）他刚刚₁跑到车站，小伙子们<u>马上</u>把他拉回去了。

（5）他刚刚₂跑来车站，<u>现在</u>又不知跑到哪里去了。

又如：

（6）那位病人<u>刚刚</u>还咳嗽不<u>止</u>，<u>现在</u>好多了。

（7）苏三荡<u>刚刚</u>还喧嚣杂遝，<u>此刻</u>却是一片死一般的沉默。

这里的"刚刚"跟"现在、此刻"对应使用，是时间名词"刚刚₂"。

二　相对位次

（一）跟某种成分相对待时所处的位次

首先，"刚刚₁"总是出现在主语后边，不能出现在主语前边；"刚刚₂"既可以出现在主语后边，也可以出现在主语前边。例如：

（8）上工的铃刚刚₁响过，张三就把电门合上了。（陈村《一天》）

　→ *刚刚上工的铃响过，张三就把电门合上了。

（9）路灯刚刚₂还很亮，过了这点时光就变得不大亮了。（陈村《一天》）

　→ 刚刚路灯还很亮，过了这点时光就变得不大亮了。

"刚刚₂"用在主语前边时，可以有较明显的停顿，书面上加逗号：

（10）<u>刚刚</u>，它们还只是一些模糊不清、躲躲闪闪的剪影。（王家达《青凌凌的黄河水》）

其次，用于谓语部分时，"刚刚₁"可以出现在一般状语后边，甚至可以出现在连动式结构中间，"刚刚₂"则要求出现在前边。例如：

（11）他在饭店刚刚₁吃完饭，不想就碰着一个人，……（贾平凹《浮躁》）

（12）我们各自都有几柜书，有着共同年龄的女儿——她们又同样兴奋地刚刚₁接到重点大学的"录取通知"。（罗达成《少男少女的隐秘世界》）

上例"刚刚₁"用在一般状语后边。"刚刚₂"没有这种位次。

（13）他拍着他那叠谱纸，象他家新买了钞票机刚刚₁印出了票子。（张欣《投入角色》）

（14）七十年代末期他从乡下回来刚刚₁复职……（熙高《燃烧的暴风雪》）

上例"刚刚₁"用在连动结构"新买了钞票机印出了票子""从乡下回来复职"中间。"刚刚₂"没有这种位次。

有些表示语气的状语，比方表示推测语气的"似乎、好像"之类，"刚刚₂"可以出现在后边，也可以出现在前边，"刚刚₁"却只能出现在后边。比较：

小两口似乎刚刚₂还在吵嘴。

小两口刚刚₂似乎还在吵嘴。

小两口似乎刚刚₁起床。

*小两口刚刚₁似乎起床。

（二）跟某些副词相对待时所处的位次

"还、都、又"这几个副词，它们跟"刚刚"的位次关系是绝对的。它们如果跟"刚刚"同现，那么，"刚刚₁"一定出现在它们的后边，"刚刚₂"一定出现在它们的前边。比较：

a　小孙女还刚刚₁学说外语呢！

b　小孙女刚刚₂还学说外语呢！

再看两个例子：

（15）这些兵其实都刚刚学喝酒，对各种酒什么味并不能辨清，……（周大新《走廊》）

（16）昨天下了一场雨，下午机关又刚刚进行过大扫除，整个办公室便窗净几亮。（王安林《办公室里有蜜蜂》）

例（15），"刚刚"用在"都"后边，是时间副词"刚刚₁"。如果"都"用到"刚刚"后边，如说"这些兵刚刚都学喝酒"，"刚刚"便成了时间名词"刚刚₂"。例（16），"刚刚"用在"又"后边，是时间副词"刚刚₁"，句首还出现了时间名词"下午"。如果"又"用在"刚刚"后边，如说"机关刚刚又进行大扫除"，"刚刚"便成了时间名词"刚刚₂"。由于"刚刚₂"是相当于"刚才"的时间名词，句首的时间名词"下午"就不能再出现。

有两点需要说明：

第一，"刚刚"和"才"有时连用，或者说"才刚刚"，或者说"刚刚才"。这是同义连用格式，"才"是时间副词，"刚刚"用在后边时固然是时间副词，用在前边时一般也是时间副词。如：

（17）当炮火开始全线轰响的时候，潘荪才刚刚₁走到了41高地的山脚。（周大新《走廊》）

（18）我也刚刚₁才到。（刘震云《塔铺》）

第二，能跟"刚刚₁""刚刚₂"同现的副词并不总是一样的。比方，"刚刚₁"可以跟"别"同现，"刚刚₂"却排斥"别"；相反，"刚刚₂"可以跟"正在"同现，"刚刚₁"却排斥"正在"。如：

（19）这可不是闹着玩的，别刚刚₁出了劳改队，又进了阎王殿。

→　＊S 刚刚₂别……

（20）我刚刚₂正在洗漱，忽见一道黑影从我眼前闪过。

→　＊S 正在刚刚₁……

三　对 VP 的要求

（一）意义方面的要求

有的动词在意义上是一种"过程动词"，所表示的行为可以往参照点之后延续。"刚刚₂"总是表示说话前不久的时间，它的后边不能出现这种过程动词；"刚刚₁"则总是表示行为的始发点，因此，它的后边可以出现这种过程动词。例如：

（21）老秀才晚年得子，深怕断了香火，匆匆在邻村选中一个姑娘，便逼着刚刚₁成年的儿子结婚。（边震遐《秋鸿》）

（22）达师傅又翻一次身，眼前又出现一个莫雨，这次是……一个刚刚₁发胖的、好脾气的中年妇女。（铁凝《六月的话题》）

有的动词本身不是过程动词，但如果整个 VP 相当于这种过程动词，同样不能跟"刚刚₂"配合，只能跟"刚刚₁"配合：

（23）我们的读者中肯定有许多是刚刚₁做爸爸妈妈的。

（24）而且，在福冈举行的亚洲女排锦标赛上，他就给刚刚₁经过新老更替的中国女排泼了一盆冷水。（鲁光《中国男子汉》）

（二）结构方面的要求

"刚刚 + 动 + 时段补语"的结构，"刚刚₁"和"刚刚₂"对时段补语的要求有所不同。

时段补语如果采取"数 + 量"的形式，用"刚刚₁"时，"数 + 量"可以表示较短时段，也可以表示较长时段；用"刚刚₂"时，"数 + 量"只能表示较短时段。如：

（25）这些农民，什么时候准备的雨伞？雨才刚刚₁下了几分钟啊！（闵国库《在倾斜的版图上》）

（26）刚刚₁出来几天，就常常被一种说不清、道不明、莫名其妙的情绪
搅得睡不安然。（冯苓植《落凤枝》）

"几分钟"时段较短，"几天"时段较长。"刚刚₂……几分钟"能说（他刚刚₂还在这儿坐过几分钟），"刚刚₂……几天"却不能说（*他刚刚₂还在这儿坐过几天）。

时段补语如果不是"数＋量"，或者不是单纯的"数＋量"，那么，用"刚刚₁"时，时段补语采用带有缩小意味的"不久、不一会儿"之类形式，如：

我刚刚₁坐下不久，这催命鬼又来了！

我刚刚₁坐下不一会儿，这催命鬼又来了！

相反，用"刚刚₂"时，时段补语可以采用带有夸大意味的"好久、好一会儿"之类形式。比如"他刚刚曾经牵着毛驴来这儿转悠"（参看第一节例7），其中用"刚刚₂"，可以说成例（27），却不能说成例（28）：

（27）他刚刚曾经牵着毛驴来这儿转悠了好一会儿。

（28）*他刚刚曾经牵着毛驴来这儿转悠了不一会儿。

有时"刚刚"所修饰的不是典型的VP。"刚刚₁"和"刚刚₂"对非典型VP表现出不同的选择性。

如果是"刚刚＋很＋形容词"，那么，一定是"刚刚₂"修饰"很＋形容词"。如"路灯刚刚还很亮"（例9）。又如：

我刚刚很生气。

她刚刚非常伤心。

如果是"刚刚＋（到＋）时间名词"，那么，一定是"刚刚₁"修饰时间名词，其中隐含"到"的意义。如：

（29）刚刚₁九点，公园里就人满为患了。（李云良《牌友》）

（30）刚刚₁早晨，空气又粘又脏，站里站外的人……吆喝着挤来挤去。
（孟晓云《多思的年华》）

第三节　语用价值

一个语言符号存在的根据就在于它在自己所处的系统中有着独特的价值，不然，它就会成为多余的东西，就会被淘汰。

"刚刚₁"和"刚"构成一对同义词，"刚刚₂"和"刚才"构成一对同

义词。为什么有了"刚"和"刚才",还需要"刚刚"?这个问题要从语用价值的角度来回答,而回答了这个问题,我们对"刚刚"的认识就会更加全面,更加完整。

一 表义上的价值

"刚刚$_1$"和"刚"都表示动作的始发点。但是,比较地说,"刚刚$_1$"往往可以特别突出地强调动作的速发性。

证据一:当行为间的连接在事实上"间不容发"的时候,用"刚刚$_1$"比用"刚"能给人更加鲜明的感觉,更加强烈的印象。例如:

(1)他刚刚$_1$醒来,呐喊一声就摇头晃脑地打起来。(张炜《古船》)

(2)刚刚$_1$和这辆卡车错过,迎面又来了一辆同样的运输原木的卡车。(白桦《一支枯竭了的歌》)

这里的"刚刚$_1$",如果换成"刚",在表义的准确鲜明上就稍逊于原句。

证据二:"刚刚 X 就 Y"和"刚 X 就 Y"都表示 X 与 Y 的先后紧接,但在"刚刚 X 就 Y"里,后项一定可以出现"立即、突然"之类表示瞬间速发的词语。如:

(3)他刚刚$_1$迈进中圣门,顾客们立即蜂涌而来,簇拥在他的周围,……(石坚、马津海《市长李瑞环》)

(4)棋子刚刚$_1$摆好,……忽然传来了一阵轻脆细柔的鸣声:"唧!唧!唧……"(边震遐《秋鸿》)

(5)陆母刚刚$_1$坐下,突然弹射而起……(祖慰《困惑,在双轨上运行》)

(6)刚刚$_1$进屋想看个仔细,猛地嗡隆一声,腾起一块绿云。(李亚南《蓝瞳》)

有时,前项用了"刚刚$_1$",后项虽然不出现"立即、忽然"之类,但可以补上。如:

(7)龟山弘吉刚刚$_1$苏醒过来,他就(立即)到司令部告状去了。(王星泉《白马》)

(8)刚刚$_1$脱下外衣,就(忽然)听见有人敲门。(水运宪《裂变》)

在"刚 X,就 Y"里,后项不一定都能够顺当地使用"立即、突然"之类词语。如:

(9)刚走到火车站,小虎就睡着了。(姜滇《市长夫人》)

　　→　*刚走到火车站，小虎就立刻睡着了。

　　→　*刚走到火车站，小虎就突然睡着了。

　　证据三："刚刚₁"和"刚"都可以用在"动词语+时间名词语"前面，但其中的名词有些微妙差别。

　　如果述说的仅仅限于始发点上发生的事情，不涉及以后紧接着发生的反向变化，那么，用"刚刚₁"时，时间名词语往往表示短暂的时间，用"刚"时，时间名词语可以表示较长的时间。比较：

　　（10）刚刚₁按铃那一刹那，她的心砰砰直跳，不知命运到底如何摆布自己。

　　（11）刚当教师那年，我二十一岁，我的学生视我为"大姐""大朋友"。（钱怡《爱在北大荒》）

"一刹那"时间极短，句子后项可以出现"忽地、猛然"之类词语：她的心忽地砰砰直跳；"那年"时间较长，句子后项可以出现"常常"之类词语：我的学生常常视我为"大姐""大朋友"。

　　有时，所用名词语在词面上相同或基本相同，但所表时间实际上有短长的差异。例如：

　　（12）等阿猫刚刚₁骑上墙头的时候，忽然间，听得一缕笛声远远飘来，……（边震遐《秋鸿》）

　　（13）白天明刚分到新华医院时，常常到这筒子楼里来找郑柏年。（苏叔阳《故土》）

同是"时、时候"，前一例"时候"相当于"那一瞬间"，后项用了"忽然间"，后一例"时"可以换成"那一年"，后项用了"常常"。

　　有意思的是，如果所述说的事情后来事实上并非如此，那么，"刚刚₁"后边可以出现"一年"之类，但从整个语境看，却是强调情况很快就发生了变化。这时，在说话人的心理感觉上，"一年"之类所表示的时间仍然是短促的。比如，可以比照例（13），造出这么个句子："白天明刚刚分到新华医院的头一年，对什么事情都十分认真。"又如：

　　（14）多丽刚刚₁上班的前半年，瑞心因她的乐观笑容而羡慕她的幸福。……（林湄《女人啊！女人!》）

"头一年"也好，"前半年"也好，跟"刚"相对而言，用"刚刚"更有强调作用。

二 节律上的价值

"刚"是单音词，"刚刚₁"是双音词。在某种情况下，双音词"刚刚₁"可以加强语句的节奏感和音乐美。看例子：

(15) 春分刚刚₁过去，清明即将到来。(郭沫若《科学的春天》)

(16) 刚刚₁背道而驰，马上迎头碰到。(高晓声《巨灵大人》)

用"刚刚"，前后分句节奏匀称，读起来顺口悦耳，如果改用"刚"，就会失去对称美。

双音词"刚刚₁"的使用，有时还为了适应语流中音节配合的需要。看例子：

(17) 太阳刚刚₁落山，西边的天上飞起一大片红色的霞朵。(路遥《人生》)

(18) 柳杭的春天来得早，积雪刚刚₁消融，绵绵的春雷便湿润了大地。(闵国库《在倾斜的版图上》)

在这样的语流中用"刚刚₁"同其他双音词配合使用，具有谐调美。如果把"刚刚₁"换为"刚"，读起来没那么顺口。

三 语体上的价值

"刚刚₂"和"刚才"意思没有区别，音节完全相同。它们的细微差别，表现在言语的语体色彩上面。"刚刚₂"是个口语词，用于口头述说的话语当中；"刚才"是语体上的中性词，既通用于口语，也通用于书面语。说话时，使用"刚刚₂"，往往可以更好地适应谈话语体的需要，使语句更能上口。看几个例子：

(19) 刚刚₂这个球是扣出了界外。(中央电视台播出的排球赛解说)

(20) 白思弘？你刚刚₂不是说白思弘跟罗晓莉好吗？(张贤亮《早安！朋友》)

(21) 柏子叔公，刚刚₂你……你说的秋……秋秋鸿，是咋格东西啊？(边震遐《秋鸿》)

以上例子口语色彩都很浓。在顺口叙说、顺口提问中这么使用"刚刚₂"，语体上显得十分和谐。

反过来看，在书面语色彩较浓的环境里，就不宜用"刚刚₂"，而应该用"刚才"。如：

（22）代表们<u>刚才</u>所提的一系列建议，我们将充分予以考虑。

这里，"所提的一系列建议""充分予以考虑"都是典型的书面语说法。如果把其中的"刚才"换成"刚刚₂"不仅失去了庄重的色彩，而且觉得说着别扭。

再看下面一例：

（23）<u>刚才</u>他还坐在办公室办公，<u>即刻间</u>又登上了课堂讲台；<u>刚刚</u>他还在会议室里开会，<u>转眼</u>他又到研究生那儿去辅导了。（魏忠德《巡天遥看一千河——记武汉测绘科技大学教授、摄影测量遥感系主任张祖勋》）

上例中"刚才"与书面语词"即刻间"呼应使用，"刚刚"与口语词"转眼"呼应使用。

再比较下面两个例子：

（24）但是我想，<u>刚才</u>说的军队要整顿，要安定团结，要落实政策，这些原则是不会错的。（《邓小平文选》）

（25）我<u>刚刚₂</u>说的"无论从哪方面"，一是说……二是说……（黄小初《永远走红的汽车》）

前一例是"刚才说的……"，后一例是"刚刚说的……"。前一例见于十分庄重严肃的场合，用"刚才"在语体色彩上才显得和谐得当；后一例是在"拉家常"的场合说的，用"刚刚₂"更显得随便顺口。

第四节　从"刚刚"的使用看现代汉语语用的节奏规律

影响词语搭配选择的因素有多个方面，有语义因素、语法因素、语用因素、逻辑因素、文化因素、习惯因素等。对于典型的形态变化不丰富的汉语来说，语用因素的制约显得特别地突出。在语用因素里，节律因素是一个重要方面。郭沫若《科学的春天》里有这样两句："春分刚刚过去，清明即将到来。"其中的"刚刚"如果换成"刚"，读起来就不上口，因为后分句里与"刚刚"相对的是双音词"即将"。人民教育出版社六年制小学语文教材里有一篇课文《林海》，1988 年 5 月的旧版收入第十二册，1997 年的新版收入第十一册。收入新版时，在文字上作了一些修改，其中包括下面一例：

（原版）有多少省份用过这里的木材呀！大至<u>矿井、铁路</u>，小至<u>桌</u>

　　　　椅、椽柱，……

　　（新版）有多少省份用过这里的木材呀！大至<u>矿井、铁路</u>，小至<u>椽柱、桌椅</u>。

原版里拿"桌椅、椽柱"来与"矿井、铁路"对着说，字音的升降一律化，显得呆板；调整成"椽柱、桌椅"，前后读起来就抑扬顿挫，富于音乐美（杨小军，1998）。

　　现代汉语以双音节词占优势，节奏感很强。单双音节词语的语用选择，往往取决于节律因素。在双音词里面，叠音词因为两个音节都相同，因而又有特别的语用要求。本节以时间副词"刚刚"为对象，讨论其在语用上的三个节律选择规律，这将有助于加深和完善我们已往对现代汉语节奏规律的认识。从中，我们还将看到，在语言运用中，当节律与表义发生矛盾的时候，有时适应节律的要求，节律优先，节律可以压倒表义；有时适应表义的需要，表义优先，表义可以压倒节律。

一　避免叠用复现

（一）从与其他副词共现的关系看，"刚刚"一般避免与叠音副词连用。
"刚刚"常与单音节副词连用，例如：

（1）雨＜才＞＜刚刚＞下了几分钟啊！（闵国库《在倾斜的版图上》，《十月》1986年第5期，27页）

（2）同志！别忘了我们现在＜只＞＜刚刚＞跨入八十年代。（德兰《真》，《十月》1987年第1期，241页）

（3）有的已经竖起了主体工程的外壳，有的＜还＞＜刚刚＞开始土建。（姜滇《市长夫人》，《十月》1987年第4期，41页）

（4）清秀这几天胃口＜刚刚＞＜才＞好一点，我明天再到医院去给她开两瓶钙片。（何洁《落花时节》，《十月》1987年第1期，71页）

一般避免与叠音副词连用。试比较：

　　　　雨＜才＞＜刚刚＞下了几分钟啊！　　　（好的说法）

　　　　雨＜仅仅＞＜刚刚＞下了几分钟啊！　　（不好的说法）

　　　　有的＜还＞＜刚刚＞开始土建。　　　　（好的说法）

　　　　有的＜仅仅＞＜刚刚＞开始土建。　　　（不好的说法）

把单音节的"才"、"还"换成双音节的"仅仅"，句子读起来便显得拗口。

再看下边一例：

（5）我的事业＜仅仅＞＜刚＞开始，今后若干年内，除了回美国向研
究所汇报外，我准备用大部分时间呆在这里和猩猩一同生活。（德
兰《真》，《十月》1987 年第 1 期）

如果把其中单音节的"刚"换成双音节的"刚刚"，读起来也感到不顺口，
试读读看：

（5'）我的事业＜仅仅＞＜刚刚＞开始，……

有时，为了强调语义，"刚刚"也可以与表示语气的叠音副词连用。例
如：

（6）谁说他早就来了？他＜明明＞＜刚刚＞来嘛！

（7）这一下你可就猜错了。我＜恰恰＞＜刚刚＞到！

这里与"刚刚"连用的是语气副词，"明明"、"恰恰"都起强调语气作用。
这是表义的需要，叠用复现是必要的。这时，表义压倒节律。这个道理同样
体现于其他叠音副词，如"早早"。时间词"早早"为了适应节律和谐的需
要，一般也避免与其他叠音副词连用，如"他＜常＞＜早早＞把我叫醒"
就一般不说成"他＜常常＞＜早早＞把我叫醒"。但是，为了某种语气表达
的需要，"早早"也可以与叠音语气副词连用。例如：

（8）那时候，我真想每天早上都睡上一个懒觉，好让美梦延续下去。
可班主任宋老师却＜偏偏＞＜早早＞地将我叫醒，把我们赶往运
动场。（中共湖北省委科教部编《奉献之歌》，武汉地质学院出版
社 1986 年，52 页）

**（二）从与中心语组合排列的情况看，"刚刚"一般避免与含叠音成分
的中心语连用。**

看下面的例子：

（9）天＜刚＞＜麻麻亮＞，刘祥、子元就带着演员去林中、河边、山
上，练武功、吼嗓子。（何洁《落花时节》，《十月》1987 年第 1
期，73 页）

句中的"天刚麻麻亮"，如果说成"天刚刚麻麻亮"，就显得很拗口。如果
把"麻麻亮"换成"鱼肚白"，还是三音节，可"天刚刚鱼肚白"说起来
就很顺口。

"刚刚"在语用上不仅排斥前缀叠音中心语，也同样排斥后缀叠音中心
语。例如：

（10）天＜刚＞＜灰蒙蒙＞，他就起身要走。

句中的"天刚灰蒙蒙"如果说成"天刚刚灰蒙蒙",读起来就感到拗口。

二　倾向于选择双音节以上的组配成分

我们对张志公先生主编的《现代汉语·中册》(人民教育出版社 1985 年版)附录的常用虚词表中"副词"一栏列出的 402 个常用副词作了检测。结果表明,单音节副词中,有一小部分文言色彩较浓,因而黏着性较强,只修饰单音节中心语,如:"屡"、"默"、"渐"等;大部分不受限制,既能修饰单音节,也能修饰双音节、多音节。双音节副词的情况就不同了。把表中的双音节叠音副词检出来再加以补充,共得到下面 29 个:

万万	稍稍	略略	断断	偏偏	常常	往往	时时
屡屡	默默	足足	慢慢	快快	恰恰	明明	渐渐
连连	每每	统统	通通	单单	处处	仅仅	白白
微微	死死	频频	大大	连连			

检查表明,在这 29 个双音节叠音副词中,有 17 个后面不能只接一个单音光杆儿中心语,也就是说,如果只接一个单音光杆儿中心语,所构成的短语就站不住。它们是"万万"、"稍稍"、"略略"、"连连"、"足足"、"时时"、"默默"、"屡屡"、"单单"、"断断"、"渐渐"、"每每"、"仅仅"、"微微"、"死死"、"频频"、"大大"。试比较:

[?]足足有	足足有半小时
[?]连连喊	连连喊饶命
[?]渐渐停	渐渐停了
[?]断断不	断断使不得
[?]屡屡败	屡屡失败
[?]单单他	单单他一个人
[?]仅仅靠	仅仅靠苦干
[?]死死守	死死守护
[?]大大降	大大降低
[?]略略增	略略增加
[?]每每来	每每来到这儿
[?]默默等	默默等待
[?]万万要	万万要小心
[?]时时记	时时记着

　? 稍稍吃　　　　　　稍稍吃一点儿

　? 微微笑　　　　　　微微含笑

　? 频频传　　　　　　频频传递

　　另外 12 个虽然也能后接一个单音光杆儿词，但也倾向于跟双音节或多音节中心语搭配，较少修饰单音光杆儿中心语。这体现了现代汉语双音节叠音副词语用上的节律特点，原因在于要求语流节律自然。

　　叠音副词"刚刚"就倾向于跟两个以上音节的中心语搭配。例如：

（11）柳杭的春天来得早，积雪 < 刚刚 > < 消融 >，绵绵春雨便湿润了大地。（闵国库《在倾斜的版图上》，《十月》1986 年第 5 期，27 页）

（12）待金狗 < 刚刚 > < 从地上爬起来 >，门"哗"地被推开了。（贾平凹《浮躁》，《收获》1987 年第 1 期，30 页）

例（11）"刚刚"修饰的是双音词"消融"，例（12）"刚刚"修饰的是多音节短语"从地上爬起来"。再看下边两例：

（13）一月刚过，傈傈山寨全被鲜花淹没了。（张永叔《火海刀锋上的美》，《花城》1985 年第 5 期，87 页）

（14）其时，一场飘飘洒洒的春雨刚住。

两例中的"刚"修饰的是单音节光杆中心语"过"、"住"。如果把其中的"刚"换成双音节的"刚刚"，说成"刚刚过"、"刚刚住"，则感到节律失衡，不那么顺口。

三　在"一 X，就 Y"结构中配置时要求 X 为单音节

　　邢福义先生（1987）《前加特定形式词的"一 X，就 Y"句式》描写到：关联结构"一 X，就 Y"常用来表示 X 同 Y 紧接，为了强调 X 于始发点同 Y 紧接，可以插入"刚"，说成"刚一 X，就 Y"。例如：

（15）这股歪风刚一露头，就杀住了。（石坚、马津海《市长李瑞环》，《芙蓉》1987 年第 1 期，54 页，本例和以下 5 例转引自邢文）

（16）刚一走近，就闻到了一股醋味。（张炜《古船》，《当代》1986 年第 5 期，43 页）

（17）方案刚一批下，县广播站便以头条新闻进行了报道。（张平《无法撰写的悼词》）

（18）没想到，他们刚一回去，老队长就被揪了出来。（杨啸《岩画探

奇》)

为了进一步突出 X 同 Y 紧接之短促,可以插入"刚刚",说成"刚刚一 X,就 Y"。不过,这时有一个节律条件,那就是要求 X 一般是一个单音节。例如:

(19) 两人的眼锋刚刚一碰,便像受惊的黄羊,猝然分开。(谭力、昌旭《蓝花豹》)

(20) 汽车刚刚一到,他就来找我,带来师部曾参谋的信和一把小刀。(王星泉《白马》,《十月》1987 年第 1 期,28 页)

如果 X 不是一个单音节,双音节的"刚刚"插进去就有损于结构的整体节奏感,句子读起来就不太顺口。试比较:

这股歪风刚一露头,就刹住了。　　　　(好的说法)
这股歪风刚刚一露头,就刹住了。　　　(不好的说法)

汽车刚刚一到,他就来找我。　　　　　(好的说法)
汽车刚刚一到站,他就来找我。　　　　(不好的说法)

两组中,后一例都不如前一例读起来顺口。

邢文精细地观察到"一 X,就 Y"结构里"一"前边经常插入"刚"而"有时"才插入"刚刚"。旺盛(1988)《"刚刚"与"一"可以连用》专门寻找例子来说明"刚刚"与"一"也可以连用。这都从不同侧面反映了一个事实,就是"一 X,就 Y"结构"一 X"前面多选择"刚",很少选择"刚刚"。那么,是什么原因造成的呢?我们认为,原因在节律方面。"刚一 X,就 Y"和"刚刚一 X,就 Y"都是节奏感很强的结构。由于节奏感的要求,"一 X,就 Y"里,不论在插入"刚"还是"刚刚"时,X 的音节数一般都要求比较少,而在"刚刚一 X,就 Y"里,X 最好为一个单音节。实际语言运用中,由于表义的需要,X 多不是一个单音节,因此,"刚刚"插入"一 X,就 Y"结构里的频率比"刚"低得多。这是节律压倒表义。实际上"刚一 X,就 Y"里 X 的音节数也以两个为多数情况。

四　"刚刚"的使用反映现代汉语节奏规律的另一面

现代汉语的节奏问题,过去有过不少论述。周有光(1961)《汉字改革概论》指出:"双音化是现代汉语的主要节奏倾向。"(245 页)吕叔湘(1963)《现代汉语单双音节初探》进一步指出:"不得不承认 2 + 2 的四音节也是现代汉语里的一种重要的节奏倾向。"(424 页)陈建民(1984)《汉语口语》又指出："四音节的主要语音段落是 2 ＋ 2，语音上成双成对，念起来节奏匀称，十分上口，的确可以加强语言的表达效果。"（66 页）这些就现代汉语主要的节奏倾向和 2 ＋ 2 四音节表达效果的论述都很好。但是，这只是现代汉语节奏规律的一个方面。正如吕叔湘《现代汉语单双音节初探》所指出的："在现代汉语里，四音节只是部分的、特殊的节奏规律，全面的、系统的节奏规律还有待于研究。"（443 页）本节讨论的时间副词"刚刚"一般避免叠用复现，正体现了现代汉语节奏规律的另一个方面，这就是为了达到言语节律自然顺口，有时还需避免叠用复现，以错综求顺口。这应该说是 2 ＋ 2 节奏规律的一个补充。

第五节　关于词的语法个性

撇开语用因素的制约不说，两个词意义相近相等，词性相同，它们的语法分布就相同吗？换句话说，它们在语法上就可以随便换用吗？本节以时间名词"刚刚"和动词"以为"的分析为例，说明两个词意义相近相等，词性相同，但在语法上并不一定能够随便替换使用。

一　关于时间名词"刚刚"

从语义上说，时间名词"刚刚"与"刚才"相当，那么，在语法上是否就可以随便换用呢？事实表明，不是的，很多时候不能互换。下面就列举几种由于语法的原因不能换用的情形。

（一）"刚才"经常单说，而"刚刚"一般不单说，特别是一般不单独回答问题。如：

(1) 什么时候走的？
　　刚才。
(2) 刚才，还怕吗？（朱幼棣《沉没的高原》，《芙蓉》1987 年第 1 期，164 页）
(3) 妈妈，刚才，那只不过随便说说，其实，我们没事……（白峰溪《不知秋思在谁家》，《十月》1986 年第 5 期，257 页）
(4) 刚才，从邹老先生家走时，老先生也是这样拍了拍他的肩膀。（肖复兴《四月的归来》，《花城》1987 年第 1 期，55 页）

以上四例中的"刚才"都单说，如果换成"刚刚"，说起来都觉着不合语感。试读读看：

（1'）什么时候走的?

　　　　[?]刚刚。

（2'）[?]刚刚，还怕吗?

（3'）[?]妈妈，刚刚，那只不过随便说说，其实，我们没事……

（4'）[?]刚刚，从邹老先生家走时，老先生也是这样拍了拍他的肩膀。

（二）"刚才"可以用于宾语，经常用于介词的宾语；"刚刚"一般不用于宾语，也很少用于介词的宾语。如：

（5）我说的是刚才。

（6）截止到刚才，我们为赴省、赴京请愿代表已募捐到路费一千五百余元，……（郑义《远村》，25 页）

（7）你一来劲，就会没个完地提问，就和刚才一样，你想想看，人家怎么吃得消?（德兰《真》，《十月》1987 年第 1 期，187 页）

（8）见素点点头，又摇摇头："'怪劲儿'逼得你浑身打战，就像刚才一样。……"（张炜《古船》，《当代》1986 年第 5 期，58 页）

以上四例中的"刚才"都用作宾语，如果换成"刚刚"，则不合语感。试读读看：

（5'）[?]我说的是刚刚。

（6'）[?]截止到刚刚，……

（7'）[?]你一来劲，就会没个完地提问，就和刚刚一样，……

（8'）[?]见素点点头，又摇摇头："'怪劲儿'逼得你浑身打战，就像刚刚一样。……"

（三）"刚才"作定语，中心语既可以是短语，也可以是词。如：

（9）刚才那个人叫秦征，我的助手，我们之间纯属同事关系。（白峰溪《不知秋思在谁家》，《十月》1986 年第 5 期，256 页）

（10）古书上说，请将不如激将，没有刚才那一出，你老兄哪有刚才那一英雄壮举?（孙春平《远方有红绿灯》，《十月》1987 年第 1 期，114—115 页）

（11）我想向他解释一下刚才的事情，却不知怎么开口。（邢卓《冬日的风雪》，《十月》1986 年第 5 期，218 页）

（12）她的目光让他明白她刚才的话是真的。（张炜《古船》，《当代》1986 年第 5 期，58 页）

前两例"刚刚"的中心语是短语，后两例"刚刚"的中心语是词。

　　而"刚刚"作定语，其中心语一般是一个短语。例如：

（13）刚刚她这两句话，是那么成熟与机智，可想而知，今天晚上的会
　　　　面，也是她一手促成。（水运宪《裂变》，《收获》1986 年第 6
　　　　期，81 页）

（14）我想刚刚暗猫对我的描绘又凭空给他增添了勇气。（黄小初《永
　　　　远走红的汽车》，《收获》1987 年第 1 期，189 页）

　　"刚刚"作定语一般不修饰一个单个儿的词，例（11）"刚才的事情"如果说成"刚刚的事情"，例（12）"刚才的话"如果说成"刚刚的话"，则都不合语感。

　　（四）"刚刚"和"刚才"虽然都能修饰短语，但"刚刚"修饰的短语一般隐含动词性语义成分。如例（13）里的"刚刚她这两句话"可以转换成"刚刚她说的这两句话"，例（14）里的"刚刚暗猫对我的描绘"可以转换成"刚刚暗猫对我进行的描绘"。又如：

（15）刚刚那个球是扣出了界外。（中央电视台排球赛解说语）

其中的"刚刚那个球"可以转换成"刚刚扣的那个球"。像下边两例：

（16）你注意刚才路两边民兵的骡马和大车了吗？（王星泉《白马》，
　　　　《十月》1987 年第 1 期，29 页）

（17）中年人瞅见刚才他那种眼色，气恼地走到他面前，照他的脸上打
　　　　了一巴掌。（李心田《流动的人格》，《人民文学》1987 年第 10
　　　　期，13 页）

其中的"刚才"都不能换成"刚刚"，因为中心语"路两边民兵的骡马和大车"、"他那种眼色"都不隐含动词性语义成分。

　　（五）"刚才"作定语是组合的，"刚才"与中心语之间可以带"的"字；而"刚刚"作定语只能是黏着的，"刚刚"与中心语之间不带"的"字。"刚刚"与中心语之间不是用"的"字连接，而是借助指代成分连接。如：

　　　　刚刚她这两句话

　　　　刚刚暗猫对我的描绘

　　　　刚刚那个球

其中的"她这"、"暗猫对我的"、"那个"都是指代成分。

二 关于动词"以为"

第七章考察现代汉语的动词"以为",说明"以为"实际上有两个:"以为₁"表示确定的判断,相当于"认为";"以为₂"在字面上表示一个判断的同时,总预设另一个相反的判断。

"以为₁"(以下简称"以为")与"认为"都是动词,语义上相当,那么,二者在语法上是不是就可以随意替换呢?事实表明,不是的,很多时候不能互换。下面就列举几种由于语法的原因不能换用的情形。

(一)"认为"前常带状语,而"以为"前一般不带状语。例如:

(18) 本文<u>通过历时和共时比较</u>认为,现代维吾尔语……(赵明鸣《论现代维吾尔语元音 i 的音位体现》,《民族语文》1998 年第 3 期,18 页)

(19) 我们<u>可以</u>认为,特定的句尾语调调型是句末停顿的主要边界信号之一。(吴宗济、林茂灿主编《实验语音学概要》,高等教育出版社 1989 年,219 页)

(20) 要不是这样做,中国人民<u>将</u>认为是很不恰当的。(《毛泽东选集》第四卷,1139 页)

(21) 最后<u>一致</u>认为,鉴于目前局里的情况,让个老同志过渡一下还是必要的。(正昌《人间话语》,《小说月报》1998 年第 6 期,94 页)

(22) 你<u>很难</u>认为这是一部以描写改革和爱情为主调的作品。(冯牧《面对生活的召唤》,苏叔阳《故土》,人民文学出版社 1984 年,6 页)

(23) 他尊重和理解海外侨胞思念故土的心,<u>并不简单地</u>认为移居国外便是背叛母邦。(苏叔阳《故土》,11—12 页)

(24) 至今我<u>仍然</u>认为《丹心谱》、《左邻右舍》、《夕照街》等等是独具特色、能流传下去的好作品。(冯牧《面对生活的召唤》,苏叔阳《故土》,3 页)

(25) 突厥语学术界<u>一般</u>认为,现代维吾尔语的元音系统……(赵明鸣《论现代维吾尔语元音 i 的音位体现》,《民族语文》1998 年第 3 期,18 页)

(26) 男人说<u>不能</u>认为警方的询问没有道理。(潘军《对门·对面》,

《小说月报》1998 年第 6 期，37 页）

上面这些例子里的"认为"前头都带有状语，"认为"都不能替换成"以为"。

（二）"认为"可以用于抽象名词语后边，而"以为"不这样用。例如：

（27）马克思主义者认为，只有人们的社会实践，才是人们对于外界认识的真理性的标准。（《毛泽东选集》第一卷，284 页）

（28）西医学中医，那时虽然叫得很响，但派去学中医的，往往是医院里认为不大放心的年轻西医。（苏叔阳《故土》，4 页）

"马克思主义者"、"医院里"都是抽象名词语，其后边的"认为"都不能换成"以为"。

（三）"认为"可以用于介词"据"后边，而"以为"不这样用。例如：

（29）［共同社东京 12 月 26 日电］据认为，巴基斯坦总理贝·布托在同李鹏总理等的会谈中，促进两国的军事合作将成为中心议题。（《参考消息》1993 年 12 月 26 日）

（30）据认为，为总统访日调整俄国国内意见的工作极为难做，9 月份不得不作出第三次推迟访日的决断。（《参考消息》1993 年 8 月 30 日）

上两例中的"认为"都不能换成"以为"。"据认为"、"据调查"、"据反映"、"据统计"、"据预测"、"据报道"、"据了解"、"据指出"、"据透露"等说法都常说，而从来未见"据以为"的说法。

三　词的语法个性的形成

人和人组成社会，同类的人之间有共性，但任何一个人也都有其个性。词和词构成符号系统，同类的词之间有共性，但任何一个词在使用中也都会形成其语法上的个性。"刚刚"和"刚才"是这样，"以为"和"认为"是这样，其他任何词也都是这样。

本章小结

现代汉语的时间词"刚刚"可以分化为"刚刚$_1$"和"刚刚$_2$"，二者在语义上不同，在形式上也有一系列对立或差异的表现，从语言系统的表达功能来看，"刚刚₁"和"刚刚₂"都具有独特的语用价值。现代汉语的使用重视节律配置，"刚刚"作为一个双音节词很能反映这一点，不论是正面的要求还是反面的要求。时间名词"刚刚"与"刚才"，动词"以为"与"认为"在语法上的替换比较，使我们看到语言系统中词的语法个性。

第一，从语义角度看："刚刚₁"相当于"刚"，表示事件时间的始发点。"刚刚₁"还可以表示事件始发点处于"某时点前不久"，但"前不久"侧重主观描述，"某时点"既可以是说话时间，也可以是过去某时点。在关系的必然性上，"刚刚₁"同过去、同说话时间没有本质的联系。"刚刚₂"相当于"刚才"，表示事件发生在说话前不久。"刚刚₂"用来确定事件发生的时间位置，不具有表示事件时间始发点的作用。"刚刚₂"所表示的"前不久"侧重客观陈述；在关系的必然性上，"刚刚₂"同过去与说话时间有着本质的联系。

第二，从形式的角度看："刚刚₁"是时间副词，"刚刚₂"是时间名词，它们在造句功用上，在跟某种语言成分相对待时所处的位次上，在对 VP 的要求上，都表现出互相对立或互有差异的一些语法特征。比方，"刚刚₁"只能作状语，"刚刚₂"还能充当定语和独词句。再比方，"刚刚₂"可以用在主语前边，"刚刚₁"不能用在主语前边；如果跟"还、都、又"同现，"刚刚₂"一定用在前边，"刚刚₁"一定用在后边。又比方，VP 里如果包含时量补语，用"刚刚₁"时时量补语采取带有缩小意味的"不久、不一会儿"之类形式，用"刚刚₂"时时量补语采取带有夸大意味的"好久、好一会儿"之类形式。

第三，从语值的角度看：跟"刚"和"刚才"相比较，"刚刚₁"和"刚刚₂"都具有独特的语用价值。"刚刚₁"在运用中主要从表义上、节律上显示其价值；"刚刚₂"在运用中主要从语体色彩上显示其价值。

第四，以往关于现代汉语语用上节律的论述，一般只把目光投向了正面的 2 + 2 节奏规律，然而本章的考察表明，现代汉语节奏规律还有另一面，这就是为了达到言语节律自然顺口，有时还需避免叠用复现，以错综求顺口。这，应该说是 2 + 2 节奏规律的一个补充。

第五，从时间名词"刚刚"与"刚才"、动词"以为"与"认为"语法上的替换比较中，我们得到一个理论性的认识，那就是两个词意义相近相等，词性相同，但在语法上并不一定能够随便替换使用，而是往往具有语法个性，这种个性的形成应该说与多种因素的作用有关。

第十一章　普通话状位 NA 主谓短语与句法机制的管控

本章从入句规约的角度研究现代汉语的状位主谓短语。一般以为现代汉语里主谓短语不经常充当状语，如《中学教学语法系统提要》（试用）重视短语的地位，但在列举主谓短语的句法功能时就没有作状语这一项。实际上，在书面叙述性文字中，主谓短语经常充当状语，充当状语的主谓短语的形式也是多样的。例如：

（1）上课了，斯霞<u>神态端庄</u>地走进教室。（李振村《重读斯霞》，《小学语文教师》2004 年第 4 期，6 页）

（2）严欣挥着锄头，<u>一锄接一锄</u>地挖松泥巴，除去杂草，壅好包谷的根根。（叶辛《在醒来的土地上》，《长篇小说·〈十月〉专刊》1983 年第 2 期，6 页）

（3）文晓<u>泪痕满脸</u>地回头，满怀希望地看着他。（北京大学汉语语言学研究中心现代汉语语料库）

例（1）里充当状语的主谓短语"神态端庄"，谓语"端庄"是形容词；例（2）里充当状语的主谓短语"一锄接一锄"，谓语"接一锄"是动词性短语；例（3）里充当状语的主谓短语"泪痕满脸"，谓语"满脸"是名词性短语。

主谓短语作状语这一现象多年来一直很少有人专门讨论。尹世超（1983）专门考察这一现象，描写出一些规律。刘月华（1983）也论及主谓短语作状语。这些开创性的工作都为进一步的研究作出了贡献，同时也促使我们对这一现象进一步专题研究。时过二十多年后的今天，在新的条件下再来审视这一问题，我们认为，事实还有必要进一步考察，讨论也有待多角度深入展开。比如，一般认为主谓短语作状语要求全句主语跟作状语的主谓短语的主语之间有领属关系。而根据我们的考察，有领属关系的固然是多数情况，但也还存在为数不少的另一部分事实。例如：

（4）姜碧柳轻声笑了两声，朦胧中透着无限的娇媚，黄天立<u>内容模糊</u>

地抬起深深抓住沙发的手，盯着姜碧柳的目光。（何继青《从夏天到冬天》，《中篇小说选刊》1998 年第 4 期，131 页，郑贵友（2000）引例）

（5）彭树奎低着头，<u>一根接一根</u>地吸烟。（李存葆《山中，那十九座坟茔》，中国作家协会编《1983—1984 全国优秀中篇小说评选获奖作品集》（上），作家出版社 1986 年，100 页）

（6）山顶海拔三千多米，初上来的人都<u>程度不同</u>地有些反应。（唐栋《红鞋》，《中篇小说选刊》1991 年第 1 期，134 页）

（7）我说："爷爷，当年，您是怎样<u>一枪一个</u>，<u>弹无虚发</u>地，撂倒这些家伙，要了他们命的？"（陈源斌《你听我说》，《小说选刊》2000 年第 6 期，86 页）

　　例（4）里，主谓短语"内容模糊"作状语，全句大主语是"黄天立"，小主语是"内容"，大小主语之间没有领属关系。例（5）里，主谓短语"一根接一根"作状语，大主语是"彭树奎"，小主语是"一根"，"彭树奎"与"一根"之间也没有领属关系。例（6）里，主谓短语"程度不同"作状语，大主语是"初上来的人"，小主语是"程度"，"初上来的人"与"程度"之间也不构成领属关系。例（7）里，主谓短语"一枪一个""弹无虚发"作状语，大主语是"您"，小主语分别是"一枪""弹"，"您"与"一枪"、"弹"之间也都没有领属关系。

　　在充当状语的主谓短语里，形容词谓语的频率最高。用 N 代表名词性词语，A 代表形容词性词语，本章专门讨论 NA 主谓短语。我们试图从入句规约的角度，对进入状位的由名词语充当主语、形容词语充当谓语的主谓短语开展句法、语义、语用的多侧面讨论。

第一节　状位的选择和规约

　　本节讨论状位对 NA 主谓短语的选择和规约。NA 主谓短语不能无条件充当状语，而要受到结构与语义方面的选择与规约。

一　结构上的选择和规约

　　从结构上看，进入状位的 NA 主谓短语整齐紧凑，大多是 2 + 2 音节构成的四字结构，NA 四字结构本来可以扩展的，一旦进入状位扩展就要受到限制。例如：

（1）　感情复杂 → 感情非常复杂

　　　他感情复杂地看着她　　　　　　？他感情非常复杂地看着她

（2）　口气缓和 → 强硬的口气缓和下来

　　　他口气缓和地说　　　　　　　＊他强硬的口气缓和下来地说

（3）　程度不同 → 程度有所不同

　　　官僚主义程度不同地存在　　　＊官僚主义程度有所不同地存在

（4）　嗓音干哑 → 嗓音已经十分干哑了

　　　他嗓音干哑地说　　　　　　　＊他嗓音已经十分干哑了地说

　　状位 NA 四字短语有的也能扩展，但扩展受到限制，限制包括两方面：其一是扩展的是谓语部分，而不是主语部分；其二是扩展都很短。例如：

（5）　车内的人衣衫很整洁地或站或坐，车厢内异常安静，有人听到了车轮轮胎滑过滚烫的水泥路面的声音。（许春樵《找人》，《小说月报》1999 年第 3 期，80 页）

（6）　旺泉子满嘴是吃食，使劲嚼着，舌头不灵便地说：……（郑义《远村》，人民文学出版社 1986 年，340 页）

（7）　朱四点点头，态度依然十分和蔼地说，入乡随俗，就照马团长说的，咱也图个吉利，喝个双份吧！（王跃文《夜郎西》，《中篇小说选刊》1997 年第 1 期，41 页）

二　语义上的选择和规约

从语义上看，也不是任何 NA 主谓短语都能进入状位。如：

？NP ‖ 天气寒冷地 VP	？NP ‖ 局势稳定地 VP
？NP ‖ 节日快乐地 VP	？NP ‖ 春草绿油油地 VP
？NP ‖ 教材崭新地 VP	？NP ‖ 包子热乎乎地 VP

能够进入状位的 NA 主谓短语大多具有对人的描写性。例如：

（8）　妇联主任似笑非笑地轻轻拍打一下赵巧英肩头，口气缓和地劝说道，……（郑义《远村》，315 页）

（9）　他心绪不高地坐在舞台中间，冷眼瞧着台下那兴高采烈的人群。（苏叔阳《故土》，人民文学出版社 1984 年，163 页）

"口气缓和"描写人的言语情态，"心绪不高"描写人的情绪。

这样就形成了这种 NA 主谓状语句的一般性句法语义格局。一般性句法语义格局对非一般性句法语义具有反制约作用。在这种格局的规约下，有的句子本来是述说人以外的生物的，也被谓语动词前边充当状语的 NA 主谓短语赋予了人的特性。例如：

(10) 经理室里堆满了方便面纸箱、啤酒、饼干等，许多苍蝇<u>热情高涨</u>地在经理的脑袋和饼干啤酒之间飞翔，一副安居乐业的样子。

          （许春樵《找人》，《小说月报》1999 年第 3 期，77 页）

"热情高涨"是描写人的词语，赋予了"苍蝇……飞翔"以人的行为特性。

从 N 来看，一般是双音节名词，根据语义特征可分为两类：

"脸色"类〔＋人体〕：

脸色	面目	笑容	表情	神色	神态	神情	泪眼
两眼	眼睛	眼里	眼神	目光	舌头	嘴唇	声音
嗓音	口齿	手里	脚步	步伐	步履	派头	风度
精神	心绪	口气	满腹	心口	情绪	感情	态度
热情	信心	动作					

"程度"类〔－人体〕：

程度	观点	思路	衣衫	字迹	字脉	阵容

"脸色"类名词都与人体直接有关，具有〔＋人体〕语义特征；"程度"类名词都与人体没有直接关系，而具有事物性，具有〔－人体〕语义特征。状位 NA 主谓短语中，"脸色"类名词占大多数，"程度"类名词占很少数。"脸色"类名词都表示伴随人说话、行为动作的某体位、属性、特征等，一般比较具体可感。

从 A 来看，一般是双音节形容词或形容词短语，也有三音节以上的短扩展形式，如例（5）的"很整洁"、例（7）的"依然十分和蔼"等。根据语义特征也可分为两类：

"苍白"类〔＋述人〕：

苍白	通红	直直	端庄	肃穆	紧张	沮丧	冷漠
淡然	阴险	凶狠	和蔼	汪汪	炯炯	甜甜	响亮
清晰	干哑	无力	做作	匆匆	振奋	抖擞	轻柔
含混	模糊	伶俐	沉重	灵便	轻盈	蹒跚	夸张
缓和	复杂	高涨	十足	懊丧	狂躁	固执	狐疑
亢奋	促狭	热辣辣					

"鲜明"类〔－述人〕：

鲜明　　破烂　　工整　　整洁　　强大　　不同　　不高　　不清
不宁

"苍白"类形容词一般是用来描述人说话、行为动作的某体位、属性、特征等的性状，具有〔＋述人〕语义特征；"鲜明"类形容词语既可以用来描述人，也可以用来描述事物，具有〔－述人〕语义特征。我们这里采用〔＋述人〕〔－述人〕这个现成的术语，含义略有不同。

NA 配置成的句法语义格局有两种：

格局一：N〔＋人体〕＋A〔＋述人〕，如：

脸色苍白　　神情肃穆　　态度和蔼　　心情沮丧　　感情复杂

格局二：N〔－人体〕＋A〔－述人〕，如：

字迹工整　　观点鲜明　　阵线分明　　意义模糊　　字脉不清

三　"地"的作用

结构助词"地"对 NA 主谓短语状语地位的实现具有规约作用。首先，有些 NA 主谓短语本来不能与后面的动词直接组合，在"地"的强制规约下，可以组合成状中结构。如：

*她声音轻柔说　　　　　　她声音轻柔地说

*她口气缓和劝说道　　　　她口气缓和地劝说道

*他舌头不灵便说　　　　　他舌头不灵便地说

*论文观点鲜明提出　　　　论文观点鲜明地提出

再看两个实际用例：

（11）我们看到高大强壮伟岸挺拔的男人挽着娇小柔弱的女人信心十足地行走，不要以为他是她的"护花神"、她离了他难以生活，其实她对于他可能更为重要，谁保护着谁还不一定。（梁晓声《雪城》，《十月》1988 年第 2 期，131 页）

（12）他低下头去，动作有些做作地在清单上签了字。（王跃文《夜郎西》，《中篇小说选刊》1997 年第 1 期，50 页）

去掉结构助词"地"，前一例"信心十足行走"、后一例"动作有些做作地在清单上签了字"说起来都不通顺。

其次，有些 NA 主谓短语能与后面的动词直接组合，但组合起来有的形成连谓关系，有的是连谓关系还是状中关系见仁见智；加上结构助词"地"以后，就确定地成为状中关系。如：

他心绪不高坐在舞台中间	他心绪不高地坐在舞台中间
（连谓？状中？）	（状中）
他目光热切盯着她看	他目光热切地盯着她看
（连谓？状中？）	（状中）

再看两个实际例子：

(13) 我再次请他跟小王转达我的解释，他仍然听不见，<u>情绪高涨</u>地只顾发布命令，就是让全体撤退回去，并总结庆祝会。（陈源斌《你听我说》，《小说选刊》2000 年第 6 期，89 页）

(14) 他也就<u>目光炯炯</u>地<u>嘴唇通红</u>地坐在雪地里。（鲁迅《雪》）

去掉助词"地"，前一例里"情绪高涨只顾发布命令"可以认为是连谓；后一例里"也就目光炯炯嘴唇通红坐在雪地里"也可以认为是连谓。

第二节　语义指向与句子格局

本节讨论状位 NA 主谓短语的语义指向与 NA 主谓状语句的句法语义格局。状位 NA 主谓短语的语义指向受到 NA 主谓状语句的句法语义格局的规约。NA 主谓短语充当状语的句子，即 NA 主谓状语句，其基本句式语义是某人以某种情态进行某种动作行为或某事物以某种状态存现变化。前一种情况占大多数。相应地，NA 主谓状语句都是动词谓语句，谓语动词大多是表示人的肢体、感官方面动作行为的动词，如"走、坐、挤、夹、写、说、看、望、盯、劝说、提出"等，有的是存现动词，如"存在、有、脱离"等。NA 状语的表义作用是对动作变化的人或事物，或动作变化本身，或动作变化涉及的客体进行描写。NA 主谓状语句基本的句法语义配置格局有五种，在不同的格局里，状位 NA 主谓短语的语义指向规律不同。

一　关于格局一

$$S[+人] + N[+人体] + A[+述人] + V(+O)$$

格局一是优势配置，大多数情况下都是这种格局。在这种配置格局中，大主语 S 是表人的词语，小主语 N 是大主语 S 所表示的人的人体的一个侧面的属性（器官、属性、特征、观点等），大小主语之间在语义上具有领属关系。状位 NA 主谓短语在语义上指向大主语 S。NA 主谓短语一般可以与大主语连着说，整个句子可以变换成：S＋NA，S＋V（＋O）。例如：

（1）难耐地等了好一阵，郑璇才<u>嗓音干哑</u>地说："电灯线断了……"（叶辛《在醒来的土地上》，《长篇小说·〈十月〉专刊》1983 年第 2 期，4 页）

→　郑璇嗓音干哑，郑璇说："电灯线断了……"

（2）白莉萍<u>脸色苍白</u>地说："大姐，这水还会涨吗？"（魏继新《燕儿窝之夜》，《1982 年中篇小说选》第 2 辑，30 页）

→　白莉萍脸色苍白，白莉萍说："大姐，这水还会涨吗？"

（3）儿子提着空酒瓶，<u>表情淡然</u>地走出家门。（石钟山《基因》，《小说月报》1999 年第 3 期，88 页）

→　儿子表情淡然，儿子走出家门。

例（1）里的"嗓音干哑"指向主语"郑璇"，描写主语"郑璇"说话时的伴随情态，能同主语"郑璇"连着说。例（2）里的"脸色苍白"指向主语"白莉萍"，描写主语"白莉萍"说话时的伴随情态，也能同主语"白莉萍"连着说。例（3）里的"表情暗淡"指向"儿子"，描写主语"儿子"走出家门时的表情，也可以同主语"儿子"连着说。

二　关于格局二

S［＋人］＋ <u>N［－人体］＋A［－述人］</u>＋V（＋O）

在格局二中，大主语 S 是表人的词语，小主语 N 不是大主语 S 所表人的人体的一个侧面的属性，大小主语之间在语义上不具有领属关系。状位 NA 主谓短语在语义上指向谓语动词 V 或宾语 O。NA 主谓短语不能与大主语连着说，整个句子不能变换成：S＋NA，S＋V（＋O）。例如：

（4）卢卉<u>意义模糊</u>地歪一歪头，走到卢锦文面前。（何继青《从夏天到冬天》，《中篇小说选刊》1998 年第 4 期，125 页，郑贵友（2000）引例）

→　卢卉歪一歪头，歪得意义模糊。

*→　卢卉意义模糊，卢卉歪一歪头。

（5）人们不会忘记，当布什去年 5 月 1 日宣布伊拉克的主要战事已经结束时，国际社会普遍要求由联合国主导伊拉克重建事务。但美国根本不把联合国放在眼里，在伊拉克重建问题上大包大揽，甚至阵线分明地列出了一个清单，规定只有来自美国、伊拉克以及另外 60 多个美国"盟友伙伴国"的公司才能参与伊拉克重建项目合同的竞标，禁止反对伊拉克战争国家的公司参与。（李敬臣《美英为何想起联合国》，《半月谈》2004 年第 8 期，6 页）

→　……，列出了一个清单，列得阵线分明。

*→　美国阵线分明，美国列出了一个清单。

(6) 他有洋洋万言的十一条之多的合理化建议。起码自认为是合理化建议。字迹工整地写了十几页，就揣在他衣兜里。（梁晓声《激杀》，《中篇小说选刊》1996 年第 1 期）

→　……，写了十几页，写得字迹工整。

*→　他字迹工整，他写了十几页。

(7) 山顶海拔三千多米，初上来的人都程度不同地有些反应。（唐栋《红鞋》，《中篇小说选刊》1991 年第 1 期，134 页）

→　……，初上来的人都有些反应，反应程度不同。

*→　初上来的人程度不同，初上来的人有些反应。

例（4）里，"意义模糊"指向 VO"歪一歪头"，例（5）里，"阵线分明"指向 V"列"，例（6）里"字迹工整"指向谓语动词"写"，例（7）里，"程度不同"指向宾语"反应"。这些 NA 主谓短语都不能与大主语连着说。例（6）里"字迹工整"可以与大主语"他"连着说，但这样变换与原句意思不符合。

三　关于格局三

$$S[-人] + N[-人体] + A[-述人] + V(+O)$$

在格局三中，大主语 S 是表事物的词语，小主语 N 是大主语 S 所表事物的一个侧面的属性，大小主语之间在语义上具有领属关系。状位 NA 主谓短语在语义上指向大主语 S。NA 主谓短语一般可以与大主语连着说，整个句子可以变换成：S + NA，S + V（+ O）。例如：

(8)《谈对说英语的学生进行汉语语音教学的问题》（刘月华、刘广徽 1978 年第三集），观点鲜明地提出："说英语的学生在辅音方面的问题比较集中。"（《语言教学与研究》1992 年第 1 期，84 页）

→ 《谈对说英语的学生进行汉语语音教学的问题》观点鲜明,《谈对说英语的学生进行汉语语音教学的问题》提出:"说英语的学生在辅音方面的问题比较集中。"

(9) 军方"<u>阵容强大</u>"地到国会作证,为自己的行为作解释,很不寻常。(《分析:拉姆斯菲尔德会不会因虐待战俘事件下台?》,http://www. sina. com. cn,2004 年 5 月 8 日)

→ 军方"阵容强大",军方到国会作证,为自己的行为作解释,很不寻常。

前一例,小主语"观点"是大主语"《谈对说英语的学生进行汉语语音教学的问题》"的一个侧面的属性,二者之间在语义上具有领属关系。"观点鲜明"在语义上指向"《谈对说英语的学生进行汉语语音教学的问题》"。后一例,小主语"阵容"是大主语"军方"的一个侧面的属性,二者之间在语义上具有领属关系。"阵容强大"在语义上指向"军方"。

四　关于格局四

S[－人] ＋ <u>N[－人体] ＋ A[－述人]</u>＋ V(＋O)

在格局四中,大主语 S 是表事物的词语,小主语 N 不是大主语 S 所表事物的一个侧面的属性,大小主语之间在语义上不具有领属关系。状位 NA 主谓短语在语义上指向谓语动词 V 或宾语 O。NA 主谓短语与大主语不能连着说,整个句子不能变换成:S＋NA,S＋V(＋O)。例如:

(10) 各种新兴的语法理论,如……等等,都<u>程度</u>不同地借鉴或应用过这一理论。(吴为章《动词的"向"札记》,《中国语文》1993 年第 3 期,171 页)

→ 各种新兴的语法理论,如……等等,都借鉴或应用过这一理论,借鉴或应用的程度不同。

*→ 各种新兴的语法理论,如……等等,程度不同,各种新兴的语法理论,如……等等都借鉴或应用过这一理论。

(11) 即使方言中有儿化的人,说的儿化也都<u>程度</u>不同地与北京话儿化有差异。(戴晓雪《现实语言交际与普通话"儿化"教学》,《语文建设》1990 年第 5 期,37 页)

→ 即使方言中有儿化的人,说的儿化也都与北京话儿化有差异,差异的程度不同。

*→　　　即使方言中有儿化的人，说的儿化程度不同，说的儿化与北京话
　　　　儿化有差异。

前一例，大主语"各种新兴的语法理论，如……等等"是表事物的词语，小主语"程度"不是大主语所表事物的一个侧面的属性，大小主语之间在语义上不具有领属关系。状位 NA 主谓短语"程度不同"在语义上指向谓语动词"借鉴或应用"。NA 主谓短语与大主语不能连着说，整个句子不能变换成：S + NA，S + V（+ O）。后一例，大主语"说的儿化"是表事物的词语，小主语"程度"不是大主语所表事物的一个侧面的属性，大小主语之间在语义上不具有领属关系。状位 NA 主谓短语在语义上指向宾语"差异"。NA 主谓短语与大主语不能连着说，整个句子也不能变换成：S + NA，S + VO。

五　关于格局五

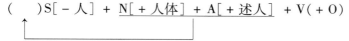

（　　）S[- 人] + N[+ 人体] + A[+ 述人] + V(+ O)

（12）就连钩子、耙子等物，也都<u>风度十足</u>地夹在臂下，仿佛是夹着一
　　　根元帅手杖。（李存葆《山中，那十九座坟茔》）

（13）就连钩子、耙子等物，也都被他<u>风度十足</u>地夹在臂下，仿佛是夹
　　　着一根元帅手杖。

格局五是被动句。大主语 S 是表事物的词语，小主语 N 是 N［ + 人体]，不是大主语 S 所表示的事物的一种属性，大小主语之间在语义上不具有领属关系。状位 NA 主谓短语在语义上指向施事，该施事处于句外或处于状位充当介词的宾语。例（12），NA 主谓短语"风度十足"的语义所指在本句没有出现，例（13），NA 主谓短语"风度十足"语义上指向处于状位的介词宾语"他"。跟前四种格局比起来，格局五出现频率很低。

总上讨论，可以列出下表：

句子格局	大小主语之间有无领属语义关系	状位 NA 主谓短语的语义指向
格局一	有领属关系	句子主语
格局二	无领属关系	句子谓语动词或宾语
格局三	有领属关系	句子主语
格局四	无领属关系	句子谓语动词或宾语
格局五	无领属关系	句外或状位介词的宾语

第三节　N 的隐现机制与 A 的语义自足度

一　N 的隐现条件

在一定条件下，状位 NA 主谓短语可以隐去 N 从而向 A 形容词状语转化。NA 主谓短语充当的状语与双音节形容词充当的状语同属于描写性状语，这就为这种转化提供了合理的前提。在 N 的隐现机制中，A 的语义自足度是主要因素，与动词、宾语因素也有关。N 隐去的句法语义条件有二：

条件一：形容词自身语义自足度较高，对 N 的语义选择范围比较确定。

条件二：形容词自身语义自足度不高，对 N 的语义选择范围不确定，但在动词或宾语介入下，N 的语义选择范围能够得到确定。

二　N 的隐现机制

在"条件一"情况下，N 可以隐去。因此，如果不需要具体地说出 N 或不需要突显 N 的属性时，常隐去 N，单用形容词来充当状语。如"坚定地说"、"尴尬地站着"、"愉快地接受了任务"。

在"条件二"情况下，形容词语义自足度不高，不能涵盖 N 的取值对象或取值义域，需要动词或宾语的介入。当 N 的取值对象或取值义域能够通过 A 与动词的合作机制得以规定时，N 可以隐去。例如：

(1) 她（<u>声音</u>）轻柔地说："还有几锄头，就全薅完了。趁着还有点亮，把它弄完吧。"（叶辛《在醒来的土地上》，《长篇小说·〈十月〉专刊》1983 年第 2 期，7 页）

形容词"轻柔"构成的主谓短语可以有：质地轻柔、枝条轻柔、声音轻柔、动作轻柔，等等，对名词的选择对象和选择语义范围都是多样的。

但联系动词"说"，可知在"（N）轻柔地说"里，N 不可能是"质地、枝条"，只有"声音、动作"才能入位。在"声音、动作"这两个取值范围中，N 的默认值是"声音"。这样"声音"就通过形容词"轻柔"与动词"说"规定了出来。如果 N 选择"声音"，则可以隐去；如果选择非默认值"动作"，则不能隐去。

如果组合上动词"放下"，可知在"（N）轻柔地放下"里，N 也不可能是"质地、枝条",只有"动作、声音"才能入位。在"动作、声音"这两个取值范围中,N 的默认值是"动作"。这样"动作"就通过形容词"轻柔"与动词"放下"规定了出来。如果 N 选择"动作",则可以隐去;如果选择非默认值"声音",则不能隐去。即:

（声音）轻柔地说　　　　　　动作轻柔地说
声音轻柔地放下　　　　　　（动作）轻柔地放下

N 取值对象或取值义域的确定,有时仅动词介入还不够,还需要宾语的介入。例如:

（2）我<u>颜色不同</u>地画了三张画。

形容词语"不同"构成的主谓短语可以有:

程度不同	颜色不同	口气不同	声音不同	品种不同
内容不同	含义不同	大小不同	高低不同	快慢不同
软硬不同	……			

但联系动词"画",可知"程度"、"口气"、"声音"、"软硬"不能进入 N 位,其他的"颜色"、"品种"、"内容"、"含义"、"大小"、"高低"、"快慢"可以进入。如果再联系上宾语"三张画",可知在"我（N）不同地画了三张画"里,"内容"、"颜色"、"含义"、"大小"进入 N 位的几率要比"品种"、"高低"、"快慢"要高。因此,如果隐去 N,人们把 N 理解成"内容"、"颜色"、"含义"、"大小"的几率就比"品种"、"高低"、"快慢"要高得多。这就是说,对于"我（N）不同地画了三张画"来说,进入 N 位的"内容"、"颜色"、"含义"、"大小"隐去的可能性就比"品种"、"高低"、"快慢"大得多。虽然"不同"没有默认的 N 的语义范围,但在"我<u>N 不同</u>地画了三张画"里,不同语义范围的词语进入 N 位的几率还是有区别的,如"内容"的几率就比"颜色"要高,比"大小"更高。

诚然,状位 NA 主谓短语中,N 在句法、语义条件上允许隐去的,到底是隐是现,还最终取决于语用上的需要。

第四节　语用价值

在现代汉语语言系统里,状位 NA 主谓短语具有特定的语用价值。这体现在句子的表义和结构两个方面。

一　句子表义上的价值

NA 状语可以突显动作变化的情状伴随性。比较：

　　a.　他挤过来了。＋ 他神色紧张。

　　b.　他神色紧张地挤过来了。

　　a.　她说：…… ＋ 她声音甜甜。

　　b.　她声音甜甜地说：……

a 句用两个小句表达，情态和动作之间的语义关系比较松散；b 句用一个 NA 主谓状语句表达，情态与动作之间的语义关系紧密，突显"神色紧张"、"声音甜甜"是动作"挤过来了"、"说"的伴随情态。再如：

　　（1）其间老板娘出来了一下，目光空空地看了他们一眼，就干别的事情去了。（刘庆邦《神木》，《小说选刊》2000 年第 6 期，62 页）

　　（2）教育思想、教学内容和教学方法程度不同地脱离实际；……（中共中央印发《中国教育改革和发展纲要》，《人民日报》1993 年 2 月 27 日）

如果不采用主谓状语句表达，而都分成两个小句说成：

　　（1'）其间老板娘出来了一下，她目光空空，她看了他们一眼，就干别的事情去了。

　　（2'）教育思想、教学内容和教学方法脱离实际，脱离实际的程度不同；……

则（1'）不能突显老板娘看他们时"目光空空"的伴随情态；（2'）不能突显脱离实际的"程度不同"的存现状态。

二　句子结构和语气上的价值

NA 状语可以使句子在结构和语气上都比较紧凑。比较上面举的 ab 句两种表达形式，显然，b 式表达在结构和语气上都比较紧凑。再比较：

　　（3）他目光热切地盯着她看。（述平《凸凹》，《收获》1992 年第 6 期，65 页）

　　（3'）他盯着她看，当时他目光热切。

　　（4）当记者到她家采访时，小菊群泪眼汪汪地说："我要上学！"（《长江日报》1994 年 4 月 4 日第 6 版）

（4'）当记者到她家采访时，小菊群泪眼汪汪，她说："我要上学！"

相比之下，分成两句来表达则失去紧凑的效果，结构上比较松散，语气上比较舒缓。

尤其是当 NA 状语句嵌在介词框架"当……时"之类中一起充当全句状语时，状位 NA 主谓短语的上述两种语用价值特别显著。例如：

（5）不见鲜花和国旗22 日上午 9 时 15 分，小泉乘坐的日本航空自卫队专机徐徐降落在平壤顺安机场。当他神情严肃地步下舷梯时，空旷的顺安机场上冷冷清清，除了一群临时赶到平壤采访的日本记者外，既看不到前来欢迎的东道国民众或手执鲜花的少年儿童，也没有吹奏两国国歌的仪仗队，机场的旗杆上甚至连朝鲜和日本的国旗都不见。（《小泉访朝怪事多：不敢说话靠写条自带干粮去访问》http：//www. sina. com. cn2004 年 5 月 26 日）

如果不采用 NA 状语句来表达，而分成几个一般小句来表达，如：

（5'）……当他步下舷梯时，他神情严肃，空旷的顺安机场上冷冷清清，……

就不能突显"步下舷梯"动作的"神情严肃"的情状伴随性；句子在结构和语气上也不如原来紧凑，而显得松散、舒缓。

刘月华（1983）把主谓短语充当的状语归为描写性状语中的 M_1 状语，指出"M_1 状语多出现在文学作品的叙述性文字中，在对话中很少见，政论文中也很少见。"刘先生关于主谓短语充当的状语的使用场合的论述是符合事实的。状位 NA 主谓短语的语用价值与 NA 主谓状语句的使用语境相互印证。

本章小结

本章立足于现代汉语的短语，尝试从入句规约的角度进行研究。句子是动态的语言使用单位，是句法、语义、语用因素的有机统一体。句法因素、语义因素和语用因素三方面在句子里相互关联，相互作用，形成一个有机的制约机制，共同对语言符号的入句起规约作用。绝大多数短语都是说话造句的时候根据意旨表达的需要临时组合起来的自由短语，这些自由短语是句子的有机组成部分，它们的组构、表义、运用都受到句子句法、语义、语用机制的规约。因此，对于自由短语，不仅有必要研究其类型、构造和特点等，而且更有必要把其同所依托的句子语境联系起来，研究短语的组构在句子里受到的规约条件，研究短语在句子里句法上能否变化、怎样变化，在句子里的表义作用和语用价值，等等。

1990 年 5 月，全国"第二届现代语言学现代汉语语法研讨会"在上海举办，吕叔湘先生在写给会议的贺信中提出语法的静态研究和动态研究。受吕先生的指引，我们认为，短语的研究也有静态研究和动态研究两个角度。脱离语境，研究短语的类型、构造和特点等，这是对短语的静态研究；把短语同句子联系起来，研究短语入句的句法、语义、语用条件，短语入句后在句法变化上、在表义功能上受到的制约以及显示出来的语用价值等等，从语言运用的角度来说显得尤为重要，这是对短语的动态研究。以往对短语的研究偏于静态方面，本章研究主谓短语，把主谓短语放进句子语境里，具体考察 NA 主谓短语在句子的状语位置上受到的句法、语义、语用机制的规约，偏重于短语的动态研究。

状位 NA 主谓短语在结构和语义上、在能否扩展上，都要受到句子机制的选择和规约。其语义指向受到 NA 主谓状语句句法语义格局的规约。从格式变化上看，状位 NA 主谓短语能否隐 N 转化为形容词状语，取决于句子的句法、语义、语用条件和 A 的语义自足度，孤立地研究主谓短语掩盖了这个问题，也无法确定。状位 NA 主谓短语在使用中显示出两方面的语用价值，一方面是 NA 状语可以突显动作变化的情状伴随性，另一方面是 NA 状语可以使句子在结构和语气上都比较紧凑。

第十二章 普通话"尚且"句与句法机制的管控

本章研究现代汉语"尚且 p，何况 q"句式。这是一种反逼性递进句式，简称反逼句式。邢福义先生（1985a）对这一句式进行过专节的简要讨论，这是迄今为止最为深入、重要的论述。倒是与这一句式密切相关的"连"字句，大家讨论较热，长时间持续，其中崔永华（1984）、崔希亮（1993）、刘丹青（2002）、邵敬敏（2008）在相关问题上的独到见解对讨论反逼句式颇有参考价值。本章拟在上述相关成果的基础上，对反逼句式展开专题的进一步的考察讨论，力求在描写的细致、分析的深入和一些问题的论述方面有所推进。"尚且 p，何况 q"是反逼句式的典型形式。本章以这一形式为基点着重讨论以下问题：一、句法标志，二、前项后项，三、语义关系；顺带谈及句式地位、语用价值和篇章语境。

第一节 句法标志

反逼句式的句法标志包括预逼标和承逼标。

一 预逼标"尚且"

典型的预逼标是连词"尚且"。例如：

（1）古人尚且知道"童叟无欺"，何况今人？（赵慧君《打造诚信经济》，《人民日报海外版》2002 年 8 月 21 日第二版）

（2）爱情脆弱得像一张白纸，对人的爱尚且如此，何况对蝗虫的爱！'（莫言《红蝗》，《收获》1987 年第 3 期，42 页）

"尚且"有时相当于副词"尚"、"姑且"，不是反逼句式的预逼标。如：

（3）我虽然尚且是个孩子，却尚能搞清这个理。（冯苓植《雪驹》）

（4）尚且不说历史功绩和它本身具有的优点，该不该废除，单从可行性这方面来说，因为教育一分钟也不能停止，教育越普及，汉字的使用范围越广，势力越大。（本刊记者《小学语文的"双文"教学——张志公先生访问记》，《语文建设》1990 年第 5 期，53页）

"尚且……，何况……"句中，如果抽掉"尚且"，前分句就不能预示反逼，句子就站不住。比较：

 a. 古人尚且知道"童叟无欺"，何况今人？

 b. *古人知道"童叟无欺"，何况今人？

 a. 对人的爱尚且如此，何况对蝗虫的爱！

 b. *对人的爱如此，何况对蝗虫的爱！

有时，预逼分句没有出现预逼标，但可以加上"尚且"。这时预逼分句往往为表达哲理的熟语。例如：

（5）傅桂英心里清楚，一个篱笆三根桩，一个好汉三个帮，何况自己还谈不上是好汉。（何申《七品县令和办公室主任》，《中篇小说选刊》1991 年第 1 期，37 页）

其中的"一个篱笆三根桩，一个好汉三个帮"为表达哲理的熟语，里面可以加上"尚且"，说成"一个篱笆尚且三根桩，一个好汉尚且三个帮"。

作为预逼标，"尚且"的同义形式还有副词"都（轻读）"、"还（轻读）"和"也"。例如：

（6）对健全人来说这种高强度的运动都很不易，何况残疾人呢？（范志臣、马力加《残疾人医师王树春的"健全"故事》，《光明日报》2006 年 5 月 20 日）

（7）藕断丝还连呢，何况是个人呢！（河南电视台录制《黄河东流去》第 10 集）

（8）好朋友之间也可能吵架，何况是两个大国呢？（王豫斯、侯珂珂《飞舞的银球 美好的回忆》，《光明日报》2006 年 4 月 1 日）

"都""还""也"同"尚且"的标功能有所不同。这表现在语法和语用上。

首先，只要有"尚且"分句，就必然预示着后边有承逼分句与之呼应；单单"尚且"分句站不住。例如：

 a. *古人尚且知道"童叟无欺"，……

 b. *对人的爱尚且如此，……

相反，有"都""还""也"分句，不一定预示着后边有承逼分句与之呼应；借助语境支持，单单"都""还""也"分句常常也站得住。比较：

　　a. 对健全人来说这种高强度的运动都很不易！

　　b. 藕断丝还连呢！

　　c. 好朋友之间也可能吵架呢！

这时反逼义隐含其中，由格式赋予。

　　"都""还""也"同"尚且"的这种句法差异是由它们语用特点的不同造成的。语用上，"尚且"书面色彩重，"都""还""也"口语色彩浓。看下面两例：

（9）认识事物都不容易，何况罗列乎。（李荣《方言研究中的若干问题》，《方言》1983 年第 2 期，88 页）

（10）他们是医生，在他们的思想中，药比饭还重要呢，何况锦旗乎？（范小青《赤脚医生万泉和》，《光明日报》2007 年 4 月 2 日）

句末的"乎"造成幽默口气。

　　其次，"尚且"分句一定是前分句，"都""还""也"分句也可以是后分句。比较 ab 与 cde：

　　a. *何况今人，古人尚且知道"童叟无欺"！

　　b. *何况对蝗虫的爱，对人的爱尚且如此！

　　c. 还说残疾人呢，对健全人来说这种高强度的运动都很不易！

　　d. 还说人呢，藕断丝还连呢！

　　e. 还说两个大国呢，好朋友之间也可能吵架！

这再次反映了"都""还""也"句与"尚且"句语用特点的不同，"都""还""也"句是口语句式，"尚且"句是书面语句式。

　　为了强调，有时"都"与"尚且"也可连用。例如：

（11）连美国的盟国或同它的社会制度、意识形态和价值观念相似的国家民众对美国印象都尚且如此，更何况那些长期遭受美国制裁、打压、恫吓之苦的国家的民众了，他们对美国的印象恐怕不止于不好、害怕，甚至有些厌恶或憎恨了。（岳麓士《奥巴马与重塑美国形象》，《人民日报》2008 年 11 月 10 日第三版）

（12）冯友兰是"梁效"的最重要的成员，无论辈份和影响都比一良先生大，对这样的人物启功先生尚且都能理解，何况于周一良？（李经国《周一良与启功晚年友谊的弥和》，《文摘报》2004 年 11 月 25 日）

前一例连用形式是"都尚且",后一例连用形式是"尚且都"。

预逼标提引出前项 p。反复使用同一个预逼标可以提引多个 p,形成"尚且 p_1,尚且 p_2,……,何况 q"、"还 p_1,还 p_2,……,何况 q"之类格式。通常的情况是反复两次,提引两个 p。例如:

（13）烧过的煤炭渣,<u>还</u>可以铺路,<u>还</u>可以填臭水坑,何况她还是个人呢?(陈登科《风雷》)

二 承逼标"何况"

承逼标一般用"何况"。也常加"更",说成"更何况",以突出递进。例如:

（14）试想,普通的蜜蜂,集体的力量,尚且可以把一匹马螫死,<u>更何况大群野蜂呢</u>!(秦牧《花蜜和蜂刺》)

（15）白天尚且辨识不清,<u>更何况夜晚呢</u>?(《公交线路牌让行人夜间难辨》,《江南时报》2002 年 12 月 9 日第六版)

承逼标导引出后项 q。反复使用承逼标"何况",可以导引多个 q。通常的情况是反复两次,导引两个 q。当 q_1 与 q_2 之间隐含并列关系时,在后一个"何况"前加"又",形成"尚且 p,何况 q_1,又何况 q_2"之类格式;当 q_1 与 q_2 之间隐含递进关系时,在后一个"何况"前加"更",形成"尚且 p,何况 q_1,更何况 q_2"之类格式。例如:

（16）连北京都有那么多人迷"参考片",<u>何况</u>在这大西北的兰州!<u>又何况</u>陆老师这种难得搞到一张"内部参考片"票的中学老师!(刘心武《相逢在兰州》,《人民文学》1982 年第 2 期,48 页,转引自邢福义,1985a)

（17）结婚?谈何容易。现在黄花闺女还嫁不出去,<u>何况</u>她这离婚的四十岁的女人,<u>更何况</u>她还有一个儿子。(张洁《方舟》,《收获》1982 年第 2 期,23 页,转引自邢福义,1985a)

不论反复预逼,还是反复承逼,都是为了加强句子反逼中的论证力,都是指向一个表义中心。当反复预逼时,承逼分句是表义中心,如例（13）;当反复承逼时,预逼分句是表义中心,如例（16）（17）。从表义角度看,预逼标反复,则承逼标不需反复;承逼标反复,则预逼标不需反复。

"尚且 p,何况 q"句式中,如果抽掉"何况",q 就不能承接反逼,句子就站不住。比较:

　　a. 古人尚且知道"童叟无欺",何况今人?

　　b. *古人尚且知道"童叟无欺",今人?

　　a. 对人的爱尚且如此,何况对蝗虫的爱!

　　b. *对人的爱尚且如此,对蝗虫的爱!

不仅如此,"何况"也是 q 实现分句功能的必要条件。抽掉"何况",q 往往就失去作分句的能力。

　　反逼句式,后分句也可以是"何况 q"的变体形式。"何况 q"的变体形式可以是陈述句,也可以是反问句,还可以是感叹句。只要说出了"尚且 p",后分句一定承接反逼。不过,可能是顺承,也可能是逆承。例如:

　　我尚且不能去,何况他!

　　[A 组]

　　我尚且不能去,①更不必说他了。

　　　　　　　　　②他更不能去了。

　　　　　　　　　③他怎么能去呢?

　　[B 组]

　　我尚且不能去,①他却想去?

　　　　　　　　　②他反而去了!

　　　　　　　　　③他居然去了!

A 组是顺承,前后分句间加不上"但"类转折词。B 组是逆承,后分句里用了"却"、"反而"、"居然"之类反转词;即使不用,也可以加上。看几个实际例子:

　（18）作为自然现象的化学过程尚且这样,那么,作为社会现象的语言就更应当是这样了。（冯志伟《数理语言学》,知识出版社 1985 年,241 页）

　（19）有空也可以到我们家坐坐,包公还微服私访,他怎么能和群众不沾边!（陆文夫《故事法》,《小说选刊》1988 年第 3 期,10 页）

　（20）既要努力读书,又要关心政治,这是愈来愈明白的道理。古人尚且知道这种道理,宣扬这种道理,难道我们还不如古人,还不懂得这种道理吗?（马南村《事事关心》）

上三例是顺承。再看逆承:

　（21）连刘巧珍都宽容了高加林,读者作者却不能。（郑芸《青春回响曲》,《芙蓉》1987 年第 6 期,171 页）

　（22）你?三十年我一个人都过了,现在我反而要你的钱?（曹禺《雷

雨》，人民文学出版社 1994 年，91 页）

（23）长长的杉树背在肩上又重又难掌握，加之山路崎岖，成年汉子都感觉吃力，我的父亲可只有十二岁，便用那尚未长结实的肩膀扛起了杉木，往返于 40 里长的山路上！（权延赤《陶铸和他的哥哥》，《十月》1991 年第 1 期，154 页）

反逼句指顺承的情况，逆承的情况属于转折复句。逆承包含这样一个逻辑过程：

　　我尚且不能去，他却想去？

　　既然我不能去——那么他就更不能去了——然而，他却想去？

　　我尚且不能去，他反而去了！

　　既然我不能去——那么他就更不能去了——但是，他却反而去了！

由此可见，顺承和逆承有着基本的相通性。正如邢福义先生（1985c）所说："因果类各种关系和并列类各种关系反映事物间最基本的最原始的联系，转折类各种关系则是在基本的原始的联系的基础上产生的异变性联系。"逆承正是在顺承的基础上产生的异变联系。

后分句是变体形式的反逼句，如果抽掉了预逼标，句子就失去了"逼"的语义特征，不再是反逼句。例如：

　　a. 我尚且不能去，他更不能去了。（反逼句）

　　b. 我不能去，他更不能去了。（递进句）

第二节　前项后项

嵌入"尚且……，何况……"这一句法框架的是前项 p 和后项 q。

一　前项 p

p 一般是主谓结构，其主语多是名词语，也可以是谓词性词语。例如：

（1）久经沙场的老将尚且如此，何况初出茅庐的新人？（陈晨曦《美国田径怎么了》，《人民日报》2008 年 8 月 21 日第 9 版）

（2）读书识字尚且困难，更何况临碑习帖乎？（根石《心手两忘　神采飞扬》，《人民日报海外版》2003 年 5 月 28 日第七版）

p 也可以是状中结构，预逼标用在状语与中心语之间。例如：

（3）一下子要记住那么多晦涩的西方建筑符号，<u>对成人尚且不易</u>，更何况这些小学一年级的学生？（王尧、陈晓星《阅尽历史烟云》，《人民日报》2006 年 10 月 25 日第 10 版）

二　后项 q

q 多是名词语，也可以是谓词性词语、介词结构。如：

（4）科学尚且如此看重审美，何况<u>作为文化现象的幽默</u>呢？（夏大川《幽默的意识流解读》，《讽刺与幽默》2007 年 5 月 11 日第 4 版）

（5）法律的严惩尚且不能奏效，更何况<u>"倡导"</u>呢？（张涛《饮食陋习何以革除?》，《人民日报》2003 年 6 月 24 日第十六版）

（6）这种读书要求对许多成人来说都不太有吸引力，何况<u>对小小少年</u>！（马长军《读书，不要问我为什么》，《光明日报》2005 年 2 月 23 日）

q 也可以是一个主谓句形式。如：

（7）只要这个市场存在，就会存在不理性，成熟的市场尚且如此，更何况<u>大陆的基金市场才刚刚起步</u>。（敖晓波《理财如同建球队和谈恋爱》，《京华时报》2007 年 8 月 20 日第 33 版）

"何况 q""更何况 q"一般为反问句，受变体形式的感染，有时也可以在句末加上一个助词"了"成为陈述句，例如：

（8）专家理财的神话，在无情的现实面前宣告破灭。专家理财尚且如此，更何况一般的投资者了。（沈荷新《京华时报》2002 年 11 月 4 日第 B30 版）

q 在表义上很有特点，所代表的句子含义不在 q 自身，而是由 pq 之间的句法机制所赋予。比较：

　　a. 他尚且不行，何况你！

　　b. 他尚且可以，何况你！

a、b 句中 q 字面完全相同，但所代表的句子含义完全相反。a 句的"何况你"可以改说成"你更不行"，b 句的"何况你"可以改说成"你更可以"。

即便 q 是一个完整的主谓句形式，其所代表的真正句子含义仍隐含于 pq 之间。例如：

（9）如果人人都像居家过日子那样精打细算，北京奥运会将会节省不少开支。发达国家尚且如此，更何况我们是一个发展中国家。（陈

昭《绿色涵义》,《人民日报海外版》2005年6月17日第九版)

上例中q"我们是一个发展中国家。"是完整的主谓句形式,词面上并不代表真正的句子含义,其真正的句子含义是"我们更应该如此"。上面的例(7)也是这样,其中的"大陆的基金市场才刚刚起步。"是完整的主谓句形式,代表的真正的句子含义是"大陆的基金市场更是这样"。

三　pq 的排列配置

先看两例:

(10) 欧美金融危机抛出几千亿美元的资金救市,市场尚且暴跌,更何况我们。(宋璇《中国式救市　何时能见效》,《国际金融报》2008年10月17日第2版)

(11) "炮声一响,黄金万两"。过去的战争尚且如此,更何况在现代高技术条件空袭中,所用的高技术武器系统,研制费用高、造价昂贵。(《来自空中的威胁》,《大地》2002年第九期)

上例中,q、p整体相对。

然而在大多数情况下,q是同p的某个主要的载义成分相比较的词语。为叙述方便,下文把同q相比较的载义成分记作w。p的逻辑重音在w上。例如:

　　<u>小伙子们</u>尚且搬不动,何况<u>你</u>呢?
　　　w　　　　　　　　　　　q

　　<u>在上海,在自己家</u>,他尚且如此放肆,何况<u>在外边</u>?

　　他<u>没有办法</u>还想帮助人家,何况<u>有办法</u>?

q里同w相比较的词语前常常可以加上"是",对比较项加以强调:

(12) "言必行,行必果。"为人尚且如此,何况是在构建社会主义和谐社会这个大背景下执政、为民办事?(刘鹏《政府承诺怎能不当真?》,《人民日报》2007年3月27日第13版)

在pq的排列配置中,节律因素具有调节制约作用。这首先体现在pq十分讲究自身的节奏感。pq常常简短明快,富于节奏感。例如:

　　小伙子们　˅　尚且　˅　搬不动,何况　˅　你呢?

　　在上海,在自己家,˅　他尚且如此放肆,何况　˅　在外边?

　　他　˅　没有办法　˅　还想帮助人家,何况　˅　有办法?

这也体现在pq十分讲究配合的匀称美。w最好紧邻"尚且",但有时为了求得 pq 配合上的匀称美，往往调整 w 同其他成分的排列顺序。比较：

　　a. 我<u>很复杂的物理问题</u>，都能处理，何况<u>小事</u>乎？
　　　　　　　　w　　　　　　　　　　　　　　　　q

　　b. <u>很复杂的物理问题</u>，我都能处理，何况<u>小事</u>乎？（钟道新《超
　　　　导》，《收获》1988 年第 5 期，19 页）

前一句 w 紧邻"都"，合乎一般排列规则，但由于 w 结构较长，q 结构较
短，又由于 w 前有短结构的"我"，因而读起来不是特别上口；后一句把 w
同"我"对换语序，使得 pq 的配合十分匀称。

　　这还体现在当 p 的结构较长较散时，后分句一般不用"何况 q"形式，
而用其变体形式。例如：

（13）"嫁鸡随鸡，嫁狗随狗"，"从一而终"，"妇女不嫁二夫"，丈夫
　　　　死而妇女改嫁尚且是要受谴责的，离婚更是海外奇谈，不可想
　　　　象！（吴国光《伦理的困惑与新生》，《报告文学》1986 年第 3
　　　　期，62 页）

（14）对于这个问题，我们党内的思想在过去两年内尚且不容易统一，
　　　　要全国人民思想统一起来，显然要做大量的工作。（邓小平《贯
　　　　彻调整方针，保证安定团结》，《邓小平文选》，人民出版社 1983
　　　　年，315 页）

这就从反面印证了 pq 讲求节奏感，讲求配合匀称美的特点。

　　pq 排列配置上的节律特点适应了"尚且 p，何况 q"句式的语义表达，
使其推论更显得明快有力。

第三节　句式语义

一　"以深证浅"的反逼性

　　"尚且 p，何况 q"句式的语义关系可以概括为"以深证浅"。这里所谓
的"深"、"浅"不是 pq 本身的属性，而是就句法级层而言的。p、q 在
"尚且……，何况……"中被分别赋予了"深"、"浅"的语法意义。离开
句法框架，便无深浅可言。[①]看例子：

　　a. 大西瓜尚且吃得完，何况小西瓜！
　　b. 小西瓜尚且吃不完，何况大西瓜！

a 句"大西瓜吃得完"处于"深"的句法级层,"小西瓜"处于"浅"的句法级层,是用"大西瓜吃得完"的理由反逼出"小西瓜更不用提"的结论。同是"以深证浅",而 a 句里"小西瓜"是"浅",b 句里"大西瓜"是"浅"。可见,所谓的"深"、"浅"是格式义、句法位置义。离开了句法框架,"大西瓜""小西瓜"便无深浅可言。

在"尚且 p,何况 q"中,p、q 抽取出来观察分析可知:

从对应关系上看,pq"异中有同"。所谓"异",是指 q 同 w 指的是不同的事物;所谓"同",是指 q 同 w 具有类同性。诚如邵敬敏先生(2008)所指出的,这里的"异""同"都是相对于具体事件来说的。看例子:

    a. <u>蜜蜂蚂蚁</u>还知道清理窝呢,何况<u>人</u>?

    b. <u>在家里</u>尚且如此放肆,何况<u>在外边</u>!

a 句里,"蜜蜂蚂蚁"和"人"是不同事物,这是"异";但"蜜蜂蚂蚁"和"人"都知道清理窝或清理住处,从这点上说,它们具有类同性,这是"同"。b 句里,"在家里"和"在外边"是不同场所,这是"异";但"在家里"和"在外边"都可以放肆,从这点上说,它们具有类同性,这是"同"。

不具有类同性的 q 和 w 不能进入"尚且 p,何况 q"句法框架。比较:

    a. <u>很复杂的物理问题</u>,我都能处理,何况<u>小事</u>乎?

    b. *<u>很复杂的物理问题</u>,我都能处理,何况<u>你</u>呢?

a 句,对于"我能处理"来说,"很复杂的物理问题"同"小事"具有类同性,能说。b 句,对于"我能处理"来说,"很复杂的物理问题"同"你"不具有类同性,因而不能说。

从字面上看,q 同 w 一般即可概括为同类事物,如"蜜蜂蚂蚁"和"人"都是动物,"在家里"和"在外边"都是处所。有时,q 同 w 字面上看不出类同的东西,这时,一定的前提为它们提供了类同的逻辑基础,临时赋予了它们类同性。比如:

(1)这种东西是外国货。北京都买不到,何况他?

字面上,"北京"是处所,"他"是人,二者没有类同的基础。但在这里,"北京" = "人们在北京","他" = "他在外地",前者省去了"人",后者省去了"处所"。这一前提赋予了它们类同的意义。

从对比关系上看,pq"同中有异"。所谓"同",是指 q 同 w 相对于具体事件来说具有类同性;所谓"异",是指 w 同 q 相对于具体事件来说具有深浅对比性。w 同 q 的深浅对比性一般以事理上的级差为逻辑基础,但终究取决于说话人的主观认知。比如：

　　a. 这么大的石头，<u>大人</u>尚且搬不动，何况<u>小孩</u>！

　　b. <u>唐诗宋词</u>都读不懂，何况<u>诗经楚辞</u>？

a 句，"大人"同"小孩"具有类同性；事理上，大人比小孩力量大，因而相对于"搬不动"来说，"大人"同"小孩"又具有深浅对比性。b 句，"唐诗宋词"同"诗经楚辞"具有类同性；事理上，"诗经楚辞"比"唐诗宋词"更难读，因而相对于"读不懂"来说，又具有深浅对比性。

　　不具有深浅对比性的 w 和 q 不能进入"尚且 p，何况 q"句法框架。比较：

　　a. <u>很复杂的物理问题</u>，我都能处理，何况<u>小事</u>乎？
　　　　　　w　　　　　　　　　　　　　　　　w

　　b. *<u>很复杂的物理问题</u>，我都能处理，何况<u>很难的事</u>？

　　c. *<u>很简单的物理问题</u>，我都不能处理，何况<u>小事</u>乎？

　　d. <u>很简单的物理问题</u>，我都不能处理，何况<u>很难的事</u>？

a、d 句，w 同 q 具有深浅对比性，能说；b、c 句，w 同 q 不具有深浅对比性，因而不能说。

　　w 同 q 的深浅对比性有时纯粹是说话人心理造成的。例如：

　　（2）<u>一代君王</u>都可以长眠，何况<u>山野之人</u>？（贾平凹《腊月、正月》，《小说选刊》1985 年第 2 期，20 页）

"一代君王"同"山野之人"事实上都一样要长眠的，但说话人心理上觉得"一代君王"应该似乎可以长生不老，与"山野之人"不同，因而产生了"一代君王"同"山野之人"的深浅对比性。

　　w 同 q 的深浅对比性在语表形式上常常通过申述成分、修饰成分加以显示或强调。例如：

　　（3）好人都受不了，何况他是<u>肺病患者</u>。

　　（4）<u>100 多万人口</u>的杭州市尚且有六七家大卖场，何况是<u>有着 1000 多万人</u>的北京市。（杨锐《北京：平价药店能否"摆平"虚高药价》，《人民日报》2005 年 2 月 3 日第五版）

前一例，"他"后边加上申述成分"是肺病患者"，就显示了"他"同"好人"的差别。后一例，"杭州市"和"北京市"前面分别加上"100 多万人口"和"有着 1000 多万人"两个定语就强调了两个城市之间的对比。

　　从配置关系上看，pq 的分配受到逻辑事理的制约。充当 p 的是起铺垫作用的事，充当 q 的是被托起的事。比较：

　　a. 为了革命，流血牺牲尚且不惜，何况流点汗。

　　b. *为了革命，流点汗尚且不惜，何况流血牺牲。

按理说，不怕流血牺牲就一定更不怕流汗，不怕流汗却不能证明不怕流血牺牲。所以，进入 p 的应是"流血牺牲"，进入 q 的应是"流点汗"。因此，a 句成立，b 句不成立。

　　有时，pq 的分配是由说话人的心理预设决定的。例如：

　　a. 他尚且不行，何况你！

　　b. 你尚且不行，何况他！

a 句与 b 句反映说话人两种相反的心理预设。

　　综上分析，正是 pq 的类同性、pq 的深浅对比性和 pq 的配置关系三个方面为"尚且 p，何况 q"句式提供了逻辑基础，为"以深证浅"语义关系的实现提供了可能性。

二　从扩展形式看"以深证浅"的反逼性

　　"尚且 p，何况 q"句式"以深证浅"的语义关系是由前分句的让步（预逼）和后分句的反逼（承逼）相互作用来实现的。有时，为了拉大让步距离，借以加强基本形式（以下简称"基式"）"尚且 p，何况 q"的论证力，便可采用扩展形式（以下简称"扩式"）。扩式有两组：

　　扩式 A 有"就连……尚且 p，（更）何况 q"、"连……都 p，（更）何况 q"、"连……还 p，（更）何况 q"、"连……也 p，（更）何况 q"等。例如：

　　（5）就连母鸡都还疼爱小鸡，何况人呢？（电影《人间恩怨》）

　　（6）连根本不能带"－了""－着""－过"的"使"字也能看作动词，何况能带"－了""－着"等的"被"呢？（桥本万太郎《汉语被动式的历史·区域发展》，《中国语文》1987 年第 1 期，42页）

　　扩式 B 有"即使……尚且 p，（更）何况 q"、"即使……都 p，（更）何况 q"、"就是……也 p，（更）何况 q"、"就说……也 p，（更）何况 q"等。例如：

　　（7）即使是推崇标准化经营的连锁酒店企业自身，尚且无法保证旗下每家门店都拥有同等的服务品质，更何况没有统一标准的"星程"、"星月"？（许静《抱团联盟品质保证是关键》，《市场报》2008 年 9 月 10 日第 7 版）

(8) 即令计划者全是廉洁且知识丰富的理想人，也无法洞悉人们的多
样需要，更何况他们全是社会人、经济人。（钟道新《超导》，
《收获》1988 年第 5 期，5 页）

从预逼分句看，"尚且 p"内部实际上隐含着让步转折的逻辑基础。如
果把"尚且 p"改写成"M 尚且 x"的话，"尚且 p"实际上隐含着"即使
（是）M，但也 x"的意思。比如说，"科学家尚且无法解释"隐含着"即使
（是）科学家，但也无法解释"的意思。正是基式所隐含的这种让步转折的
逻辑基础为扩式提供了合理的存在前提。

采用扩式 A，就拉大了"尚且 p"让步的距离，增强了基式的论证力。
这是因为，预逼分句里的"就连（连）"强调地显示了情况的高端。

采用扩式 B，就在扩式 A 的基础上进一步拉大了"尚且 p"让步的距
离，增强了论证力。这是因为，"即使……也……"类一般是表假言的，让
步的意味儿特别强，因而能夸张地表示情况的极端；即使是用于实言，但是
"所说的事往往显得若有若无，似实似虚，并且带有某种主观情绪或夸张口
气，因此让步意味儿特重。"（邢福义，1985b）

从基式到扩式 A，再扩式 B，预逼的力量不断增强。可以图示为：

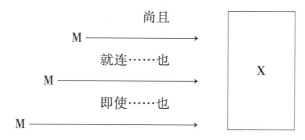

比较：

   a. 科学家尚且无法解释，何况你我！

   b. 就连科学家都无法解释，更何况你我！

   c. 即使是科学家，也无法解释，更何况你我！

从承逼分句看，基式、扩式 A、扩式 B 在承逼标的使用上也呈现出明显
的不同规律。基式一般用"何况"，前边往往不加"更"；扩式 B 多用"更
何况"，前边往往加"更"；扩式 A 出现"更"的情况介乎基式和扩式 B 之
间，呈中间状态。按说"尚且 p，何况 q"反逼句式本身就包含递进的意
思，然而事实上扩式 B 却往往要在"何况"前加"更"，扩式 A 常不加，
也常加，加的时候多；而基式往往不加。"何况"前"更"的这种使用情况
正是前分句表示的让步程度差异的反映。

三　从可转化形式看"以深证浅"的反逼性

"尚且 p，何况 q"反逼句式"以深证浅"的语义关系可以分解为语义特征组合：[＋让步]＋[＋递进]＋[＋推断]。说它有递进，可以用可转化形式"不但"句来证明；说它有推断，可以用可转化形式"既然"句来证明。

"不但"句，指"不但……，连……也……"句式，是典型的递进句式，表示"由浅入深"的递进关系。"不但"句是顺递，"尚且"句是反逼。"尚且"句包含递进的逻辑基础，可以向"不但"句转化。例如：

死尚且不怕，何况困难！

──不但困难（不怕），连死也不怕！

科学家都无法解释，何况你我！

──不但你我（无法解释），连科学家都无法解释！

"既然"句，指"既然……，（那么）……"句式，是典型的推断句式，表示据理推断的因果关系。"尚且"句包含推断的逻辑基础，可以向"既然"句转化。例如：

死尚且不怕，何况困难！

──既然死不怕，那么困难更不怕！

科学家都无法解释，何况你我！

──既然科学家无法解释，那么你我怎么能解释呢？

"尚且"句还可以直接套入"既然……，又……"之类推断句框架里，说成"既然……都 p，又何况 q"等，突出其推断性。例如：

（9）既然生命都可以牺牲，又何况个人痛苦！（鲁彦周《天云山传奇》，《中篇小说选》（1），四川人民出版社 1980 年，34 页）

（10）看看现在那些贪污腐败的官员，有哪一个没有受过良好的教育。当他们面对各种利益诱惑时仍然把握不住自己。大人尚且如此，又更何况年幼的孩子？（《江南时报》2005 年 6 月 29 日第二版）

本章小结

第一，"尚且 p，何况 q"是反逼句式的典型形式。从句法标志看，"尚且"是典型的预逼标，"尚且"的同义形式还有"都（轻读）"、"还（轻读）"和"也"。"何况"是基本的承逼标，有时"何况"前出现"更"，成为"更何况"。一般来说，反逼句的前分句不能不用预逼标，反逼句的后分句既可以是"何况……"形式，也可以是"何况……"的变体形式。

第二，从前项后项看，嵌入"尚且……，何况……"句法框架的前项可以是主谓结构，也可以是状中结构；后项往往是同前项里"尚且"前面的某个主要载义成分相比较的词语，有时也可以是由主谓结构充当的句子形式。后项真正的句子含义不在词面上，而是隐含在前后项之间。前后项在排列配置上讲求节奏明快、匀称。

第三，从语义关系看，反逼句式表达"以深证浅"的因果关系。这种语义关系是通过前分句的让步和后分句的反逼来实现的。反逼句从根本上说是表推断，不过其推断是通过反逼实现的。反逼句的扩展形式和可转化形式从不同侧面反映了"以深证浅"的递进性和推断性。

第四，从句式地位看，"尚且……，何况……"是一种反逼性递进句式。这种句式处于递进句和推断句的交汇点上，既有递进的属性，又有推断的属性，递进中含推断。

第五，从语用价值看，"尚且"句和"既然"句都表推断因果关系，二者的区别是，"既然"句的推断是用直接推论说法表达出来，而"尚且"句的推断是通过反逼说法表达出来。因此，"尚且"句表达的推断在说话口气上突出了论证的力度。诚如邢福义先生（1985a：123）所说："这种句式的作用，在于把因果关系转化成递进复句，从而突出地加强'不在话下'、'不值一提'之类的意味"。

第六，从篇章语境看，"尚且 p，何况 q"反逼句式的表义特点决定了它经常处于承上启下的特定篇章语境中。这种篇章语境的特点可以概括为：理据句——"尚且"句——结论句，这也是"尚且如此"这种说法高频率出现的原因。例如：

（1）　羊羔跪乳、乌鸦反哺，动物尚且如此，何况人乎！　所以，践行社
　　　　　　理据句　　　　　　　"尚且"句　　　　　　结论句
　　　　会主义荣辱观，服务人民，应当从关爱亲人开始。（《来论摘登》，
　　　　《人民日报》2006 年 3 月 29 日第五版）

（2）　珍惜健康就是珍惜生命，也就是珍惜生命"签证"，切不可忽视、
　　　　　　　　　　　　　　　理据句
　　　　损毁，更不能轻抛。　花草树木尚且如此，何况万物之灵的人乎！
　　　　　　　　　　　　　　　　　　　　　"尚且"句

<u>善待自己，善待健康，善待生命及其"签证"吧！</u>　（林汉功《珍

惜生命"签证"》，《人民日报海外版》2002 年 7 月 19 日第五版）

结论句

附　注

① 这里"以深证浅"的理解是邢福义先生在讲学中提出来的，笔者只是作了表述。

第十三章　汉语教学语法现象与句法机制的管控

第一节　关于缩句和抓主干问题

一　问题的提出

缩句和抓主干是中小学语文教学行之有效的传统内容。这两种工作常常被混淆起来，导致在指导学生缩句的时候引起争论。下面就是两例。

（1）《小学语文教师》2001 年第 12 期上刊登一位小学语文老师反映的问题：

> 我校高段语文教师对"所有的交通管理部门都反对酒后开车。"这一句如何缩句争论不休。答案有三：1. 部门反对开车。2. 管理部门反对开车。3. 交通管理部门反对酒后开车。

答案 1、2 的理由是：缩句没有要求"意思不变"，应去掉所有的附加成分（定、状、补）。答案 3 的理由是：缩句"留主干，去枝叶"（教参语），即要简单明了地保留原句大意；特定名称不能改变，"交通管理部门"不能缩成"部门"或"管理部门"，否则意思就不明确。

（2）九年义务教育六年制小学教科书《语文》第九册基础训练 3 第四题是要求学生照例缩写句子。对于其中的"一条清澈的小河缓缓流向远方。"一句，老师们发生了争论，有的主张缩成"小河流。"有的主张保留补语"向远方"，缩成"小河流向远方。"人教社小学语文室编著的《教师教学用书》上的参考答案是"小河流向远方。"

上面的争论所反映的问题在语文教学中具有普遍性。涉及缩句和抓主干两个问题。因此，进一步讨论缩句和抓主干，对于指导教学实践和教学语法的研究都是很有意义的。

实际上，缩句与抓主干是既有联系又有区别的两种工作。两种工作目的不同、要求不同。

二　关于抓主干

抓主干是句子理解和句误检查的一种手段，有助于把握句子基本架构，从而迅速理解句子的意思，也有助于检查句子的语法错误。句子有结构上的主干，如"一条清澈的小河奇迹般地出现在我的眼前。"句子的主干是"小河——出现"。又如"我们的未来在希望的田野上。"句子的主干是"未来——在——田野上"。主谓句的"主干"指"主语中心 + 谓语中心"；如果带宾语，再加上宾语中心。从抓主干的角度来说，句子的"定状补"都是要去掉的枝叶。

句子结构上的主干与表达上的重点是两回事。在表达上，修饰成分定语、状语、补语是不可缺少的，并且往往是句子表达的重点。在语文教学中，常常把句子的主干抽出来跟原句相比较，来显示修饰成分的重要性。

抓主干是就句子的结构方面而言的。既然只是主干，就失去了句子的某些必有成分，就不一定能够成句；既然只是就结构而言的，也就没有必要也不可能考虑抓出的主干与原句的意义关系，可以相去甚远，甚至相反。

三　关于缩句

语文教学中的缩句是一种表达训练。缩句是把结构复杂的长句简缩成结构简单的短句。缩句当然要抓出句子的结构主干，但并不等于抓主干。缩句的结果不仅要抓出句子的结构主干，而且还得是"句"，能单独成活，基本意思也得与原句相符合。如"这幅画一直挂在我的书桌前。"如果缩成"画挂。"就不成句，可缩成"画挂在书桌前。"又如"天空偏偏不等待那些爱好它的孩子。"如果缩成"天空等待孩子。"意思正好相反，得保留否定词"不"。再如"卢沟桥成了我国人民永远难忘的一处具有历史意义的建筑。"如果缩成"卢沟桥成了建筑。"句子就没有什么意思，起码得保留"具有历史意义的"。缩句究竟简缩到什么程度，也是相对而言的，只有繁简之分，没有对错之分。

缩句除了要保留一些状语、补语之类的修饰成分，也常常要保留一些助词，如"树叶落了。""鸟飞吧！"句末的这些助词常常是句子成活所不可少的语言成分。

四　关于《系统提要》的处理

《中学教学语法系统提要》（试用）讲到"句子的主干"时说："在摘出主干的时候要把否定词一起摘出来。"为什么要把否定词一起摘出来？是为了保持主干与原句意思一致。这实际上是把抓主干与缩句结合了起来。在教学实践中也常见把缩句与抓主干结合起来的做法。

教无定法。但是，我们认为在教学上还是把缩句与抓主干明确地区分开来比较好。既看到它们的联系，又认清二者的区别，在这其中特别要注意句子成句的要求。这样有利于更好地发挥两种语文方法的教学作用，也可以避免教学实践中的争议。

第二节　关于"一行（háng）人"

一　问题的提出

人教社 2004 年 6 月第 1 版义务教育课程标准实验教科书语文四年级上册有《搭石》一篇课文，课文里有下面两段文字：

> 进入秋天，天气变凉，家乡的人们会根据水的深浅，从河的两岸找来一些平整方正的石头，按照二尺左右的间隔，在小溪里横着摆上一排，让人们从上面踏过，这就是搭石。（103 页）

> 人们走搭石不能抢路，也不能突然止步。如果前面的人突然停住，后面的人没处落脚，就会掉进水里。每当上工、下工，一行人走搭石的时候，动作是那么协调有序！前面的抬起脚来，后面的紧跟上去，踏踏的声音，像轻快的音乐；清波漾漾，人影绰绰，给人画一般的美感。（104 页）

其中的"一行人"读"一行（xíng）人"还是"一行（háng）人"？这是很多老师在教学中争论的问题。讨论这一问题不仅具有语文教学的应用价值，而且包含着语言使用中的认知影响和语境规约的理论问题。

二 "一行"的用法

孤立地看，"一行（xíng）人"很自然，"一行（háng）人"说起来有些拗口。检索 2004 年的《人民日报》，"一行（xíng）人"常用，"一行（háng）人"罕见。

一行（xíng），中国社会科学院语言研究所词典编辑室《现代汉语词典》的解释是"一群（指同行的人）"，商务印书馆辞书研究中心《应用汉语词典》的解释是"指同行的人。注意：'某某一行'是指某某及同行的人。""一行（xíng）"的造句格式有以下几种。下文所举例句都出自 2004 年的《人民日报》。

（一）一行 + 人

（1）就在群众聚精会神地观看演出时，<u>一行人</u>悄然离场，来到镇里为受灾群众正赶建的住房工地。

（2）在"突突"的马达声中，观鸟的<u>一行人</u>向湖中心出发了。

（二）一行 + 数词 + 人

（3）下午<u>一行 5 人</u>回三亚赶飞机，依兰特的动力终于有了发挥余地。

（三）X + 一行

（4）今天，<u>全国人大常委会副委员长、全国妇联主席顾秀莲一行</u>冒着细雨、千里迢迢地给贵州省龙里县群众送来了新年第一份礼物——科学文化知识和农村适用技术。

（5）这位发言人还说，<u>美国代表团一行</u>访朝期间同朝鲜有关官员就核问题等交换了意见，代表团还破例参观了宁边核设施。

（6）2003 年 12 月 27 日下午，当<u>市委书记李春城和市长葛红林与市民代表一行</u>走进修葺一新的成华区经华北路社区时，上百名社区群众用热烈的掌声表达喜悦心情。

（7）为了让<u>我们一行</u>近距离领略这一动人的场景，主人特意安排我们乘船作尼罗河之游。

（四）我们 + 一行 + 表人名词

（8）但是当<u>我们一行人</u>站在它的面前时，身上顿时热血沸腾，一时大家都不知如何表达是好，只好打开相机，"啪啪"地留下难忘的记忆。

（9）一位看守油站的姑娘，身着显眼的桔红色工装和安全帽，走到院子门口，站在那里，专注地望着我们一行陌生人。

（10）那是 1999 年秋天，我们一行记者正沿着宜川县境内干涸的河谷，驱车而行。

（五）X ＋ 一行 ＋ 数词 ＋ 人

（11）去年 12 月中下旬，人民日报记者组一行 3 人访问了苏丹。

（12）1 月 2 日，海南省及海口市领导一行 30 余人，特地来到这里把新房钥匙送给了 100 个特困户居民，并给特困居民送温暖、贺新年。

（六）X ＋ 及其 ＋ 一行

（13）晚上，吴仪及其一行出席了茹科夫举行的欢迎宴会。

（七）这 ＋ 一行 ＋ 表人名词

（14）黑鸟注视着我们这一行陌生人，片刻间，又嘎嘎叫着，俯冲下来，离我们头顶不过三尺，吓了人一跳，又旋转着融入阔大的空谷。

"一行（xíng）"这个说法带有书面色彩。下面两例都是典型的书面语境：

（15）国家联合检查组一行 8 人，今天抵达湖北武汉，开始对湖北省解决建设领域拖欠工程款和民工工资问题进行督办。

（16）日本政府派往伊拉克的陆上自卫队先遣队一行 30 人已于 16 日晚启程赴伊。

例（15）里的"抵达"，例（16）里的"已于 16 日晚启程赴伊"，都是典型的书面语说法。

三　认知的影响

语言使用受认知影响。"一行（háng）人"的拗口，是认知因素造成的。比较下面两栏说法：

A	B
一行大雁	一行兔子（？）
一行桐树	一行鸡蛋（？）
一行脚印	一行眼镜（？）
一行字	一行笔（？）
一行战士	一行农民（？）

A栏说法我们感觉很自然，B栏说法则有些拗口。造成A栏自然、B栏拗口的原因是人们认知的影响。在日常生活里，雁子常常是排成行的，说到大雁人们容易联想到成行，因而说"一行大雁"就听起来很自然；而兔子则很少排成行，说到兔子就不会联想到成行，因而说"一行兔子"听起来就有些别扭。字也常常是成行出现的，说到字就自然联想到成行，因而说"一行字"就听起来很自然；而笔则很少排成行，说到笔就不会联想到成行，因而说"一行笔"听起来就有些别扭。同样道理，"一行桐树"、"一行脚印"、"一行战士"听起来很自然，而"一行鸡蛋"、"一行眼镜"、"一行农民"听起来有些别扭。词语的这种联想功能在词语与词语之间的组合中起到了潜意识中的固化作用。

四　语境的规约

语言使用更受语境规约。上面谈到的"兔子"、"鸡蛋"、"眼镜"、"笔"、"农民"也不是就不能排成行，不能排除也有排成行的时候。因此，"一行兔子"、"一行鸡蛋"、"一行眼镜"、"一行笔"、"一行农民"在特定的语境里可以成立就不是什么奇怪的事。这就是语境规约的结果。

就课文里的"一行人"来说，读"一行（háng）人"正是语境规约的结果。"一行人"在这段话里处的语境是：

> 人们走搭石不能抢路，也不能突然止步。前面的人……，后面的人……。……一行人走搭石的时候，……前面的……，后面的……，踏踏的声音，像轻快的音乐。

可见，人们走搭石的时候是排成行的。

应该指出的是，读"一行（xíng）人"在这里也通顺，表义上也清楚完整。不过，读"一行（háng）人"更切境，表达上更具体。

语言运用的事实表明，在认知影响与语境规约发生矛盾的时候，语境规约起决定性作用。例子随处可见，像"靠山吃山，靠水吃水"中的"吃山"、"吃水"就是这样。其实，不仅是认知因素，语法因素、语义因素与语境规约发生矛盾的时候，语境规约同样都是第一位的决定性因素。

本章小结

第一，"小句中枢"说认为，研究汉语语法应该以小句为中枢，注重观察句法机制对语法规则方方面面的管束控制作用。我们认为，这一理论符合汉语特点，能较好地适应汉语教学的需要，在教学语法和语感培养方面都具有指导思想方面的应用意义。

第二，本章第一节讨论的缩句和抓主干，涉及小句成活问题。缩句的结果不仅要抓出句子的结构主干，而且还得是"句"，能单独成活。第二节讨论的"一行人"，涉及语境的"句管控"问题。语言使用受认知因素、语法因素、语义因素、逻辑因素等因素制约，但当这些因素与语境规约发生矛盾的时候，语境规约是第一位的决定性因素。

第三，语感培养是语文教育的重要任务，学生的语文实践是语感培养的基本途径。教育部颁布的《全Ｆ制义务教育语文课程标准》（实验稿）重视语文的实践性，明确地指出："语文是实践性很强的课程，应着重培养学生的语文实践能力，而培养这种能力的主要途径也应是语文实践。……语文又是母语教育课程，学习资源和实践机会无处不在，无时不有。因而，应该让学生更多地直接接触语文材料，在大量的语文实践中掌握运用语文的规律。"那么，在学生的语文实践中，会接触到大量生动活泼的语言现象，对待这种现象，就要善于从句子全局出发，把句法、语义、语用有机结合、相互制约的观念渗透到分析中去。树立这一观念，对于培养丰富的生动活泼的语感是十分必要的。

第四，龚千炎先生（1991）曾说过："目前阶段'词组本位'说肯定较为科学合理，它反映了我国语法研究所达到的水平，因此语法教学以它作为基点是完全正确的。不过，我们似乎也应该想到，将来的某个时候也许又会回到'句本位'体系，当然那绝不再是以句子成分为中心的'句本位'了；句子是语言的使用单位，只有在讲清句子的基础上才能进一步纠正中学生常犯的'前言不搭后语''意思跳跃不连贯'等语病，所以把句子作为重点组织汉语语法教学是合乎情理的。"龚先生的意见是符合实际的。

第十四章　理论思考

第一节　"方—普"语法现象研究的理论启示

语言是丰富多彩的，多研究一种方言，就多打开一个窗口。

通过方言和普通话语法现象的观察研究，我们获得了不少关于语言和语言研究的理论启示。下面结合本书讨论过的语法现象，再适当联系一些没有讨论过的现象，谈十四条理论启示。

一　世界是复杂多样的，语言也是丰富多彩的

语言表现人们对客观世界的认识。客观世界的复杂多样性决定了语言的丰富多彩性。

语言有民族特点，方言有地域特色。不同语言、不同方言在表现人们对世界的认识上有不同的特点。拿指示代词系统来说。

在汉语里，20世纪80年代以来，陆续报道方言里存在多种不同的指示代词系统，其中有二分的，也有三分的，三分里又有不同的格局：近指—中指—远指，近指—较远指—更远指，近指—远指—混指等。张邱林（1989；1992）又在陕县方言里发现指示代词的面指背指现象。把面指背指同已经揭示出来的其他指示现象联系起来，使我们自然地推测，自然语言中有可能存在多种指代词系统。其实从理论上说，这是完全合理的。因为指代词具体反映了语言符号的使用者与所指代事物的语境关系，而客观世界中这种关系的存在是多角度多侧面的。

从外语来看，布龙菲尔德（1985：325）指出："许多语言区分较多的指示替代类型；比如，有些英语方言在 this 和 that 的区别以外，加上 yon 表示最远的事物。拉丁语用 hic 指示最靠近说者的事物，用 iste 指示最靠近听者的事物；ille 则表示最远的事物。克瓦基屋特尔语（Kwakiutl）语也作同

样的区别，但是还分出'看得见'和'看不见'的来，这就使数目增加了一倍。克利语有［awa］'这'［ana］'那'，和［oːja］'刚才还在可是现在看不见了的那（个）'。爱斯基摩语有一整套：［manna］（这一个），［anna］（北面的那一个），［qanna］（南面的那一个），［panna］（东面的那一个），［kanna］（下面的那一个），［sanna］（海里的那一个），［iŋŋa］（那一个），等等。"

[英] S. C. Levinson 著，沈家煊译（1987）指出："有些语言的指示词在近指远指上有三四种区分，如美国西北部 Tlingit 语的指示词区分两种不同程度的近指和远指。马尔加什语则作出六种区分。但应注意，指示词的这些区分并不都是简单地依据距离一个固定指示中枢的远近，往往还以不同的参加角色为依据。有的指示词系统主要不是或不仅仅是以说话者的处所为中心。有的系统区分这样的三度空间：说话者之上，说话者之下，与说话者处同一水平。有的系统还包括一些很特殊的区分，如说话者的上游/下游，说话者看得见/看不见，等等，从而得出大量的指示词语（多达 30 个或者更多）。"

国内外语言、方言指示代词系统的复杂性启示我们，世界是复杂多样的，语言也是丰富多彩的，在语言调查、方言调查的时候，应该充分尊重事实，一切从实际出发，避免成说的束缚。

二　不同语言、不同方言表达意义的手段有不同特点，而手段的不同是由系统的不同决定的

任何语言、任何方言都拥有一个完整的系统。就像汉语表达亲属关系要先把亲属分成母系亲属和父系亲属，然后分别再分男女，而英语一上来就只分男女一样；就像汉语的"哥哥""弟弟"是用词的形式来表达，而在英语里则要用短语形式来表达一样；不同的语言、不同的方言系统表达意义的手段有不同的特点。这种情形在陕县方言与普通话之间就多有发生。例如，陕县方言的体貌系统就是这样。陕县方言将然态和曾然态都可以用在动词性成分后边加语气助词的办法来表达。将然态的语法形式是"VP 呀"。例如：

我走呀。我将走。

牛卖呀。牛将卖。

你去地呀？你将去地？

他怎么呀？他将去干什么？

曾然态的语法形式是"VP 去"。例如：

我手黑，刚搬煤去。我手黑，刚才曾经搬煤了。

她像是哭去，眼都肿了。她像是曾经哭过，眼都肿了。

我给他说去，他知道。我曾经给他说过，他知道。

这个人我夜个见去。这个人我昨天曾经见过。

而普通话是在动词性成分前边加时间副词的办法来表达，表达将然是"将VP"，表达曾然是"曾经 VP（过）"。陕县方言与普通话体貌表达的不同手段隶属于不同的语言（方言）系统，其不同特点是由系统的不同决定的。

三　不同系统之间的比较可以相互启发

汉语的不同方言都是古汉语演变而来的。同一个语言事实，在不同的方言里可能存在不同的表现形态。在甲方言里表现得隐蔽一些的特点，在乙方言里可能有显露的标志。因此，把不同的方言放在一起比较，可以弥补形式隐蔽在分析上的不足，在语言现象的分析上有启发和参考作用。

普通话的语气助词"呢"究竟负载不负载疑问语气？多年来汉语语法学界的学者们对这一问题讨论不断，发表了多种不同的见解，也都在普通话系统内找出了一些证据。但是，这些证据的力度都有限，难以令人完全折服。因此，这个"呢"究竟是不是疑问语气词，至今意见分歧。

石毓智（2004）认为，"呢"并不负载疑问信息，汉语中的"呢"只有一个，它的基本作用是指明其前成分所指的事实性。证据是疑问代词和"呢"共现的句子，少了"呢"仍是问句，但是抽掉了疑问代词，有些句子就不能成为问句，甚至是不合语法的。可见疑问代词和"呢"的地位很不平等，"呢"与疑问信息无关。如：

　　a. 我怎么一点也不知道呢？

　　b. 我怎么一点也不知道？

　　c. *我一点也不知道呢？

但是，c 句在陕县方言里却能说。陕县方言语气助词"嚷"在这方面就有显著的形式表现，对"呢"在疑问句中负载疑问语气的观点提供了有力的旁证。比较：

　　a. 他走啦。（陈述句）

　　b. 他走啦嚷？（特指问）　　　　回答：他有点儿事。

　　c. 他走啦？（是非问）　　　　　回答：唉，走啦。

　　　　a.　没吃饱。（陈述句）

　　　　b.　没吃饱嚷？（特指问）　　　　　回答：不好意思放开吃。

　　　　c.　没吃饱？（是非问）　　　　　　回答：是没吃饱。

如果在末尾加上"嚷"就构成特指问，问的是原因，上面两个 b 句意思分别是"他怎么走了？""怎么没吃饱？"，前面都可以加上"怎么"。但如果只是把陈述语调换成疑问语调，构成的是语调是非问，不是特指问。两个 c 句后面都可以加上"不是"："他走啦不是？""没吃饱不是？"，把 b 和 c 放在一起比较，则显而易见"嚷"负载的特指问疑问语气。

　　由此可见，普通话的这个"呢"（陕县方言的"嚷"）是一个疑问语气助词，只是在普通话和陕县方言里表现形态不同而已。袁家骅等（1983：321）就指出："汉语各方言在语法细节上经常显示一些特点，可以帮助阐释民族共同语的有关语法现象"。

四　格式对语义的反规约具有普遍意义

　　邢福义先生（1991）在复句研究的基础上，提出了"复句格式对复句语义关系的反制约"的理论观点，指出，复句语义关系具有二重性，既反映客观实际，又反映主观视点。在复句格式的选用中，起主导作用的是主观视点。复句格式为复句语义关系所制约，但是，复句格式一旦形成，就会对复句语义关系进行反制约，格式的语义关系就直接反映了格式选用者的主观视点。而反映的主观视点与客观实际既可以重合，也可以不完全等同。陕县方言语法现象的观察分析表明，格式对语义的反规约在语言的不同层面都有体现，具有普遍的语言学意义。

　　以陕县方言的儿化形容词来说。儿化形容词作为一种语法格式，负载着"程度不高"的附加语义。一个度量形容词一经嵌入这种语法格式，便会被赋予"程度不高"的语义色彩。孤立地说"三尺高"，可以是在说高，也可以是在说不高；但是一经套进儿化格式，说成"三尺高儿"，就被赋予了"不高"的语义色彩，一定是在说不高。"有多高？"问话人的心理假设可以是很高，也可以是不高；但"有多高儿？"就带上了说话人认为不高的口气，问话人的心理假设一定是不高。

　　再以陕县方言单音形容词的"AA 儿"重叠格式来说。谓语位置上的 AA 儿式都带有希望或喜爱的感情色彩。由于格式对语义的反规约作用，就使得"兀个女儿说话快快儿的"临时被赋予了"说话快"以褒义的感情色彩。同样，把"新媳妇儿脸儿胖胖的"说成"新媳妇儿脸儿胖胖儿的"，就临时赋予了脸胖以褒义的感情色彩。

上述现象都表明，一般说来，语法意义决定语法形式；但特定语法格式一经形成，就会成为特定语法意义的载体，从而对语义表达产生反规约。

我们进而发现，格式对语义的反规约也是要受到客观事理的制约的。"雨点有核桃大儿。"就不能说，因为核桃大的雨点事理上已经是很大的了。再如"脏"总是人们不希望、不喜爱的事，因此就不能进入 AA 儿式说成"脏脏儿的"规约出褒义的感情色彩；"服务态度冷"、"冬天屋里冷"是谁也不希望、不喜爱的事，因此"服务态度冷冷的"、"冬天屋里冷冷的"也同样不能说成"服务态度冷冷儿的"、"冬天屋里冷冷儿的"规约出褒义感情色彩来。

五 要用系统的眼光看待语法现象

语言、方言都是一个系统，当我们观察分析一个语言成分的时候，就要用系统的眼光，着眼于系统的全局，不能只顾眼前，避免认识的偏差。许多现象，孤立地看，不易确定其性质，或者孤立地分析导致了偏差，而放进系统里观察，便可得到全面准确的认识。以研究语气助词来说，要用系统的眼光看待语法现象，特别注意不能把句子表示的语气加到语气助词的头上。

陕县方言选择问句，前后项之间常用一个语气助词"曼"，例如：

　　是去曼还是回？

　　是北京曼上海？

　　是等他哩曼还是先走？

　　割草呀曼锄地呀？

这个"曼"表不表示疑问语气？是不是疑问语气助词？单从选择问句的例子来看，好像表示疑问。可是，当我们把考察的面扩大到"曼"在其他语境的使用情况时，就会认识到刚才是把句式表示的疑问语气加到了"曼"的头上。事实上，"曼"还用于以下语境：

　　a. 中曼。 ｜ 吃啦曼。 ｜ 还有哩曼。

　　b. 赶紧走曼！ ｜ 拿鞋穿上曼！ ｜ 做饭曼！

　　c. 走哩曼？ ｜ 走呀曼？ ｜ 走啦曼？

　　d. 买秦椒还是买海柿曼？ ｜ 土豆还是番瓜曼？ ｜ 去不去曼？ ｜ 小不小曼？

e. 天曼象要下雨样哩。│ 怎么曼人都走啦。│ 十个曼还不够？

a 句里"曼"用于陈述句末尾，加强肯定语气。b 句里"曼"用于祈使句末尾，表示提醒语气。c 句里"曼"用于是非问句末尾，加强估计、测度中的肯定语气。d 句里"曼"用于选择问句末，表示催促口气。e 句里"曼"用于句中，通常是用在主语后边，表示提顿，在反问句中有突出前边的词语的作用。

把选择问句中的"曼"同上面的其他五种用法联系起来，则显而易见其陈述语气助词的性质。

六　汉语语义同语法具有相对的独立性

对于汉语来说，语境特别重要。在特定语境里，语义同语法具有相对的独立性。一个很能说明问题的现象是，外国留学生学汉语的时候说出来的不合乎规范的话，我们本族人不一定就完全不能把握其要表达的意思。下面是一位来华教英语的美国青年教师学习基础汉语时写的一段习作：

现在我坐。我看外面。天气外面是很好。日去西。我来了美国了。二月我住了中国。我住在专家楼。在这儿住多外国人。我们都老师。我教学英语。我也是学生。我学习汉语也中国武术——五步拳和乌龙盘打。我是很忙，但是很高兴的。我有很多朋友。

虽然这些句子几乎都有语法偏误，但相信我们每一位汉语教师都还是能领会这些句子所要传达的意思。这样，教师就通过特定语境抓住了意义，就可以从意义入手来教学生汉语的表达形式。

七　参照点对于说明语言使用现象有重要价值

例如动词"来"和"去"。

我们都知道，按照词典上的解释，"来"是"从别的地方到说话人所在的地方（跟"去"相对）"。"去"是"从所在地到别的地方（跟"来"相对）"。

可是实际语言使用中，我们却经常听到：

（1）别叫了，我就来。

（2）（信上说）等放暑假了，我来拜访您。

（3）我就下来，就下来。

英语里也有 I'm coming 的说法。

怎么解释这些现象？实际上是说话参照点的转换。这是站到听话人的角度来说话，与听话人立足点保持一致，因而和"我就去""I'm going"等的说法相比，听话人有亲近感。

再比如"别"和"不"。

我们都知道，按照词典上的解释，"别"表示禁止或劝阻，"不"表示否定。按说，在回答别人的感谢的时候，应该说"别客气"，可是我们却经常说"不客气"。这实际上也是说话参照点的转换，是站到听话人的角度来说话，听话人立足点保持一致，因而和"别客气"的说法相比，听话人有亲近感。

应该说明的是，上面说的词典上的解释是"来"和"去"、"别"和"不"的语言义，上面说的人们那样说话，是为了获得特别的表达效果而对语言符号的灵活使用，属于语用现象。

八　表义中心对于说明语言使用现象有重要价值

语法书讲到动宾短语的句法功能，一般都说可以充当定语。但实际上，并非任何动宾短语都能充当定语。例如：

（欢迎女司机）大会	（动＋名）＋大会
＊（热烈欢迎女司机）大会	（（状＋动）＋名）＋大会
＊（欢迎载誉归来的女司机）大会	（动＋（定＋名））＋大会
＊（欢迎欢迎女司机）大会	（动词重叠式＋名）＋大会
＊（欢迎一下女司机）大会	（（动＋补）＋名）＋大会

以上语言片段作为标题，只有第一种说法成立，其他的动宾短语形式都不行。为什么定位动宾短语在扩展上受到限制？这实际上是因为，在定中结构里，中心语成分是表义中心，定位动宾短语的扩展会造成喧宾夺主，与作为表义中心的中心语的地位相冲突。

再看一个事实。

（1）无论什么事情，无论它是否有价值，只要你闭口不谈，加以封锁，就成了机密。（张宇《阑尾》，《十月》1988 年第 2 期，6 页）

（2）只要有干劲，只要有革命精神，没有什么不在行的。（曹玉林《滴血的太阳》，《十月》，1987 年第 5 期，70 页）

前一例是"无论 p_1，无论 p_2，q"，后一例是"只要 p_1，只要 p_2，q"。

q 是表义中心,"无论 p_1,无论 p_2,……""只要 p_1,只要 p_2,……"都是指向 q 这个表义中心,因而从理论上说就不存在"无论 p_1,无论 p_2,q_1,q_2"、"只要 p_1,只要 p_2,q_1,q_2"这样的说法。

九 短语也有静态研究和动态研究两个角度

脱离语境,研究短语的类型、构造和特点等,这是对短语的静态研究;把短语同句子联系起来,研究短语入句的句法、语义、语用条件,短语入句后在句法变化上、在表义功能上受到的制约以及显示出来的语用价值等等,这是对短语的动态研究。从语言运用的角度来说,动态研究显得尤为重要。以往对短语的研究偏于静态方面,现在应该加强动态研究。

十 语言使用受认知影响

燕子常常是排成行的,说到燕子人们容易联想到成行,因而说"一行燕子"就听起来很自然;而兔子则很少排成行,说到兔子就不会联想到成行,因而说"一行兔子"听起来就有些别扭。字也常常是成行出现的,说到字就自然联想到成行,因而说"一行字"就听起来很自然;而笔则很少排成行,说到笔就不会联想到成行,因而说"一行笔"听起来就有些别扭。同样道理,"一行桐树"、"一行脚印"、"一行战士"听起来很自然,而"一行鸡蛋"、"一行眼镜"、"一行农民"听起来有些别扭。词语的这种联想功能在词语与词语之间的组合中起到了潜意识中的固化作用。

十一 词义相近相等,词性相同,但有语法个性

两个词意义相近相等,词性相同,但在语法上并不一定能够随便替换使用,而是往往具有语法个性。例如时间名词"刚刚"与"刚才"语义相当,但在语法上很多时候不能互换。动词"以为$_1$"与"认为"语义相当,但在语法上很多时候不能互换。

十二 形容词的语义自足度制约句法结构

形容词"丰富"能够描述的对象范围较广,较灵活;"尴尬"能够描述

的对象范围较窄，较固定。我们说"丰富"的语义自足度低，"尴尬"的语义自足度高。NA 主谓短语作状语是检验形容词语义自足度高低的一个句法框架。形容词本身语义自足度高，作状语时一般不用构成主谓短语，而是独立作状语。语义自足度低的，作状语时一般要构成主谓短语，出现性质的属性。

十三 有时还需避免叠用复现，以错综求顺口

吕叔湘（1963）指出："不得不承认 2 ＋ 2 的四音节也是现代汉语里的一种重要的节奏倾向。"陈建民（1984）又指出："四音节的主要语音段落是 2 ＋ 2，语音上成双成对，念起来节奏匀称，十分上口，的确可以加强语言的表达效果。"但这只是现代汉语主要的节奏倾向。时间副词"刚刚"一般避免叠用复现，体现了现代汉语节奏规律的另一个方面，这就是为了达到言语节律自然顺口，有时还需避免叠用复现，以错综求顺口。这应该说是 2 ＋2 节奏规律的一个补充。

十四 节律可以压倒表义，表义也可以压倒节律

语言运用中，当节律与表义发生矛盾的时候，有时适应节律的要求，节律优先，节律可以压倒表义；有时适应表义的需要，表义优先，表义可以压倒节律。

第二节 推进汉语方言语法研究的理论思考

本节谈关于推进汉语方言语法研究的五点理论思考。

一 单点研究与类型比较相辅相成

可以预见，汉语方言语法研究必将成为 21 世纪的热门领域之一。一方面，汉语研究要摆脱西方语言理论的束缚，建立起符合汉语实际的语言学理论，在国际上平等对话，丰富的汉语方言资源是形成类型学语言理论的绝好基础；另一方面，在汉语研究内部，方言语法研究对于共同语语法研究、历

史语法研究都有着重要意义。正如李如龙（2001：5）所说："什么时候我们把汉语方言的横向比较搞透了，对于现代汉语的结构系统就能获得真切的了解；把纵向的比较也搞透了，一部翔实的汉语史也就水到渠成了。从这一点说，汉语方言的比较研究不仅是研究汉语方言的需要，而且是整个汉语研究，建立汉语语言学，使我们的语言学真正中国化、科学化的需要。"

汉语方言语法研究发展到现在，需要从两方面齐头并进：一是单点方言的系统、深入的描写研究，二是方言间的语法横向比较。二者互为条件，互相促进。单点研究是类型比较的基础，类型比较使单点研究深入和准确。近几年，汉语方言的类型比较研究发展起来，但存在两个问题。一是由于单点描写成果少，制约了大范围系统比较的开展；二是由于单点描写欠深入，制约了横向比较的深度和解释力。

目前，在开展横向比较研究的同时，应该鼓励更多地、深入地开展单点的描写性研究。只有这样，类型比较才能拥有足够的材料；只有这样，类型比较也才能深层次地开展。

二　紧紧抓住句法机制这个纲

汉语不使用严格意义上的形态变化，词语只有入句，在小句的句法机制控制约束之下才能明确显示其语法性质和语法职能，才能发挥特定的语法作用。各种层次、各种类型的语法实体都落实在句法机制的管控之中。因此，研究汉语语法，必须紧紧抓住句法机制这个纲，把语法成分置于句法机制的管控系统之中。作为汉语变体形式的方言当然也是这样。也正因为这样，方言与普通话之间、方言与方言之间的语法差异只有通过不同句法机制的管控系统才能说清楚。因此，抓住了句法机制也就抓住了汉语方言语法研究的纲。只有抓住了句法机制的研究才能真正抓住汉语语法的根本。

三　运用"两个三角"的研究方法

如何深入地描写方言的语法特点和语法规律？"两个三角"是有效的研究思路和方法。两个三角中的"小三角"指的是"语表—语里—语值"构成的"表—里—值"三角，两个三角中的"大三角"指的是"普通话—方言—古汉语"构成的"普—方—古"三角。"两个三角"的灵魂是动态的多角验证。

目前对方言语法现象描写深度大有进步，但总的来说还是很不够的。比起普通话语法现象描写的深度还有较大距离。如何深入？按照"小三角"的思路和方法，就是分析一个方言语法事实要形式、意义、语用相结合，形式和意义相互验证，在此基础上，联系语用，辨察表达同一语义的不同语法形式的语用价值，以此求得全面准确地揭示语法规律；目前对方言语法现象的描写在形式和意义的相互验证方面还很薄弱，更少进一步辨察语用价值。把"大三角"的思路和方法应用于方言语法研究，就是立足一个方言语法事实，要进行"方言—古汉语"、"方言—普通话"、"方言甲—方言乙"的多角比较验证，必要时还扩大到"方言—民族语言"、"方言—外国语"的比较，扩大研究视野，在系统外更广阔的背景下观察方言语法事实，验证系统内的分析结论，以此加强"小三角"分析的可靠性，求得对方言语法差异的解释。

四　不断学习先进的语言学理论

深化方言语法研究，有赖于先进语言学理论的指导。理论有两方面作用，一是帮助我们分析事实，一是引导我们发现事实。深化方言语法研究，还要不断学习先进的语言学理论，包括国外的语言学理论和国内的语言学理论。立足于方言的实际，借鉴先进的理论方法，对于国外的对我有用的语言学理论方法都注意学习，吃透精神，为我所用。学习先进的语言学理论，对于方言语法研究来说，及时地吸收和借鉴普通话语法研究的成果尤为重要和近便。普通话语法研究人多，时间长等多方面原因，使得普通话语法研究的深度在整体上领先于方言语法研究。因此，跟普通话语法进行比较研究，引进普通话语法研究的方法，利用普通话研究的成果，是推动方言语法深入发展的一条十分有效的途径。值得指出的是，比较不是简单的照搬、套用、比附。诚然，方言语法系统与普通话有别，应该立足于方言语法的实际。汉语语法研究照搬印欧语语法系统的问题不应该再发生在方言语法研究上。

五　深入调查方言事实

深化方言语法研究，更有赖于深入调查方言事实。方言语法事实调查是方言语法研究的根本。方言学前辈如赵元任先生、丁声树先生、李荣先生等都十分重视方言调查的重要性，在方言事实的调查方面有过许多重要的指导意见，鲍厚星（2003）对李荣先生的意见进行了概括论述。在这里，我们想强调两点意思。一是，随着方言语法研究的发展，对方言语法事实的调查要在更深的层次上展开。汉语语法形式隐蔽，大量的不同于普通话的方言语法特点不是显露在外，而是需要深层次地发掘。如何深层次调查？陆俭明（2003）列举了一些调查思路和方面。刘丹青（2003）通过两个实例说明吸收先进语言学理论，改进语法调查框架，可以帮助发掘出更多的方言事实，深化方言语法研究。令人高兴的是，方言学者、类型学学者已经制定出一些能较深入、广泛反映方言语法特点的调查方案，出版了一些调查手册。诚然，方言语法的调查与语音、词汇的调查有很大不同。二是，重视理论的引导作用，但在这方面要注意不能迷信理论，要观察事实，不要先入为主。要知道，任何理论都有局限性。

陕县（原店镇）方言蟹摄开口二等
见系字的读音

　　本文描写陕县（原店镇）方言蟹摄开口二等见系字的读音特点。陕县位于河南省西部豫晋秦三省交界地带，东连渑池县，西接灵宝市（原灵宝县），南依干山与洛宁县毗邻，北界黄河与山西省平陆县相望（现在已通黄河大桥连接三门峡与平陆）。县政府原来在三门峡市市区，1994年迁至县西温塘。陕县方言内部也有些差异，比较明显的是县东县西在调值方面的差异。本文记录的是笔者的家乡原店镇的语音材料。原店镇位于县西的三门峡西站附近，距离三门峡市市区约五十里。陕县方言属于中原官话汾河片解州小片。

　　陕县（原店镇）方言的声韵调系统如下。

　　（一）声母（包括零声母）25 个：

p	p‘	m		f	v
t	t‘	n	l		
ts	ts‘			s	
tʂ	tʂ‘			ʂ	ʐ
tɕ	tɕ‘	ȵ		ɕ	
k	k‘	ŋ		x	
ø					

　　注： tʂ tʂ‘ ʂ ʐ 的发音部位比北京话稍前，v 声母部分人受普通话影响念成半元音 w。

　　（二）基本韵母 41 个：

ɿ ʅ	ɯ ɤ	a	ɛ	o	ɣ	ai	ei	au	əu	an	en	aŋ	əŋ
i		ia	iɛ			iai		iau	iəu	ian	in	iaŋ	iŋ
u		ua	uo			uai	uei			uan	uen	uaŋ	uŋ
y ɥ			yo							yan	yn		yŋ

（三）声调 4 个：

阴平 51　　阳平 312　　上声 55　　去声 24，另有一个轻声调。

一　二等见系字的读音

1.1　先列举蟹开二见系字的读音材料：

街（蟹开二平佳见）　　$_\zeta$kai　　曲沃~地名｜上~｜~道

解（蟹开二上蟹见）　　'kai　　~开｜~皮带｜~剖板儿｜~木头

　　　　　　　　　　　'tɕiai　　~放军｜~决｜了~

戒（蟹开二去怪见）　　tɕiai$^{\scriptstyle?}$　　~烟｜~备｜警~线

诫（蟹开二去怪见）　　tɕiai$^{\scriptstyle?}$　　告~

届（蟹开二去怪见）　　tɕiai$^{\scriptstyle?}$　　换一~｜你是哪一~的学生？

介（蟹开二去怪见）　　tɕiai$^{\scriptstyle?}$　　~绍｜~绍信（注：蒋~石读上声）

械（蟹开二去怪匣）　　tɕiai$^{\scriptstyle?}$　　机~厂｜机~化

皆（蟹开二平皆见）　　$_\zeta$tɕiɛ　　~大欢喜｜全民~兵

鞋（蟹开二平佳匣）　　$_\zeta$xai　　草~｜~钉｜~带儿｜~掉了

蟹（蟹开二上蟹匣）　　xai$^{\scriptstyle?}$　　螃~儿

解（蟹开二上蟹匣）　　ɕiɛ$^{\scriptstyle?}$晓也　　~开了没有？懂了没有？｜~不开他说的是什么不懂、不明白他说的是什么（注：一般中老年人才用这个词）

懈（蟹开二去卦见）　　ɕiɛ$^{\scriptstyle?}$　　松~

邂（蟹开二去卦匣）　　ɕiɛ$^{\scriptstyle?}$　　~逅相遇

谐（蟹开二平皆匣）　　$_\zeta$ɕiɛ　　和~

1.2　分析以上材料可知：

① 见母逢佳韵今念 k，逢怪韵、皆韵今念 tɕ，逢蟹韵今念 k 或 tɕ，逢卦韵今念 ɕ。如：

k　　街（佳韵）

　　　解剖也（蟹韵）

tɕ　　届介界戒（怪韵）

　　　皆（皆韵）

　　　解~放（蟹韵）

ɕ　　懈（卦韵）

② 匣母逢佳韵今念 x，逢怪韵今念 tɕ，逢皆韵、卦韵今念 ɕ，逢蟹韵今

念 x 或 ɕ。如：

x　　　鞋（佳韵）

　　　　蟹（蟹韵）

tɕ　　　械（怪韵）

ɕ　　　谐（皆韵）

　　　　邂（蟹韵）

　　　　解晓也（卦韵）

③ 佳韵今念 ai，如：

ai　　　鞋街

④ 皆韵、卦韵今念 iɛ，如：

iɛ　　　皆谐（皆韵）

　　　　懈邂（卦韵）

⑤ 怪韵今念 iai，如：

iai　　　届介戒

⑥ 蟹韵逢舌根音今念 ai，逢舌面音今念 iai 或 iɛ。如：

ai　　　解剖也　蟹

iai　　　解~放

iɛ　　　解晓也

上面的分析可以归纳为下表：

表 1

古声母	古韵母	古声调	今声母	今韵母	今声调	例字
见	佳	平	k	ai	阴平	街
匣			x		阳平	鞋
见	蟹	上	k	ai	上声	解剖也
			tɕ	iai		解~放
匣			x	ai	去声	蟹
			ɕ	iɛ		解晓也
见	卦	去	ɕ	iɛ	去声	懈
匣						邂
见	皆	平	tɕ	iɛ	阴平	皆
匣			ɕ		阳平	谐
见	怪	去	tɕ	iai	去声	界
匣						械

二　二等见系字的读音特点

2.0　二等见系字的读音特点可以从跟三四等的比较中看出。

2.1　三四等见系字的今声母读 tɕ tɕʻ ɕ，今韵母都读 iɛ。举例如下：

三等	果摄	群	茄（戈）	˰tɕiɛ	～［˰tɕʻiɛː］茄子｜～苗｜～丝
	咸摄	见	劫（業）	˰tɕiɛ	抢～｜～路
		溪	怯（業）	˰tɕʻiɛ	胆～
		晓	协（業）	˰ɕiɛ	～助｜贫～
	山摄	见	羯（月）	˰tɕiɛ	～［˰tɕiɛː］羯羊
			揭（月）	˰tɕiɛ	～发
		群	竭（月）	˰tɕiɛ	精疲力～｜枯～
			杰（薛）	˰tɕiɛ	～出｜豪～
		晓	歇（月）	˰ɕiɛ	～一下儿再走
			蝎（月）	˰ɕiɛ	～虎｜～［˰ɕiɛː］蝎子
	臻摄	溪	诘诘问（质）	˰tɕiɛ	反～
四等	咸摄	溪	慊（贴）	˰tɕʻiɛ	～意
		匣	叶（贴）	˰ɕiɛ	～韵
			挟（贴）	˰ɕiɛ	要～｜～持
	山摄	见	结（屑）	˰tɕiɛ	～实
			洁（屑）	˰tɕiɛ	清～｜高～
			拮（屑）	˰tɕiɛ	～据

2.2　比较二等与三四等见系字的读音可知：

① 三四等见系字今声母只有 tɕ tɕʻ ɕ 一套，而二等见系字今声母依所逢韵母的不同有 tɕ ɕ 与 k x 两套。

② 三四等今韵母都读 iɛ，而二等今韵母有三个：

卦、皆两韵今读 iɛ，

佳韵今读 ai，

怪韵今读 iai，

蟹韵今分别读 ai iɛ iai 三韵母。

三 平面比较

3.1 与武汉音比较

武汉蟹开二见系字今全读 kai xai。陕县（原店镇）方言跟武汉方言比较，今声母今韵母有同有异。

从声母看，见母逢佳韵陕县、武汉都读 k；逢蟹韵陕县部分读 k，部分读 tɕ，武汉都读 k；逢皆、怪、卦三韵，陕县读舌面音 tɕ ɕ，武汉读舌根音 k x。匣母逢佳韵陕县、武汉都读 x；逢蟹韵陕县部分读 x，部分读 ɕ，武汉都读 x；逢皆、怪、卦三韵，陕县读舌面音 ɕ tɕ，武汉读舌根音 x k。总之，见匣两母逢佳韵陕县、武汉都读舌根音；逢皆、怪、卦三韵陕县读舌面音，武汉读舌根音；逢蟹韵陕县跟武汉部分相同，部分不同。

从韵母看，武汉全读洪音 ai；陕县多读细音：iɛ（卦韵、皆韵）iai（怪韵），只有佳韵读洪音 ai，蟹韵分读三音 ai（逢 k x 声母）iai（逢 tɕ 声母）iɛ（逢 ɕ 声母）。

3.2 与北京音比较

北京蟹开二见系字今全读 tɕie ɕie。陕县（原店镇）跟北京音相比较，今声母今韵母有同有异。

从声母看，见母逢皆、怪、卦三韵以及蟹韵的部分字陕县跟北京相同，都读舌面音 tɕ ɕ；逢佳韵及蟹韵的部分字两地不同，陕县读舌根音 k，北京读舌面音 tɕ。匣母逢皆、卦两韵以及蟹韵的部分字两地相同，都读舌面音 ɕ；逢怪韵也都读舌面音，陕县是塞擦音 tɕ，北京是擦音 ɕ；逢佳韵及蟹韵的部分字陕县读舌根音 x，北京读舌面音 ɕ。

从韵母看，北京只读一个韵母 ie，陕县分读三个韵母 ai iɛ iai。

3.3 武汉、陕县、北京三者比较

蟹开二见系字的读音在现代汉语各方言里有不同的演变现状。这方面有学者作过一些调查研究，如贺巍 1985、张光宇 1993、田希诚 1993。①本文调查陕县（原店镇）方言，发现了新的类型情况，特别是韵母今分读三韵 ai iɛ iai，这不仅与上述文章所记录的其他地方的方言不同，与贺巍先生所记录的陕县方言（当时以三门峡市市区的方言为调查记录对象，贺文说："一般以县市政府所在地作为调查点"，贺先生是 1984 年春调查的，当时县政府在三门峡市市区）也不同（贺文的记录是蟹开二见系字逢细音今读 iɛi）。如果把武汉、陕县、北京三者比较一下，可见三者代表三种类型。武汉全读

kai xai，北京全读 tɕie ɕie，陕县代表过渡类型，声母既有舌根音，也有舌面音，韵母既有洪音，也有细音。通过表 2 的比较，这种类型的过渡可以清楚地看到。

表2

古声母	古韵母	例字	武汉今音	陕县今音	北京今音
见	佳	街	kai	kai	tɕie
	蟹	解剖也	kai	kai	tɕie
		解~放	kai	tɕiai	tɕie
	皆	皆	kai	tɕiɛ	tɕie
	怪	界	kai	tɕiai	tɕie
	卦	憪	xai	ɕiɛ	ɕie
匣	佳	鞋	xai	xai	ɕie
	蟹	蟹	xai	xai	ɕie
		解晓也	xai	ɕiɛ	ɕie
	卦	邂	xai	ɕie	ɕie
	皆	谐	xai	ɕiɛ	ɕie
	怪	械	kai	tɕiai	ɕie

附　注

① 分别见贺巍《河南省西南部方言的语音异同》，载《方言》1985 年第 2 期；张光宇《汉语方言见系二等文白异读的几种类型》，载《语文研究》1993 年第 2 期；田希诚《山西方言古二等字的韵母说略》，载《语文研究》1993 年第 4 期。

（原载《华中师范大学学报》（哲学社会科学版）1995 年第 5 期，略有修改）

附录二

陕县方言语法例句

附录二先列普通话说法，破折号之后是陕县方言说法。陕县方言说法和普通话相同的，破折号之后直接记音；和普通话不同的先写汉字后记音。同一条有几种说法的用竖线隔开。

1. 你姓王，我也姓王，咱们两个都姓王。

    ——你姓王，我也姓王，咱两都姓王。

    ȵi⁵⁵ ɕiŋ²⁴ uaŋ³¹², ŋuo⁵⁵ iɛ⁵⁵ ɕiŋ²⁴ uaŋ³¹²，tɕ·ia³¹² liaːŋ⁵¹ təu³¹² ɕiŋ²⁴ uaŋ³¹²。

2. 老张呢？他正在同一个朋友说着话呢！

    ——老张曩？他正待一（个）朋友在瓦说话哩！

    lau⁵⁵ tʂaŋ⁵¹·naŋ？t'a⁵⁵ tʂəŋ²⁴ tai²⁴ iɛ³¹² p'əŋ³¹²·iəu ts'ai²⁴ ua⁵⁵ ʂuo⁵¹ xua²⁴ ·lei。

3. 他还没说完吗？还没有。——他还没说完？还没有。

    t'a⁵⁵ xa³¹² mu⁵¹ ʂuo⁵¹ uan³¹²？xa³¹² miəu⁵⁵。

4. 你到哪儿去？我到地里去。——你去哪呀？我去地呀。

    ȵi⁵⁵ tɕ'i²⁴ na⁵¹·ia？ŋuo⁵⁵ tɕ'i²⁴ t'i²⁴·ia。

5. 在那儿，不在这儿。

    ——在兀搭，不在这搭。ts'ai²⁴ u²⁴·ta，pu³¹² ts'ai²⁴ tʂʅ²⁴·ta。

    ——在瓦搭，不在□［tʂa⁵⁵］搭。ts'ai²⁴ ua⁵⁵·ta，pu³¹² ts'ai²⁴ tʂa⁵⁵·ta。

6. 这个大，那个小，这两个哪一个好一点儿呢？

    ——这个大，兀个小，这两个哪一个好点儿？

    tʂʅ²⁴ kɛ⁵⁵ ta²⁴，u²⁴ kɛ⁵⁵ ɕiau⁵⁵，tʂʅ²⁴ liaŋ⁵¹·kɛ na⁵¹ iɛ³¹² xaːu⁵⁵·tiɐʔ？ ｜ tʂiɛ²⁴ ta²⁴，viɛ²⁴ ɕiau⁵⁵，tʂʅ²⁴ liaːŋ⁵¹ na⁵¹ iɛ³¹² xaːu⁵⁵·tiɐʔ？

7. 这个比那个好。——这个比兀个好。

    tʂʅ²⁴ kɛ⁵⁵ pi⁵⁵ u²⁴ kɛ⁵⁵ xau⁵⁵。 ｜ tʂiɛ²⁴ pi⁵⁵ viɛ²⁴ xau⁵⁵。

8. 这些房子没有那些房子好。——这些房没有兀些房好。

   $\text{tʂʅ}^{24} \text{ɕiɛ}^{51} \text{faːŋ}^{312} \text{miəu}^{55} \text{u}^{24} \text{ɕiɛ}^{51} \text{faːŋ}^{312} \text{xau}^{55}$。

9. 不是那样做，是要这样做的。——不是兀巴做的，是要这巴做的。

   $\text{pu}^{312} \text{sʅ}^{24} \text{vei}^{51} \cdot\text{pa} \text{tsəu}^{24} \cdot\text{lei}, \text{sʅ}^{24} \text{iau}^{24} \text{tʂei}^{51} \cdot\text{pa} \text{tsəu}^{24} \cdot\text{lei}$。

10. 用不着那么多，只要这么多。

    ——要不了兀些〔$\text{vei}^{24} \text{ɕiɛ}^{51}$〕，这些〔$\text{tʂei}^{24} \text{ɕiɛ}^{51}$〕就够啦。

    $\text{iau}^{24} \text{pu}^{312} \text{liau}^{55} \text{vei}^{24} \text{ɕiɛ}^{51}, \text{tʂei}^{24} \text{ɕiɛ}^{51} \text{tɕ·iəu}^{24} \text{kəu}^{24} \cdot\text{la}$。

11. 他今年多大岁数？——t·$\text{a}^{55} \text{tɕi}^{51} \text{ȵian}^{312} \text{tuo}^{312} \text{ta}^{24} \text{suei}^{24} \cdot\text{səu}$？

12. 大概有三十来岁吧。——大概有三十来岁。

    $\text{ta}^{24} \text{kai}^{24} \text{iəu}^{55} \text{san}^{51} \text{sʅ}^{312} \text{lai}^{312} \text{suei}^{24}$。

13. 这个东西有多重呢？——这个东西有多重？

    $\text{tʂiɛ}^{24} \text{tuŋ}^{51} \cdot\text{ɕi} \text{iəu}^{55} \text{tuo}^{312} \text{tʂ·uŋ}^{24}$？

14. 有五十斤重呢。——有五十斤重哩。

    $\text{iəu}^{55} \text{u}^{55} \text{sʅ}^{312} \text{tɕin}^{51} \text{tʂ·uŋ}^{24} \cdot\text{lei}$。

15. 拿得动吗？——能拿动不能？

    $\text{nəŋ}^{24} \text{na}^{312} \text{t·uŋ}^{24} \text{pu}^{51} \text{nəŋ}^{312}$？

16. 我拿得动，他拿不动。——我能拿动，他拿不动。

    $\text{ŋuo}^{55} \text{nəŋ}^{24} \text{na}^{312} \text{t·uŋ}^{24}, \text{t·a}^{55} \text{na}^{312} \text{pu}^{312} \text{t·uŋ}^{24}$。

17. 你说得很好。——你说得好。

    $\text{ȵi}^{55} \text{ʂuo}^{51} \cdot\text{lei} \text{xau}^{55}$。｜$\text{ȵi}^{55} \text{ʂuoː}^{51} \text{xau}^{55}$。

18. 我嘴笨，我说不过他。——$\text{ŋuo}^{55} \text{tsuei}^{55} \text{p·en}^{24}, \text{ŋuo}^{55} \text{ʂuo}^{51} \text{pu}^{312}$

    $\text{kuo}^{24} \text{t·a}^{55}$。

19. 说了一遍，又说了一遍。——说唠一遍，又说一遍。

    $\text{ʂuo}^{51} \cdot\text{lau} \text{i}^{312} \text{pian}^{24}, \text{iəu}^{55} \text{ʂuoː}^{51} \text{i}^{312} \text{pian}^{24}$。

20. 请你再说一遍！——你给咱再说一遍！

    $\text{ȵi}^{55} \text{kei}^{55} \text{tɕ·ia}^{312} \text{tsai}^{24} \text{ʂuoː}^{51} \text{pian}^{24}$。

21. 不早了，快去吧！——不早啦，赶紧去！

    $\text{pu}^{312} \text{tsau}^{55} \cdot\text{la}, \text{kan}^{312} \text{tɕin}^{55} \text{tɕ·i}^{24}$！

22. 你先去吧，我们等一会儿再去。——你先去，我都等一下儿再去。

    $\text{ȵi}^{55} \text{ɕian}^{51} \text{tɕ·i}^{24}, \text{ŋuo}^{51} \cdot\text{iəu} \text{təːŋ}^{55} \text{xar}^{55} \text{tsai}^{24} \text{tɕ·i}^{24}$。

23. 坐着吃比站着吃好些。——坐下吃比立瓦儿吃强。

    $\text{ts·uo}^{24} \cdot\text{xa} \text{tʂ·ʅ}^{51} \text{pi}^{55} \text{lei}^{51} \text{uar}^{55} \text{tʂ·ʅ}^{51} \text{tɕ·iaŋ}^{312}$。

24. 这个吃得，那个吃不得。——这个能吃，兀个吃不得。

tʂ⟋²⁴ kɛ⁵⁵ nəŋ³¹² tʂ⟋⁵¹, u²⁴ kɛ⁵⁵ tʂʻ⟋⁵¹·pu ·tei。｜ tʂiɛ²⁴ nəŋ³¹² tʂʻ⟋⁵¹, viɛ²⁴ tʂʻ⟋⁵¹·pu ·tei。

25. 他吃了饭了，你吃了饭了没有呢？——他吃啦，你吃啦没有？

tʻa⁵⁵ tʂʻ⟋⁵¹·la，n̠i⁵⁵ tʂʻ⟋⁵¹·la　miəu⁵⁵？

26. 昨天晚上下了雨了。

——夜黑地下雨啦。iɛ²⁴ xɯ⁵¹ tʻi xa²⁴ y⁵⁵·la。

——夜黑下唠雨啦。iɛ²⁴ xɯː⁵¹ xa²⁴·lau y⁵⁵·la。｜ iɛ²⁴ xɯː⁵¹ xaː²⁴ y⁵⁵ ·la。

27. 他去过上海，我没有去过。——他去过上海，我没去过。

tʻa⁵⁵ tɕʻi²⁴·kuo ʂaŋ²⁴ xai⁵⁵，ŋuo⁵⁵ mu⁵¹ tɕʻi²⁴·kuo。

28. 给我一本书！——给我（一）本儿书！

kei⁵⁵ ŋuo⁵⁵（i³¹²）pər⁵⁵ ʂʮ⁵¹！

29. 这是他的书，那一本是他哥哥的。

——这［tʂuo⁵⁵］是他的书，兀［vei⁵¹］一本儿是他哥的。

tʂuo⁵⁵ sʮ²⁴ tʻa⁵⁵·lei ʂʮ⁵¹，vei⁵¹ i³¹² pər⁵⁵ sʮ²⁴ tʻa⁵¹ kuo³¹²·lei。

30. 把那一本拿给我。——拿兀［vei⁵¹］（一）本儿拿给我。

na³¹² vei⁵¹（i³¹²）pər⁵⁵ na³¹² kei⁵⁵ ŋuo⁵⁵。

31. 看书的看书，看报的看报，写字的写字。——kʻan²⁴ ʂʮ⁵¹·lei kʻan²⁴ ʂʮ⁵¹，kʻan²⁴ pau²⁴·lei kʻan²⁴ pau²⁴，ɕiɛ⁵⁵ tsʻ⟋⁵¹·lei ɕiɛ⁵⁵ tsʻ⟋²⁴。

32. 好好儿走！甭跑！——xau⁵⁵ xaur³¹² tsəu⁵⁵！pau³¹² pʻau⁵⁵！

33. 来闻闻这朵花香不香！——lei³¹² uen³¹²·uen tʂei⁵¹ tuo⁵⁵ xuar⁵¹ ɕiaŋ⁵¹ ·pu ɕiaŋ⁵¹！

34. 香得很，是不是？——ɕiaŋ⁵¹·lei xen⁵⁵，sʮ²⁴·pu sʮ²⁴？

35. 不管你去不去，反正我是要去的。——pu³¹² kuan⁵⁵ n̠i⁵⁵ tɕʻi²⁴·pu tɕʻi²⁴，fan⁵¹ tʂəŋ²⁴ ŋuo⁵⁵·sʮ iau²⁴ tɕʻi²⁴·lei。

36. 我非去不可。——我非去不中。ŋuo⁵⁵ fei⁵¹ tɕʻi²⁴ pu³¹² tʂuŋ⁵⁵。

37. 一边走，一边说。——走着说着。tsəu⁵⁵·uo ʂuo⁵¹·uo。

38. 越走越远，越说越多。——yo⁵¹ tsəu⁵⁵ yo⁵¹ yan⁵⁵，yo³¹² ʂuo⁵¹ yo³¹² tuo⁵¹。

附录三

陕县方言动词"体"的专项调查表*

附录三先列普通话说法，破折号之后是陕县方言说法。陕县方言有几种说法的用竖线隔开。

1. 进行

（1）我妈在缝衣裳，姐姐在煮饭。——我妈在瓦儿（兀搭）做衣裳哩，我姐在瓦儿（兀搭）做饭哩。

我吃饭呢，你等一等。——我在吃饭哩，你等一下儿。

（2）她哭着呢，什么也不吃。——她在瓦儿哭哩，什么都不吃。

我跑着呢，所以不觉得冷。——我跑着哩，不觉着冷。

（3）坐着，不要站起来。——坐瓦儿，甭立起。

躺着，不要坐起来。——睡瓦儿，不要坐起。

（4）外面下雨呢，要带伞。——外前下雨哩，得拿伞。

外面下雪呢，别出去。——外前下雪哩，甭出去。

（5）我没在吃饭，我在扫地。——我没有吃饭，我在扫地。

他在干什么？他在抱孩子。——他在瓦儿做什么哩？他在瓦儿携娃哩。

她在洗手吗？不，她不在洗手。——她在洗手哩不是？不是，她不是在洗手。

2. 完成

（1）我吃了饭了，你吃了吗？——我吃唠饭啦，你吃啦没有？

你刚吃了药，不能喝茶。——你刚吃唠药，不能喝茶。

他每天吃了早饭就出去。——他天天儿早起吃唠饭就出去。

---

* 此调查表根据游汝杰《汉语方言学教程》（上海教育出版社 2004 年），有所修改。该书说明该份表格是参照余霭芹设计的一份问题表加以增删改制的。

我已经做了三张桌子了。——我都做唠三张桌［ʈʂuoː⁵¹］啦。｜我
做唠三张桌［ʈʂuoː⁵¹］啦。

（2）我去了三趟都没找到他。——我去唠三回都没寻着他。

他去了一个多月了，还没有回来。——他去唠一个多月啦，还没
回［xueːi³¹²］。

我们找这几本书找了好久。——我节（几个）寻这几本书寻唠多
长时间。

你奶奶病了几天了？三天了。——你奶不美几天啦？三天啦。

（3）小孩睡了吗？睡了，睡在床上。／没睡，在床上玩儿。——娃睡
啦没有？睡啦，睡在床上哩。／没睡，在床上耍哩。

你把昨天买的东西放在哪儿？放在桌子上。——你拿夜个买奈东
西搁哪啦？搁在桌［ʈʂuoː⁵¹］上哩。

（4）我打破了一个盘子。——我拿一个盘［pʻaːn³¹²］打啦。｜我打破
一个盘［pʻaːn³¹²］。

吃饱了饭再干活。——吃饱唠再干。

这个孩子这些日子变乖了。——这个娃这一向变乖啦。

他睡着了吗？他睡着了。／没睡着。——他睡着啦没有？他睡着
啦。／没睡着。

（5）明天这个时候他已经到了北京了。——明个这个时候他就到北京
啦。

你去了他家没有？去了。／没去。——你去他屋啦没有？去啦。／
没去。

（6）球滚到洞里去了。——球滚唠洞［tʻuːŋ²⁴］里去啦。

大家费了很大的劲儿才爬了上去。—— 都费唠多大劲才爬上
［ʂaːŋ²⁴］。

（7）房间里点了一盏灯。——屋里有一个灯亮着。

门口站了许多人。——门口有多少［tuo⁵¹ ʂau⁵⁵］人。｜门口立唠
多少［tuo⁵¹ ʂau⁵⁵］人。

（8）他昨天晚上来敲门的时候我已经睡了。——他夜黑地来敲门时候
我都睡啦。

你去了没有？我去了。——你去啦没有？我去啦。

长久不见了，你好像瘦了／胖了。——多日不见，你像是瘦啦／胖
啦。

晾在外头的衣服早就干了。——晾在外前的衣裳早都干啦。

(9) 讲错了没关系，再讲一遍就是了。——说得不对唠没事，从说一遍就对啦。

我买了三斤，他买了一斤。——我买唠三斤，他买唠一斤。

3．完成体的肯定和否定回答

(1) 他到北京去了没有？去了。/没去。——他去北京啦没有？去啦。/还没去。

他昨晚下棋了没有？下了。/没下。——他夜黑地下棋啦没有？下啦。/没下。

(2) 你家种没种花？种了。/没种。——你屋种花啦没有？种啦。/没种。

他家养没养金鱼？养了。/没养。——他屋养金鱼啦没有？养啦。/没养。

4．持续

(1) 他手里拿着一个茶杯。——他手〔ʂəːu⁵⁵〕拿一个茶杯。

戴着帽子找帽子。——戴上帽〔maːu²⁴〕寻帽〔maːu²⁴〕。

我带着雨衣，不怕下雨。——我拿雨衣着哩，不怕下雨。

(2) 躺着看书不好。——睡瓦儿看书不好。

他喜欢站着吃。——他喜欢立瓦儿吃。

她在地上坐着，不肯站起来。——她坐在地下，不愿立起。

(3) 你拿着。——你拿上。

快着点儿，时间不多了。——快点儿，时间不多了。

这儿人很多，行李要看着点儿。——这搭人多，行李得招呼住。

躺着，不要坐起来。——睡瓦儿，覅立起。

(4) 他头上没带着帽子。——他头上没带帽〔maːu²⁴〕。

你带着雨衣吗？我没带雨衣，我带着伞呢。——你拿雨衣啦没有？我没拿雨衣，我拿伞着哩。｜我拿有伞哩。

5．存在

(1) 门开着，里面没有人。——门开着哩，里头没人。

墙上挂着一幅画。——墙上挂唠一幅画。｜墙上挂有一幅画。

(2) 墙上没有挂着画。——墙上没挂画。

门口站着人吗？没有站着人。——有人立在门口没有？没人立在门口。

6. 延续

（1）杯子里倒着茶，你没看见吗？——杯里有水，你没见？

先把肉切了，呆一会儿炒菜。——先拿肉切唠，等［təːŋ⁵⁵］下儿炒菜。

把这杯茶喝了，以免路上口渴。——拿这杯水喝唠，省得路上渴。

（2）杯子里倒着茶吗？没有倒着茶。——杯里有水没有？没有水。

7. 经验

（1）他到过很多国家。——他去过好多国家。

他从前做过生意。——他老早儿做过生意。

（2）你去过北京吗？我去过。/没去过。——你去过北京没有？我去过。/没去过。

你抽过烟吗？抽过。/没抽过。——你吃过烟没有？吃过。/没吃过。

8. 起始

（1）下雨了，快把衣服收起来。——下雨啦，赶紧拿衣裳收唠。

天气冷起来了，要多穿一件衣服。——天变冷啦，得多穿件衣裳。

（2）他讲起这个故事来起码要一个小时。——他讲起这个故事起码得一个钟头。

他看起电视来就不停。——他看起电视就没个停。

（3）你怎么做起生意来了？——你怎么做生意啦？

他们打起来了吗？还没有打起来。——他两打起［tɕ·iɛː⁵⁵］啦没有？还没打起［tɕ·iɛː⁵⁵］。

9. 即时

（1）他一来大家就走。——他一来都就走。

风一停就下雨。——风一停就下雨。

（2）他一坐船就头晕。——他一坐船就头晕。

你一碰它它就破。——你一碰它它就破啦。

10. 部分完成

（1）三个梨我吃了两个。——三［saːn⁵¹］梨我吃［tʂ·ʅɛː⁵¹］两［liaːŋ⁵¹］。｜三个梨我吃唠两个。

十盒烟我已经给了你五盒。——十盒儿烟我都给唠你五盒儿啦。

（2）五个苹果他一个都没给我。——五个苹果他一个都没给我。｜五［uɛ⁵¹］苹果他一［iɛ³¹²］都没给我。

家具你都买了吗？我买了一部分了。——家具你买啦没有？我买唠些儿啦。

11. 惯常

（1）我一直住在这儿。——我老住在这儿。

他一直坐在这张椅子上。——他老坐在这个椅 $[i:^{55}]$ 上。

（2）他向来喜欢抽烟。——他老爱吃烟。

我一直戴眼镜。——我老戴眼镜。

（3）他一直骑自行车吗？他一直不骑自行车。——他老骑自行车不是？他老不骑自行车。

他向来不喜欢喝酒。——他老不喜欢喝酒。

12. 连续

（1）他不停地跳着。——他一鼓在跳。

雪不停地在下着呢。——雪一鼓在下。

（2）他不停地大声地哭。——他一鼓大声在哭。

时针不停地慢慢地走。——时针一鼓在慢慢儿走。

13. 可能

（1）这个大房间住得下十个人。——这个大屋能住下十个人。

他挑得动一百斤重的担子。——他能担动一百斤。

（2）两个人喝不下三瓶酒。——两 $[lia:\eta^{51}]$ 人喝不了三瓶酒。

你吃得下三碗饭吗？吃得下/吃不下。——你能吃了三碗饭不能？能吃了/吃不了。

14. 转变

我们边走边说，说着说着就到了。——我们走着说着，说着说着就到啦。

她唱着唱着忽然喉咙哑了。——她唱着唱着喉咙可岔啦。

15. 尝试

我来尝尝这碗菜。——叫我尝下这碗菜。

你来喝喝这瓶酒。——你给咱喝一下这瓶酒。

16. 短暂

大家歇歇再干。——都歇歇再干。

我到外头走走就回来。——我去外前转转就回。

17. 接续

（1）我们做下去，不要停。——咱接住做，不停。

你说下去，我们都要听。——你接住说，我都都要听。

（2）你听下去吗？不要听下去了。——你还要听？不听啦。

我们不做下去了。——我都不再做啦。

18．回复

（1）他昨天生病没吃饭，今天病好了，又吃饭了。——他夜个难过哩
没吃饭，今个好啦，又吃饭啦。

他去年回来过，今年又回来了。——他年是回来过，今年又回
［xueːi³¹²］啦。

把那两张桌子搬回来。——拿兀₁两张桌［tʂuoː⁵¹］搬回来。

把盖子盖回去。——拿盖儿盖回去。

（2）我的钻石表掉了，想再买一只新的。——我奈钻石表没啦，想从
买个新的。

我长久不抽烟了，近来又抽烟了。——我多长时间不吃烟啦，这
几天又开始吃啦。

（3）盖子不要盖回去。——盖儿嫑盖回去。

他今年又回来了吗？他没有回来。——他今年又回［xueːi³¹²］啦
不是？他没回［xueːi³¹²］。

19．续完

（1）他等我，你也等我吧。——他等我，你也等下我。

他去，你也去吧。——他去，你也去吧。

（2）吃完这碗粥，不要剩下来。——拿这碗米汤吃完，嫑剩下。

还有一点钱也给你。——还有一点儿钱也给你。

（3）要吃完这碗粥吗？不要吃完了，要走了。——要拿这碗米汤吃完？
不吃完啦，得走啦。

还有一点钱不给你了。——还有一点儿钱不给你啦。

20．确定

那天晚上我是去了的。——兀［vei⁵¹］黑地我去啦。

那天晚上我的确去了。——兀［vei⁵¹］黑地我当真去啦。

附录四

从入句规约看"有点儿 A"

"有点儿 A"的"有点儿"也说成"有点",A 代表形容词。吕叔湘主编《现代汉语八百词》指出:有点儿"多用于不如意的事情",A"多半是消极意义的或贬义的"。

"有点儿 A"这一结构过去有过一些讨论。但以往的讨论一般是就这一结构孤立地分析,因而所得的结论欠全面,不准确。本文把"有点儿 A"这一结构同句子联系起来,从入句规约的角度来讨论。

1. 仅仅把"如意"与否和 A 的意义色彩作为"有点儿 A"成立的条件是有局限的。比方谈论西瓜,"有点儿酸"当然能说,是"不如意"的事情,"酸"是人们不希望的,可以说是表示消极意义的。相反,"有点儿甜"一般不能说,是"如意"的事情,"甜"是人们希望的,可以说是表示积极意义的。那么,"西瓜有点儿甜"这种组合在实际语言运用中是不是就一定不能成立?不一定。比方,在对比语境里,"那个西瓜不甜,这个西瓜还有点儿甜"就可以说了,句中的"这"读重音。或者用在下面的问答语境里:

　　问:这个西瓜甜不甜?

　　答:这个西瓜有点儿甜。

"有点儿甜"也可以说了,句中的"有点儿"读重音。

2. 孤立地看"有点儿不高兴"和"有点儿高兴"两种说法,难说哪个成立,哪个不成立。只有放进具体句子环境里才能确定,如:

　　a. 他有点儿不高兴。　　　　b. *他这才有点儿不高兴。

　　c. *他有点儿高兴。　　　　d. 他这才有点儿高兴。

a 句里"有点儿不高兴"成立;b 句加上"这才"以后,"有点儿不高兴"就不成立了。c 句里"有点儿高兴"不成立;d 句加上"这才"以后,"有点儿高兴"就成立了。可见,在这里,"有点儿不高兴"和"有点儿高兴"的成立与否受到"这才"的制约。

3. 崔永华（1982）研究了"有点儿 A"。认为这种格式可以表示两种语法意义。一是说事物具有 A 这种性质，但程度不高。第二种语法意义是表示某种性质的偏离，"有点儿"表示偏离的幅度不大。崔先生从分析 A 的类型的角度来确定"有点儿 A"的语法意义。那么，进一步的问题是，有些"有点儿 A"根据 A 的类型就可以确定其语法意义，例如"有点儿聋"只能是前一种意义，"有点儿短"只能是后一种意义；而有些"有点儿 A"的语法意义仅仅根据 A 的类型还不能确定，对于这样的"有点儿 A"如何才能确定其语法意义？回答是：只有入句，在句法机制的规约下才能确定。例如"有点儿长"：

　　　a. （他在这一期《中国语文》上发表了一篇文章，）还有点儿长。
　　　——*还长了点儿。

　　　b. （稿子内容不错，）就是有点儿长。——就是长了点儿。

"有点儿长"可以表示两种意义。a 句里"有点儿"读重音，在 a 句句法机制的规约下，显示的是前一种意义，肯定文章具有"长"的性质；在 b 句句法机制的规约下显示的是后一种意义，嫌弃稿子长度超过了一定的标准。表示前一种意义的时候不能换说成"A 了点儿"，表示后一种意义的时候可以换说成"A 了点儿"。

4. 崔永华（1982）认为"有点儿 A"是贬义句法格式，包含不满意的色彩，格式排斥褒义形容词。崔先生收集到的例子中有下面三个是表示满意色彩，其中的形容词是褒义的：

（1）现在，他才明白过来，悔悟过来，人是不能独自活着的。特别是对那些同行的，现在都似乎有点可爱。（老舍《骆驼祥子》，人民文学出版社 1979 年，86 页）

（2）不但没有争辩，他还觉得有些高兴。（同上，154 页）

（3）王伯当看了看墙上那张秦琼的画像，说："这话也有点对。"（陈荫荣讲述，评书《闹花灯》，中国曲艺出版社 1981 年，54 页）

崔文说这三个"有点（些）A"不妨看作例外。对此作了这样的解释：例（1）的"有点可爱"一般不说。例（3）的"有点对"读起来重音也和一般情况不同。在一般的"有点 A"中，"有点"不重读。而"有点对"中的"有点"必须重读，读法和"有 + 量 + 名"相同，而且在意义上，"有点对"也和"有点对的地方"相近。

我们认为，孤立地看，"有点 A"可以说是贬义句法格式，包含不满意的色彩，格式排斥褒义形容词。但如果放进一定的句子环境中，在句规约作用下，有些表示满意色彩的其中形容词是褒义的"有点 A"，也可以成立了，也能得到合理的解说。从句规约的角度看，这三个"有点（些）A"的成立都是自然的。

　　"有点儿 A"是自由短语。自由短语是句子整体的有机组成部分。句子是语言的使用单位，是句法、语义、语用因素的有机统一体，是动态的、生动活泼的。对于自由短语，孤立地研究其性质、类型、构造、句法功能是不够的，还有必要同所依托的句子语境联系起来，从入句规约的角度研究短语的使用、短语的表义、短语的语用价值、短语变化的可能性，等等。前者可以称为短语的静态研究，后者可以称为短语的动态研究。以往对短语的研究偏于前者，现在应该加强后者。只有这样，我们才能对短语获得更为全面、丰满而准确的认识，对短语的研究才更有应用价值。

参考文献

崔永华　1982　《与褒贬义形容词相关的句法和词义问题》，《语言学论丛》第九辑，商
　　　　务印书馆。
吕叔湘主编　1999　《现代汉语八百词》（增订本），商务印书馆。
张邱林　2004　《从"朵朵冷艳"说语感教育》，《语文建设》第 6 期。
───　2005　《状位 NA 主谓短语的入句规约》，《世界汉语教学》第 2 期。

（原载《汉语学报》2006 年第 2 期）

参 考 文 献

鲍厚星　2003　《方言语法研究与田野调查》，戴昭铭主编《汉语方言语法研究和探索——首届国际汉语方言语法学术研讨会论文集》，黑龙江人民出版社。

北京大学中文系语言学教研室编　1964　《汉语方言词汇》，文字改革出版社。

布龙菲尔德　1985　《语言论》（袁家骅，赵世开，甘世福译），商务印书馆。

陈鸿迈　1991　《海口方言的指示代词和疑问代词》，《中国语文》第 1 期。

陈建民　1984　《汉语口语》，北京出版社。

陈润兰　李唯实　1984　《襄垣方言志》，《语文研究》增刊 7。

崔希亮　1993　《汉语"连"字句的语用分析》，《中国语文》第 2 期。

崔永华　1984　《"连…也/都"句式试析》，《语言教学与研究》第 4 期。

戴庆厦　1998　《藏缅语族语言研究》，载戴庆厦主编《二十世纪的中国少数民族语言研究》，书海出版社。

丁声树等　1961　《现代汉语语法讲话》，商务印书馆。

龚千炎　1991　《"词组本位"说与中学语法的短语教学》，《中学语文教学》第 4 期。

韩宝玉　2004　《歧山话正反问句中时、体与情态的表达》，中国语言学会第十二届学术年会论文，宁夏银川。

贺　巍　1993　《洛阳方言研究》，社会科学文献出版社。

洪　波　1991　《不同系统结构的指示代词在功能上没有可比性——〈指示代词的二分法和三分法〉读后》，《中国语文》第 3 期。

胡安顺　2003　《商州方言的句类及其语气词》，《汉语方言语法研究和探索——首届国际汉语方言语法学术研讨会论文集》，黑龙江人民出版社。

胡光斌　2005　《遵义方言儿化的分布与作用》，《方言》第 1 期。

胡明扬　1981　《北京话的语气助词和叹词》，《中国语文》第 5、6 期。

胡松柏　2007　《赣东北方言语法接触的表现》，汪国胜主编《汉语方言语法研究》，华中师范大学出版社。

黄布凡　1991　《藏缅语的情态范畴》，《民族语文》第 2 期。

侯精一　1999　《现代晋语的研究》，商务印书馆。

江蓝生　1986　《疑问语气词"呢"的来源》，《语文研究》第 2 期。

蒋　琪　金立鑫　1997　《"再"与"还"重复义的比较研究》，《中国语文》第 3 期。

蒋绍愚　1994　《近代汉语研究概况》，北京大学出版社。

蒋希文　1962　《赣榆话儿化词的特殊作用》，《中国语文》第 6 期。

厉　兵　1981　《长海方言的儿化与子尾》，《方言》第 2 期。

李崇兴　2001　《宜都话重叠法构成名词》，《汉语学报》2000 年下卷，湖北教育出版社。

李　荣　1993　《两对例子》，在庆祝吕叔湘先生九十华诞学术会上的发言。

李　荣（主编）　2002　《现代汉语方言大词典》，江苏教育出版社。

李如龙　2001　《汉语方言的比较研究》，商务印书馆。

李树兰　胡增益　1988　《满—通古斯语言语法范畴中的确定/非确定意义》，《民族语文》第 4 期。

李泰洙　2003　《〈老乞大〉四种版本语言研究》，语文出版社。

李向农　1997　《现代汉语时点时段研究》，华中师范大学出版社。

李　倩　1998　《中宁方言"－子"的语法功能和特殊变调》，《语言学论丛》第 21 辑，商务印书馆。

李宇明　1996　《论词语重叠的意义》，《世界汉语教学》第 1 期。

刘丹青　1994　《汉语方言语法研究综述》，李行健主编《中国语言学年鉴 1993》，语文出版社。

刘丹青　2002　《作为典型构式句的非典型"连"字句》，《语言教学与研究》第 4 期。

刘丹青　2003　《试谈汉语方言语法调查框架的现代化》，戴昭铭主编《汉语方言语法研究和探索——首届国际汉语方言语法学术研讨会论文集》，黑龙江人民出版社。

刘勋宁　1985　《现代汉语句尾"了"的来源》，《方言》第 2 期。

刘勋宁　1990　《现代汉语句尾"了"的语法意义及其与词尾"了"的联系》，《世界汉语教学》第 2 期。

刘勋宁　1998　《秦晋方言的反复问句》，《现代汉语研究》，北京语言文化大学出版社。

刘月华　1983　《状语的分类和多项状语的顺序》，《语法研究和探索》
　　（一），北京大学出版社。

陆俭明　1982　《由"非疑问形式 + 呢"造成的疑问句》，《中国语文》第
　　6 期。

陆俭明　马　真　1982　《现代汉语虚词散论》，北京大学出版社。

陆俭明　1984　《关于现代汉语里的疑问语气词》，《中国语文》第 5 期。

陆俭明　1985　《"还"和"更"》，《现代汉语虚词散论》，北京大学出版
　　社。

陆俭明　1989　《说量度形容词》，《语言教学与研究》第 3 期。

陆俭明　2003　《序》，戴昭铭主编《汉语方言语法研究和探索——首届国
　　际汉语方言语法学术研讨会论文集》，黑龙江人民出版社。

雒鹏年　1997　《甘肃方言几类实词中存在的一些语法现象》，《西北师大学
　　报》第 1 期。

吕叔湘　1941　《释景德传灯录中"在""著"二助词》，吕叔湘《汉语语
　　法论文集》增订本，商务印书馆 1984 年。

吕叔湘　1963　《现代汉语单双音节初探》，吕叔湘《汉语语法论文集》增
　　订本，商务印书馆 1984 年。

吕叔湘　朱德熙　1979　《语法修辞讲话》，中国青年出版社。

吕叔湘　1982　《中国文法要略》，商务印书馆。

吕叔湘　1985a　《近代汉语指代词》，学林出版社。

吕叔湘　1985b　《疑问·否定·肯定》，《中国语文》第 4 期。

吕叔湘　1990　《指示代词的二分法和三分法》，《中国语文》第 6 期。

吕叔湘　1994　《语法的静态研究与动态研究》，邵敬敏主编《九十年代的
　　语法思考》，北京语言学院出版社。

吕叔湘（主编）　1999　《现代汉语八百词》增订本，商务印书馆。

马庆株　1988　《自主动词和非自主动词》，《中国语言学报》第 3 期，商
　　务印书馆。

马希文　1985　《跟副词"再"有关的几个句式》，《中国语文》第 2 期。

马　真　1991　《普通话里的程度副词"很"、"挺"、"怪"、"老"》，《汉
　　语学习》第 2 期。

梅祖麟　1987　《唐五代"这、那"不单用作主语》，《中国语文》第 3 期。

孟　琮　郑怀德　孟庆海　蔡文兰　1987　《动词用法词典》，上海辞书出

版社。

莫　超　2004　《白龙江流域汉语方言语法研究》，中国社会科学出版社。

聂志平　2005　《关于"X 得很"中"很"的性质》，《中国语文》第 1 期。

乔全生　1995　《河东方言片的独立词"可"》，《方言》第 3 期。

饶长溶　1989　《长汀方言的代词》，《中国语文》第 3 期。

商务印书馆辞书研究中心　2000　《应用汉语词典》，商务印书馆。

邵敬敏　1989　《语气词"呢"在疑问句中的作用》，《中国语文》第 3 期。

邵敬敏　王鹏翔　2003　《陕北方言的正反是非问句——一个类型学的过渡格式研究》，《方言》第 1 期。

邵敬敏　2008　《"连 A 也/都 B"框式结构及其框式化特点》，《语言科学》第 4 期。

少　如　1990　《万荣方言的指示代词和人称代词》，《语言学论文集》，山西人民出版社。

沈家煊　2001　《语言的"主观性"和"主观化"》，《外语教学与研究》第 4 期。

沈　明　1994　《太原方言词典》，江苏教育出版社。

盛　炎　1999　《澳门语言现状与语言规划》，《方言》第 4 期。

施其生　1995　《汕头方言的指示代词》，《方言》第 3 期。

施其生　1997　《汕头方言量词和数量词的小称》，《方言》第 3 期。

石毓智　2002　《量词、指示代词和结构助词的关系》，《方言》第 2 期。

石毓智　2004　《汉语研究的类型学视野》，江西教育出版社。

宋作艳　2000　《沂源（悦庄）话中的指示代词》，北京大学本科学年论文。

孙建强　1999　《甘肃西峰话中的疑问句》，陈恩泉主编《双语双方言》（六），汉学出版社。

孙立新　2001　《户县方言研究》，东方出版社。

孙立新　2002　《关中方言代词概要》，《方言》第 3 期。

孙立新　2004　《关中方言五种疑问句的特征及其分布》，《陕西方言漫话》，中国社会出版社。

孙立新　2007　《西安方言研究》，西安出版社。

太田辰夫　1987　《中国语历史文法》，蒋绍愚、徐昌华译，北京大学出版社。

太田辰夫　1991　《汉语史通考》，江蓝生、白维国译，重庆出版社。

游汝杰　2004　《汉语方言学教程》，上海教育出版社。

汪化云　2004　《鄂东方言研究》，巴蜀书社。

王福堂　2005　《汉语方言语音的演变和层次》（修订本），语文出版社。

王　还　1984　《汉语的状语与"得"后的补语和英语的状语》，《语言教学与研究》第 4 期。

王军虎　1996　《西安方言词典》，江苏教育出版社。

王　力　1989　《汉语语法史》，商务印书馆。

旺　盛　1988　《"刚刚"与"一"可以连用》，《语言学通讯》第 3 期。

吴福祥　1996　《敦煌变文语法研究》，岳麓书社。

吴福祥　1997　《从"VP-neg"式反复问句的分化谈语气词"么"的产生》，《中国语文》第 1 期。

吴中伟　1997　《论副词"再"的"推延"义》，《世界汉语教学》第 3 期。

香坂顺一　1997　《白话语汇研究》（江蓝生、白维国译），中华书局。

萧国政　2000　《"'这么'＋形容词＋'点儿'"格式及相关的句法语义问题》，《语言研究》第 1 期。

谢晓安　张淑敏　1990　《甘肃临夏方言的疑问句》，《中国语文》第 6 期。

邢福义　1962　《关于副词修饰名词》，《中国语文》第 2 期。

邢福义　1965　《谈"数量结构＋形容词"》，《中国语文》第 1 期。

邢福义　1985a　《复句与关系词语》，黑龙江人民出版社。

邢福义　1985b　《现代汉语的"即使"实言句》，《语言教学与研究》第 4 期。

邢福义　1985c　《复句问题论说》，《华中师院学报》第 1 期。

邢福义　1987　《前加特定形式词的"一 X，就 Y"句式》，《中国语文》第 6 期。

邢福义　丁　力　汪国胜　张邱林　1990　《时间词"刚刚"的多角度考察》，《中国语文》第 1 期。

邢福义　1991　《汉语复句格式对复句语义关系的反制约》，《中国语文》第 1 期。

邢福义　1995　《小句中枢说》，《中国语文》第 6 期。

邢福义　2000　《语法研究中"两个三角"的验证》，《华中师范大学学报》第 5 期。

邢福义　2001　《说"句管控"》，《方言》第 2 期。

邢福义　2002　《汉语语法三百问》，商务印书馆。

邢福义 2004 《研究观测点的一种选择——写在"小句中枢"问题讨论之前》,《汉语学报》第 1 期。

邢向东 2002 《神木方言研究》,中华书局。

徐 杰 2001 《普遍语法原则与汉语语法现象》,北京大学出版社。

徐通锵 1991 《历史语言学》,商务印书馆。

杨小军 1998 《语言表达训练的一条途径——新旧版教材〈林海〉语言修改分析》,《小学语文教学》第 12 期。

叶友文 1988 《"这"的功能嬗变及其他》,《语文研究》第 1 期。

尹世超 1983 《试谈主谓词组做状语》,《汉语学习》第 5 期。

袁家骅等 1983 《汉语方言概要》(第二版),文字改革出版社。

袁毓林 1991 《祈使句式和动词的类》,《中国语文》第 1 期。

詹伯慧 2004 《汉语方言语法研究的回顾与前瞻》,《语言教学与研究》第 2 期。

张安生 2003 《宁夏同心话的选择性问句——兼论西北方言"X 吗 Y"句式的来历》,《方言》第 1 期。

张安生 2006 《同心方言研究》,中华书局。

张 斌 1987 《疑问句四题》,《语文学习》第 5 期。

张 斌(主编) 2001 《现代汉语虚词词典》,商务印书馆。

张伯江 方 梅 1996 《汉语功能语法研究》,江西教育出版社。

张定京 2001 《哈萨克语知情语气助词》,《民族语文》第 6 期。

张惠英 1997 《汉语方言代词研究》,《方言》第 2 期。

张邱林 1992 《陕县方言远指代词的面指和背指》,《华中师范大学学报》第 5 期。又载《华中师范大学研究生学报》1989 年第 3、4 期。

张邱林 1999 《陕县方言的"统"与普通话的"很"》,邢福义主编《汉语法特点面面观》,北京语言文化大学出版社。

张邱林 1999 《动词"以为"的考察》,《语言研究》第 1 期。

张邱林 1999 《从"以为"和"刚刚"看词的语法个性》,《语文建设》第 3 期。

张邱林 2000 《副词"刚刚"语用上的节律制约》,《修辞学习》第 3 期。

张邱林 2001 《澳门中文里的副词"更"》,陈恩泉主编《双语双方言》(七),汉学出版社。

张邱林 2003 《陕县方言的儿化形容词》,《语言研究》第 3 期。

张邱林 2003 《与面指背指有关的句法语义语用问题》,戴昭铭主编《汉语方言语法研究和探索——首届国际汉语方言语法学术研讨会论文集》，黑龙江人民出版社。

张邱林　2004　《关于缩句和抓主干》，《语文建设》第 2 期。

张邱林　2004　《从"朵朵冷艳"说语感教育》，《语文建设》第 6 期。

张邱林　2005　《状位 NA 主谓短语的入句规约》，《世界汉语教学》第 2 期。

张邱林　2005　《陕县方言单音形容词重叠式的考察》，陈恩泉主编《双语双方言》（八），汉学出版社。

张邱林　2006　《名词"说法"新词新义的研究》，《宁夏大学学报》第 1 期。

张邱林　2006　《陕县方言的"曩""哩""哩曩"》，《语言研究》第 2 期。

张邱林　2006　《陕县方言的"坰"和"再"》，陈恩泉主编《双语双方言》（九），汉学出版社。

张邱林　2007　《"缕缕幽芳的梅花"不能说》，《语文建设》第 1 期。

张邱林　2007　《河南陕县方言表将然的语气助词"呀"构成的祈使句》，《中国语文》第 4 期。

张邱林　2007　《"一行（háng）人"的认知影响与语境规约》，《语文建设》第 7—8 期合刊。

张邱林　孙庆波　2007　《"重"和"沉"——兼论语法成分的叠置层次研究》，第四届官话方言国际学术研讨会论文，陕西安康。

张邱林　2008　《陕县方言的选择问句》，邵敬敏主编《21 世纪汉语方言语法新探索：第三届国际汉语方言语法学术研讨会论文集》，暨南大学出版社。

张邱林　2009　《陕县方言选择问句里的语气助词"曼"》，《汉语学报》第 2 期。

张维佳　2005　《山西晋语指示代词三分系统的来源》，《中国语文》第 5 期。

张振兴　1999　《整体汉语的概念和举例》，陈恩泉主编《双语双方言》（六），汉学出版社。

赵春利　2006　《形名组合的静态与动态研究》，暨南大学博士学位论文。

赵日新　1999　《徽语的小称音变和儿化音变》，《方言》第 2 期。

赵日新　2001　《绩溪方言的结构助词》，《语言研究》第 2 期。

郑贵友　2000　《现代汉语状位形容词的"系"研究》，华中师范大学出版社。

志村良治　1995　《中国中世语法史研究》（江蓝生　白维国译），中华书局。

中国社会科学院和澳大利亚人文科学院　1987　《中国语言地图集》，朗文出版（远东）有限公司。

中国社会科学院语言研究所词典编辑室　1996　《现代汉语词典》（修订本），商务印书馆。

中国社会科学院语言研究所词典编辑室　2005　《现代汉语词典》（第 5 版），商务印书馆。

中华人民共和国教育部　2002　《全日制义务教育语文课程标准》（实验稿），《小学语文教师》第 3 期。

周有光　1961　《汉字改革概论》，文字改革出版社。

朱德熙　1956　《现代汉语形容词研究》，《语言研究》第 1 期。

朱德熙　1982　《潮阳话和北京话重叠式象声词的构造》，《方言》第 3 期。

朱德熙　1982　《语法讲义》，商务印书馆。

朱德熙　1991　《"V—neg—VO"与"VO—neg—V"两种反复问句在汉语方言里的分布》，《中国语文》第 5 期。

Louis Alexander　1991　Longman English Grammar，外语教学与研究出版社。

S. C. Levinson 著　沈家煊译　1987　《指示现象》，《国外语言学》第 2、3 期。

后　　记

　　本书是我的第一部学术专著，它是在我的博士学位论文《陕县方言语法现象与句法机制的管控》的基础上修改扩充而成的。本书为教育部人文社会科学重点研究基地重大项目"汉语小句联结机制研究"（项目编号08JJD740062）和"211工程"重点学科建设项目"中华文化繁荣发展中的汉语学科创新"成果。

　　1986年我幸运地考取邢福义教授的硕士研究生，1989年6月毕业留华中师范大学中文系任教至今。其间2002年又报考了邢先生的博士研究生，2005年6月毕业，获博士学位。二十多年来，我有幸在先生身边学习、工作，得到先生的关爱和精心指导。我在学术研究上的点滴进步都凝聚着先生的心血。现在，我的这部著作就要出版了，先生又欣然赐序。先生在序里给了我热情的鼓励，也给我指明了发展的方向。我终生受益。此时此刻，千言万语凝成一句话：谢谢您，邢老师！

　　本书的不少内容曾经以单篇论文形式发表，这次又从特定的视角进一步研究、整理，成为一部系统的著作。感谢《中国语文》、《语言研究》、《世界汉语教学》、《语文建设》、《修辞学习》、《汉语学报》等学术刊物为我的研究成果提供版面。我从编辑部提出的修改意见和编辑老师的修改加工中获益良多，感谢各位提供意见的匿名审稿人和编辑老师。感谢中国语言学会学术年会、全国汉语方言学会学术年会、双语双方言系列国际研讨会、汉语方言语法系列国际研讨会、官话方言国际学术研讨会、第三届肯特岗国际汉语语言学圆桌会议（新加坡，2003年11月）、语言与方言学术研讨会（澳门，2001年7月）等学术会议主持专家邀请我出席会议、宣读论文，使我能有机会向专家学者们当面请教。感谢《双语双方言》系列国际会议论文集、《汉语方言语法研究和探索》等系列汉语方言语法国际会议论文集编委会将我的会议论文收入论文集。

　　本书工作得到教育部人文社会科学重点研究基地"华中师范大学语言与语言教育研究中心"的领导、华中师范大学文学院的领导和一些师友的关心与支持,感谢他们。

我的第一部学术著作能在高档次的国家级优秀出版社中国社会科学出版社出版,我备感荣幸,深受鼓舞。资深的优秀编辑任明编审担任本书的编辑工作,对本书的出版提供了有力的支持。特向出版社和任编审表示由衷的敬意和衷心的感谢。

最后,要感谢多年来关心、支持我的工作的我的父母和我的爱人杨小军。我的活泼可爱、能说会道的女儿张瑞卓也在感谢之列,她也支持我的工作,现在是华中师范大学附属小学的形象大使、二年级学生。

限于笔者的学力和时间,书中事实的分析和论说难免存在缺点与错误,敬请各位专家、学者和朋友批评指正。

张邱林

2009 年 6 月 1 日儿童节

于武昌桂子山东区寓所